最新不動産の法律シリーズ

賃貸住宅管理業法の解説

住宅新報出版

まえがき

本書は、賃貸住宅の管理業務等の適正化に関する法律（以下、「賃貸住宅管理業法」という）の解説書です。令和２年（2020年）６月12日に国会で可決成立し、翌令和３年（2021年）６月15日に完全施行された同法について、賃貸住宅管理と賃貸住宅のサブリースの実務に携わるみなさまのために、この法律の実務上の解釈について解説をいたしました。

本書には、以下の３つの特色をもたせています。

１．逐条方式の解説

第１は、逐条方式で解説をしたことです。現在のわが国では、法令に従った事業が行われているかどうかについて、それぞれの事業者が自ら確認しなければならない場面が増えています。賃貸住宅管理業法は、全国に３万以上の事業者がいると推定される賃貸住宅管理の事業について、新たに定められたルールであって、すべての事業者が法律に従った事業が行われているかどうか、確かめる必要があります。本書は、そのような実務における法令遵守の確認においてお役立ていただけることを想定して執筆いたしました。

２．実務に必要な情報をわかりやすく解説

第２は、必要な情報を、できるだけ網羅的に取り上げ、わかりやすく解説したことです。国土交通省によって、賃貸住宅の管理業務等の適正化に関する法律の解釈・運用の考え方（以下、「解釈・運用の考え方」という）やサブリース事業に係る適正な業務のためのガイドライン（以下、「ガイドライン」という）が示されてい

ますが、特有の言い回しが多く、あいまいであるため、理解が容易ではありません。本書では、誰もが法律の内容がわかるように、可能な限り実務に即したわかりやすい説明を加えました。

3．行政による法律の見解について指摘

第３は、国土交通省が「解釈・運用の考え方」等で示した見解において、法律の考え方が無視されている点、および賃貸借に関する基本的な理解が不十分である点を指摘していることです。

例えば、賃貸住宅管理業法においては、サブリース事業には国土交通大臣の登録は必要がないにもかかわらず、国土交通省は、「特定転貸事業者は賃貸住宅管理業の登録を受けなければならない」と明言し（本書第２条の解説参照）、また、随所で賃貸借に関する誤った理解に基づいて同法を運用しようとしています（本書第13条、第28条の解説など参照）。賃貸住宅管理業者は、法律に対する誤った理解でなく、法律を正しく理解したうえで、適正な実務を行わなければなりません。

本書を通じて賃貸住宅管理業法に対する知識を深めていただき、賃貸住宅の入居者の居住の安定の確保、賃貸住宅の賃貸および賃貸住宅の管理に係る事業の公正かつ円滑な実施のために、本書を活用していただけたら、幸いです。

令和３年６月

山下・渡辺法律事務所
弁護士　**渡辺　晋**

本書の利用法

●本書執筆時点

本書は、**令和3年6月15日現在**で施行されている法令等を基準として、編集しています。なお、本書で対応している直近の法改正は、以下のとおりです。

- 賃貸住宅の管理業務等の適正化に関する法律の施行期日を定める政令（令和3年4月16日政令第142号）
- 賃貸住宅の管理業務等の適正化に関する法律施行令の一部を改正する政令（令和3年4月16日政令第143号）
- 賃貸住宅の管理業務等の適正化に関する法律施行規則の一部を改正する省令（令和3年4月21日国土交通省令第34号）

●条番号等の表記について

解説中、「法○条」と記載している箇所は、**賃貸住宅管理業法の条番号**を示します。

なお、各種関係法令等については、以下のとおり名称を省略して記載しています。

略称	名称
「賃貸住宅管理業法」または「法」	賃貸住宅の管理業務等の適正化に関する法律（令和2年6月19日法律第60号）
令	賃貸住宅の管理業務等の適正化に関する法律施行令（最終改正：令和3年4月16日政令第143号）
規則	賃貸住宅の管理業務等の適正化に関する法律施行規則（最終改正：令和3年4月21日国土交通省令第34号）
「解釈・運用の考え方」	賃貸住宅の管理業務等の適正化に関する法律の解釈・運用の考え方（最終更新：令和3年4月23日）
ガイドライン	サブリース事業に係る適正な業務のためのガイドライン（最終更新：令和3年4月23日）
FAQ集	賃貸住宅管理業法FAQ集（令和3年4月23日時点版）

●アイコン等について

本書の解説中に登場するアイコンには、以下の役割があります。

アイコン	役割
*、*1、*2……	本文の解説を補足する注釈があることを示します。 なお、各解説項目内（小見出し単位）で複数の注釈がある場合には、登場順に連番で付しています。
☞関連する「規則第○条」の条文については、資料編を参照	賃貸住宅管理業法の各条文に関連する同法施行規則の条番号を示します。 なお、同法施行規則については、本書資料編に掲載しています。

●条文の読み方について

❶「本文」「ただし書き」「かっこ書き」とは

「**本文**」とは当該条文における原則の規定であり、「**ただし書き**」は当該条文における例外の規定です。例えば、以下の賃貸住宅管理業法第２条を例にすると、第１項の「この法律において「賃貸住宅」とは、……（中略）……次項第一号において同じ。）をいう。」までが本文となり、「ただし、……（中略）……国土交通省令で定めるものを除く。」がただし書きになります。

また、「**かっこ書き**」とは、法第２条第１項の本文中の「（人の居住の用に供する家屋又は家屋の部分をいう。次項第一号において同じ。）」のような部分を指します。

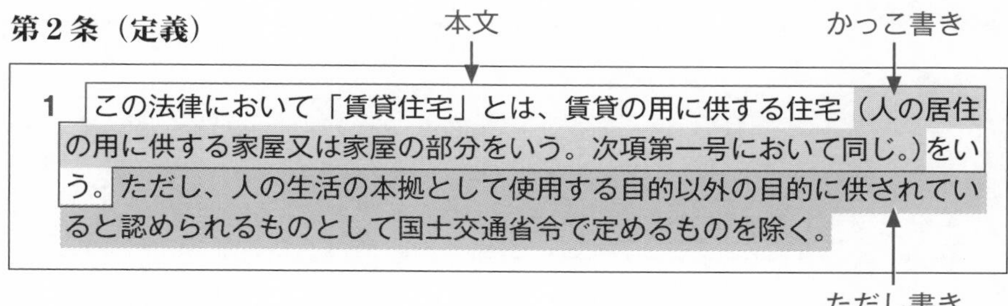

❷「はしら書き」と「各号」とは

例えば、以下の賃貸住宅管理業法第23条を例にすると、第１項は「国土交通大臣は、……（中略）……一部の停止を命ずることができる。」という条文に続いて、その下に漢数字で３つの箇条書きされている部分で構成されています。

この冒頭にある条文を「**はしら書き**」といい、箇条書きされている部分を「**各号**」といいます。

第23条（登録の取消し等）　　はしら書き　　各号

1　国土交通大臣は、賃貸住宅管理業者が次の各号のいずれかに該当するときは、その登録を取り消し、又は１年以内の期間を定めてその業務の全部若しくは一部の停止を命ずることができる。

一　第６条第１項各号（第三号を除く。）のいずれかに該当することとなったとき。

二　不正の手段により第３条第１項の登録を受けたとき。

三　その営む賃貸住宅管理業に関し法令又は前条若しくはこの項の規定による命令に違反したとき。

目次

資料編

第1編

賃貸住宅管理業法の制定と概要

1 制　定

賃貸住宅の管理業務等の適正化に関する法律（令和２年６月19日法律第60号。以下、本書では「賃貸住宅管理業法」または「法」という）が令和２年（2020年）６月12日に成立し、同年６月19日に公布されました。

賃貸住宅管理業法のうち、サブリース事業に対する規制措置に関する部分は令和２年（2020年）12月15日に、賃貸住宅管理業者の登録制度の部分は令和３年（2021年）６月15日に、それぞれ施行されています（令和２年10月16日政令第312号「賃貸住宅の管理業務等の適正化に関する法律の一部の施行期日を定める政令」）。*

＊　経過措置として、法律の施行の際現に賃貸住宅管理業を営んでいる者は、この法律の施行の日から起算して１年間（その期間中に登録申請を行った者は、申請に対する処分があるまでの間）は、登録を受けなくても、賃貸住宅管理業を営むことができるものとされている（法附則２条１項）。経過措置の期間中は、みなし賃貸住宅管理業者として、法に基づく規制の対象となる（法附則２条２項）。

2 法律の構成

賃貸住宅管理業法は、❶賃貸住宅管理業者の登録制度、および❷サブリース事業に対する規制措置の２つからなる法律です。

【賃貸住宅管理業法の制定】

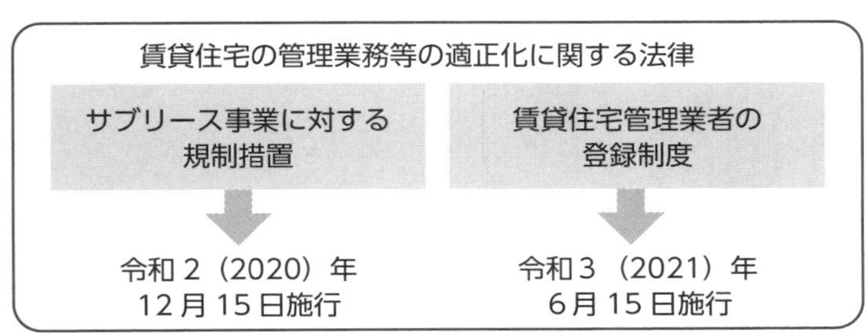

(1) 賃貸住宅管理業者の登録制度

賃貸住宅管理業法は、賃貸住宅管理業者について、登録制度を設けました（法３条１項本文）。賃貸住宅管理業を営むためには、国土交通大臣の登録が必要です（参入規制、業規制）。もっとも、管理戸数200戸未満の場合には、登録がなくても管理業を営むことができます（法３条１項ただし書き、賃貸住宅管理業法施行規則（以下、本書では「規則」という）３条）。管理戸数200戸以上の管理業者は、登録を受けなければ、管理業を営むことはできません。なお、管理戸数200戸未満でも登録は可能です。

国土交通大臣の登録を受けた賃貸住宅管理業者（以下、本書では「登録業者」ということがある）は、賃貸住宅の管理業務を行うにあたっては、ルール（規律）の遵守が義務づけられます（行為規制）。ルールを守らない事業者に対しては、国土交通大臣による監督がなされます。監督の内容は、業務改善命令（法22条）、業務停止命令（法23条）、登録の取消しです（法23条）。刑事罰も定められており、罰則が科されることもあります（法41条以下）。

(2) サブリース事業に対する規制措置

賃貸住宅管理業法は、サブリース事業を営むことについては登録などを必要としておらず、参入規制（業規制）を設けていません。サブリース事業を行うこと自体には規制はなく、自由です。*

もっとも、賃貸住宅管理業法には、サブリース事業を営むにあたってのルールが定められました。サブリース業者を特定転貸事業者、特定転貸事業者が賃貸住宅を賃貸人（オーナー）などから転貸を目的として借り受けるマスターリース契約を特定賃貸借契約とそれぞれ定義し（法２条４項・５項）、特定転貸事業者（サブリース業者）が特定賃貸借契約（マスターリース契約）を締結するにあたっては、次の５つのルールの遵守を義務づけています。

【５つのルール】

❶ 誇大広告等の禁止（法28条）

❷ 不当な勧誘等の禁止（法29条）

❸ 特定賃貸借契約の締結前の書面の交付（法30条）

❹ 特定賃貸借契約の締結時の書面の交付（法31条）

❺ 書類の閲覧（法32条）

これら５つのルールを守らない事業者に対しては、指示（法33条１項）や業務停止の命令（法34条１項）がなされます。刑事罰も定められています（法42条以下）。

また、特定転貸事業者（サブリース業者）が５つのルールを遵守するだけでは、適正なサブリース事業の運営を確保することはできません。近年、建設業者や不動産業者が、自らの利益のために不当な勧誘行為を行い、賃貸住宅を取得するオーナーに損害を及ぼした事件が社会問題となっており、勧誘行為を行う者（以下、本書では「勧誘者」という）に対する規制も必要です。

そこで賃貸住宅管理業法は５つのルールのうち、❶誇大広告等の禁止と❷不当な勧誘等の禁止については、勧誘者にも遵守を義務づけました（法28条、29条）。勧誘者についても、ルール違反に対しては、行政により指示や業務停止命令という監督がなされ（法33条２項、34条２項）、さらに罰則も科されます（法42条以下）。

特定転貸事業者（サブリース業者）によるサブリース事業や勧誘者による勧誘のルールについては、これらの事業を行うすべての者が義務づけられます。戸数の多寡や規模の大小は問われませんから、例えば、マンションの１住戸や戸建て住宅１棟を対象とする場合にも、規律を遵守しなければなりません（「賃貸住宅管理業法FAQ集（以下、「FAQ集」という）」１．定義関連（２）受託管理（賃貸住宅管理業者）No.1）。

なお、国および地方公共団体には、賃貸住宅管理業法は適用されないものとされています（法37条）。

＊　国土交通省は、「解釈・運用の考え方」第２条第３項関係（２）において、「特定転貸事業者の事業の規模が、法第３条の「国土交通省令で定める規模」未満である場合を除き、当該特定転貸事業者は賃貸住宅管理業の登録を受けなければならない」としているが、このような取扱いは法律違反である（22ページ参照）。行政は法律に基づいて行われなければならないことを確認していただきたい。

【勧誘者に対する規制】

	事業者	勧誘者
❶ 誇大広告等の禁止	規制あり	規制あり
❷ 不当な勧誘等の禁止		
❸ 特定賃貸借契約の締結前の書面の交付		規制なし
❹ 特定賃貸借契約の締結時の書面の交付		
❺ 書類の閲覧		

3 背　景

(1) 賃貸住宅の重要性

わが国では、かつては不動産価格が右肩上がりで上昇し、しかも高度経済成長期以来、持ち家政策が採られていたことから、人々が住宅を所有して持ち家に住むというのが、住生活においてあるべき姿だと考えられていました。

しかし、バブル崩壊を経た後には、不動産価格は必ずしも上昇するとは限りません。また、現代社会では人々の価値観は多様化し、ライフスタイルや家族構成、仕事や趣味に応じて柔軟な暮らし方が望ましいと考えられるようになっています。

そのような状況のもとで、わが国で居住する人々の住生活の中で賃貸住宅の重要性が高まりました。「平成30年住宅・土地統計調査」によれば、住宅ストック総数でみると、居住世帯のある住宅の総数5,361万6,000戸に対し、賃貸住宅全体（民間賃貸住宅と公的住宅の合計）1,906万5,000戸（35.6％）、民間賃貸住宅1,530万戸（28.5％）となっており、いまだ持ち家のほうが賃貸住宅よりも多いとはいえ、住宅のうち３分の１以上が賃貸住宅です。

また、人々の考え方をみても、持ち家より賃貸住宅（借地借家）を指向する消費者の割合は、平成８年（1996年）には9.3％でしたが、平成28年（2016年）には20.4％になりました。

さらに、単身者は賃貸住宅に住む傾向があるところ、平成22年（2010年）には単身者世帯の割合が総世帯数の34.5％に達しています。

【賃貸住宅の重要性】

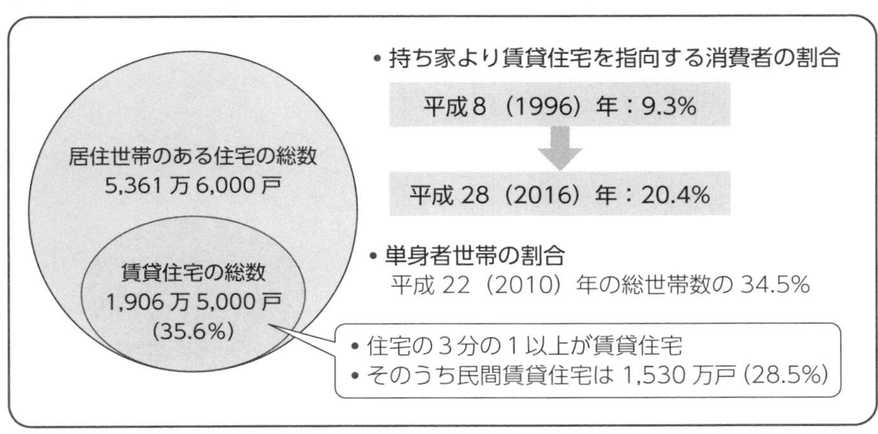

⑵　賃貸人の特性

最近では、賃貸住宅の賃貸事業を企業活動の対象とする事業者も現れてはいますが、現在でもなお、民間の賃貸住宅の約８割が個人による所有であり、大多数の賃貸住宅は個人による所有です。

ところで、かつて賃貸住宅の管理は、賃貸住宅の所有者が自ら行っていました（管理業務のすべてを自ら実施する者は平成4年には75%であった）。

しかし、国土交通省が発表した令和元（2019）年度の「賃貸住宅管理業者に関するアンケート調査（家主）」によれば、賃貸住宅の所有者をみると、会社員・公務員との兼業が多い（全所有者のうち44.5%）、賃貸住宅経営の経験が浅い（10年未満が49.8%）、高齢者が多い（50歳以上が58.3%）という特性がみられます。さらに、加えて、賃貸住宅の管理業務は、以前と比べてはるかに高度な知識や技術が要求されるようになっています。

このような状況のもと、現在では、大多数の賃貸住宅の所有者が、自ら管理業務を行うのではなく、管理会社に管理業務を委託しています。令和元年の調査では81.5%の所有者が、賃貸住宅の管理業務を管理会社に委託しているという調査結果が報告されています。

【賃貸人の特性】

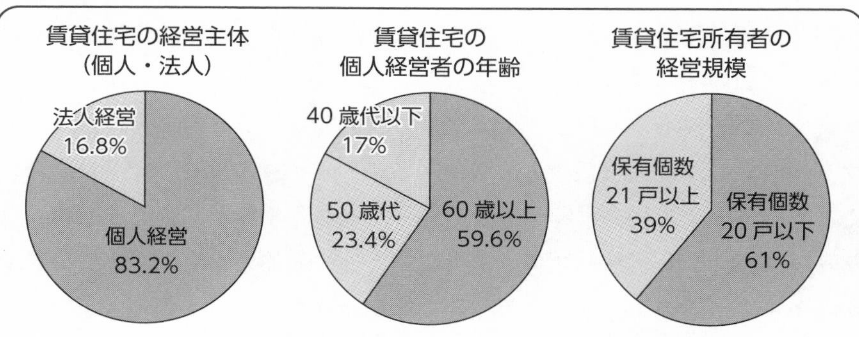

（国土交通省「民間賃貸住宅に関する市場環境実態調査」平成22年）

- 民間賃貸住宅の所有者の8割以上が個人経営
- 全体の44.5%が会社員や公務員との兼業
- 約半数の49.8%が賃貸住宅経営の経験が10年未満
- 50歳以上の割合が58.3%
- 令和元年の調査では81.5%の所有者が、賃貸住宅の管理業務を管理会社に委託

（以上、国土交通省「賃貸住宅管理業者に関するアンケート調査（家主）」令和元年度より）

(3) 賃貸住宅の管理業務やサブリースを巡るトラブルの状況

賃貸住宅の重要性が高まり、多くの賃貸住宅の所有者が管理会社に管理を委託するようになるとともに、これに伴って賃貸住宅の管理会社を巡るトラブルも増えています。賃貸住宅の管理会社を巡るトラブルの行政への相談件数（PIO-NET：全国消費生活情報ネットワークシステム）は、2009年度には1,014件であったところ、2018年度には7,116件でした。

サブリース事業におけるサブリース事業者と所有者の間の紛争も多発しています。サブリース物件の取得に際しては、多くの取得者が不動産会社や建設業者から勧誘を受けているところ（オーナーがサブリース物件を取得する際には、取得者の６割が不動産業者・建設会社の勧誘を受けている）、マスターリース契約を締結するにあたって、将来の家賃変動の条件や賃料減額のリスク等の契約内容の説明がなされたケースは６割程度にとどまります。そのため、オーナーとサブリース業者間などのトラブルが多発し、2009年度には266件であったサブリースを巡る行政への相談件数は、2018年度には1,004件に増えました。

また、平成30年（2018年）には、約1,000棟（１万2,000戸）を管理するサブリース業者が、経営破綻し（負債60億円、未払家賃23億円）、800名を超える所有者の賃貸住宅事業が行き詰まったという事件が発生しました。サブリース業者がサブリース事業を適切に実施する能力を有していないにもかかわらず、建設会社や住宅販売会社等と連携して、一括管理と家賃保証を行うとして賃貸住宅事業の実施を誘引し、賃貸住宅経営に伴うリスクなどの適切な説明をせず、物件の購入者を誤認させ、契約を結ばせたことによって被害が拡大したものとみられています。

第2編

賃貸住宅管理業法の解説

第1章 総則

第1条（目的）

この法律は、社会経済情勢の変化に伴い国民の生活の基盤としての賃貸住宅の役割の重要性が増大していることに鑑み、賃貸住宅の入居者の居住の安定の確保及び賃貸住宅の賃貸に係る事業の公正かつ円滑な実施を図るため、賃貸住宅管理業を営む者に係る登録制度を設け、その業務の適正な運営を確保するとともに、特定賃貸借契約の適正化のための措置等を講ずることにより、良好な居住環境を備えた賃貸住宅の安定的な確保を図り、もって国民生活の安定向上及び国民経済の発展に寄与することを目的とする。

賃貸住宅管理業法は、入居者の居住の安定の確保、および賃貸事業の公正・円滑な実施を図ることを目的とする法律です。賃貸住宅管理業者には登録制を採用し、サブリース事業者（特定転貸事業者）等については、業務のルールを定めています。

第２条（定義）

1　この法律において「賃貸住宅」とは、賃貸の用に供する住宅（人の居住の用に供する家屋又は家屋の部分をいう。次項第一号において同じ。）をいう。ただし、人の生活の本拠として使用する目的以外の目的に供されていると認められるものとして国土交通省令で定めるものを除く。

2　この法律において「賃貸住宅管理業」とは、賃貸住宅の賃貸人から委託を受けて、次に掲げる業務（以下「管理業務」という。）を行う事業をいう。

一　当該委託に係る賃貸住宅の維持保全（住宅の居室及びその他の部分について、点検、清掃その他の維持を行い、及び必要な修繕を行うことをいう。以下同じ。）を行う業務（賃貸住宅の賃貸人のために当該維持保全に係る契約の締結の媒介、取次ぎ又は代理を行う業務を含む。）

二　当該賃貸住宅に係る家賃、敷金、共益費その他の金銭の管理を行う業務（前号に掲げる業務と併せて行うものに限る。）

3　この法律において「賃貸住宅管理業者」とは、次条第１項の登録を受けて賃貸住宅管理業を営む者をいう。

4　この法律において「特定賃貸借契約」とは、賃貸住宅の賃貸借契約（賃借人が人的関係、資本関係その他の関係において賃貸人と密接な関係を有する者として国土交通省令で定める者であるものを除く。）であって、賃借人が当該賃貸住宅を第三者に転貸する事業を営むことを目的として締結されるものをいう。

5　この法律において「特定転貸事業者」とは、特定賃貸借契約に基づき賃借した賃貸住宅を第三者に転貸する事業を営む者をいう。

☞関連する「規則第１条、第２条」の条文については、資料編を参照

1 賃貸住宅

(1) 賃貸住宅の意味

賃貸住宅は、❶賃貸の用に供する、❷住宅を意味します（法２条１項本文）。

❶ 賃貸の用に供するものであること

賃貸の用に供するとは、家屋または家屋の部分（以下、「家屋等」という）が賃貸を目的としていることです。賃借人（入居者）の募集前や募集中の家屋等であっても、また、実際に賃借人との賃貸借契約が締結されていなくても、賃貸を目的としていて賃貸借が予定される家屋等であれば、賃貸住宅です。さらに、建物が竣工しておらず、建築中であっても、竣工後に賃借人募集が予定されているならば、賃貸住宅になります（「解釈・運用の考え方」第２条第１項関係１（3））。

❷ 住宅であること

住宅とは、居住の用に供する（居住用の）、家屋または家屋の部分（家屋等）です。人の住まいとしての利用形態ですから、事業の用に供されるオフィスや倉庫等は、住宅ではありません（「解釈・運用の考え方」第２条第１項関係１（1））。

また、家屋はアパート１棟や戸建てなど１棟を、家屋の部分は、マンションの１室など家屋の一部を、それぞれ意味します（「解釈・運用の考え方」第２条第１項関係１（2））。家屋と家屋の一部がいずれも、住宅になります。

家屋等のうち、一部が事務所、一部が住宅として居住用となっているなど、複数の用に供されているときは、居住用部分が賃貸住宅になります。１棟の家屋の１室（マンションなど）について、賃貸借契約が締結され事務所としてのみ賃貸されている場合、その１室は賃貸住宅にはあたりません（以上、「解釈・運用の考え方」第２条第１項関係１（3））。

⑵ 賃貸住宅から除外されるもの

住宅のうち、人の生活の本拠として使用する目的以外の目的に供されているものであって、規則に定められるものは、賃貸住宅から除外されます（法２条１項ただし書き）。

規則において、賃貸住宅から除外されるものとして、次の３つが定められています（規則１条）。いずれも、賃貸住宅管理業法の対象からは外れますが、それぞれ別の法律の規制の下に置かれます。

❶ 旅館業法による営業許可を得た住宅（規則１条１号）

旅館業法第３条第１項の許可を得て旅館業に利用される住宅は、賃貸住宅管理業法の規制対象ではなく、旅館業法の規制対象となります。

❷ 特区民泊（国家戦略特別区域法による認定を受けた住宅）（規則１条２号）

国家戦略特別区域法第13条第１項の規定による認定を受けた住宅のうち、同条第５項に規定する認定事業の用に供されているもの（特区民泊）がこれに該当します（「解釈・運用の考え方」第２条第１項関係２（1））。国家戦略特別区域法の規定に従うことになります。

❸ 住宅宿泊事業法（民泊法）による届出がなされた住宅（規則１条３号）

住宅宿泊事業法第３条第１項の届出がなされた住宅のうち、住宅宿泊事業（民泊事業）の用に供されているものがこれに該当します（「解釈・運用の考え方」第２条第１項関係２（1））。住宅宿泊事業法の規律に従うことになります。

なお、特区民泊と住宅宿泊事業法（民泊法）による民泊については、これらの対象となる住宅が、事業の用に供されている場合（現に人が宿泊している、または現に宿泊の予約や募集が行われている状態などの場合）に賃貸住宅管理業法から除外されます。事業の用に供されていなければ、同法から除外されず、同法の対象である賃貸住宅になります（「解釈・運用の考え方」第2条第1項関係2（1））。

【賃貸住宅から除外されるもの】

除外されるもの	
❶ 旅館業法による営業許可を得た住宅	賃貸住宅から除外
❷ 特区民泊（国家戦略特別区域法による認定を受けた住宅）	賃貸住宅から除外
❸ 住宅宿泊事業法（民泊法）による届出がなされた住宅	賃貸住宅から除外

ウィークリーマンション

いわゆるウィークリーマンションの取扱い（「解釈・運用の考え方」第2条第1項関係2（2））

❶ いわゆるウィークリーマンションが、旅館業法第3条第1項の規定による許可を受け、旅館業として宿泊料を受けて人を宿泊させている場合には、賃貸住宅にはあたらない。

❷ いわゆるウィークリーマンションのうち、マンスリーマンションなど、利用者の滞在期間が長期に及ぶなど生活の本拠として使用されることが予定されている、施設の衛生上の維持管理責任が利用者にあるなど、旅館業法に基づく営業を行っていない場合には、賃貸住宅にあたる。

2 賃貸住宅管理業

(1) 管理業務の意味

賃貸住宅管理業法上、管理業務という用語は、以下の❶と❷を意味します。

❶ 委託に係る賃貸住宅の維持保全を行う業務（1号管理。法2条2項1号）

および

❷ １号管理と併せて行う場合の、金銭の管理を行う業務（２号管理。法２条２項２号）

【管理業務に該当するもの】

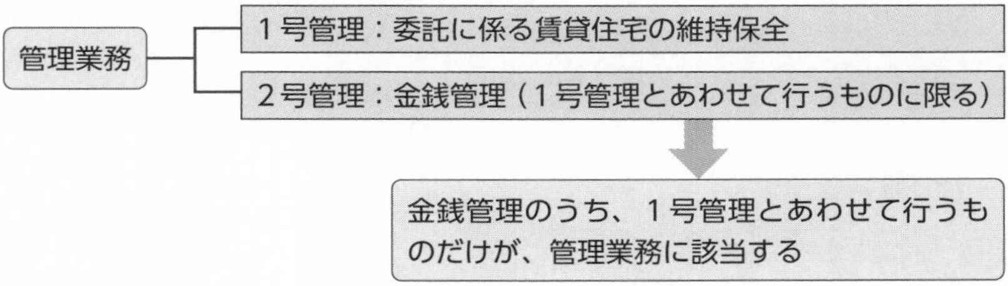

管理業務
- １号管理：委託に係る賃貸住宅の維持保全
- ２号管理：金銭管理（１号管理とあわせて行うものに限る）

↓

金銭管理のうち、１号管理とあわせて行うものだけが、管理業務に該当する

⑵　委託を受けて行うこと

賃貸住宅の維持保全を行う業務となるのは、委託を受けて維持保全を行う場合です。委託を受けて行うのではなく、自らが所有者として、あるいは、自らが賃貸人として行う行為は、管理業務ではありません。

他方で、賃貸人から明示的に契約等の形式により委託を受けているか否かに関わらず、本来賃貸人が行うべき賃貸住宅の維持保全を、賃貸人からの依頼により賃貸人に代わって行う実態があれば、委託を受けて行うものとなります（「解釈・運用の考え方」第２条第２項関係１）。

⑶　維持保全

維持保全は、点検、清掃その他の維持を行い、および必要な修繕を行うことです（法２条２項１号かっこ書き）。ここでの維持保全には、維持と修繕の両方を行うという意味を持たせています。維持か修繕のどちらか一方を行うだけでは、維持保全にはあたりません（したがって、維持か修繕のどちらか一方を行うだけでは、管理業務にあたらない）。

また、賃貸人のために維持保全に係る契約の締結の媒介、取次ぎまたは代理を行う業務は、維持保全に含まれます（法２条２項１号かっこ書き）。

維持保全の対象は、居室および居室の使用と密接な関係にある住宅のその他の部分です（「解釈・運用の考え方」第２条第２項関係２）。

分譲マンション等の１室の専有部分のみを受託管理する場合であっても、賃貸住宅の維持保全を行う業務に該当します（「FAQ集」１．定義関連（２）受託管理（賃貸住宅管理業者）No. ４）。

【賃貸住宅の維持保全】

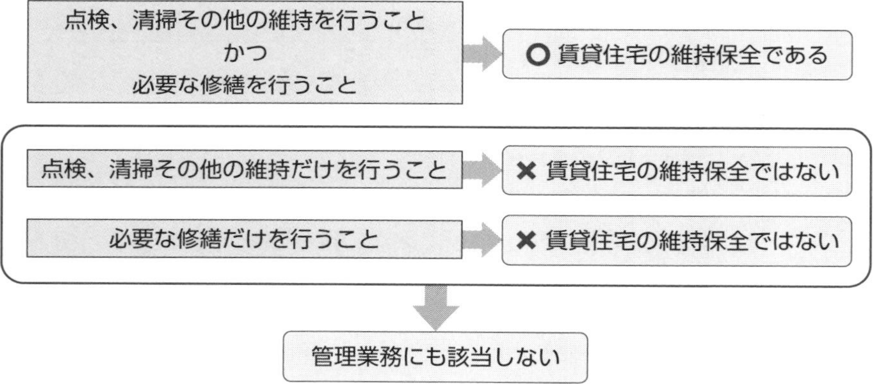

以上を前提にして、「解釈・運用の考え方」では、賃貸住宅の維持保全について、次のとおり説明されています。

> 「解釈・運用の考え方」第２条第２項関係２
>
> 「賃貸住宅の維持保全」とは、居室及び居室の使用と密接な関係にある住宅のその他の部分である、玄関・通路・階段等の共用部分、居室内外の電気設備・水道設備、エレベーター等の設備等について、点検・清掃等の維持を行い、これら点検等の結果を踏まえた必要な修繕を一貫して行うことをいう。例えば、定期清掃業者、警備業者、リフォーム工事業者等が、維持又は修繕の「いずれか一方のみ」を行う場合や、エレベーターの保守点検・修繕を行う事業者等が、賃貸住宅の「部分のみ」について維持から修繕までを一貫して行う場合、入居者からの苦情対応のみを行い維持及び修繕（維持・修繕業者への発注等を含む。）を行っていない場合は、賃貸住宅の維持保全には該当しない。*

＊　「解釈・運用の考え方」では、「維持又は修繕の「いずれか一方のみ」を行う場合」が維持保全には該当しないとするが、「維持」と「修繕」のそれぞれの意味を定義しなければ、このルールは意味を持たない（例えば、エントランスホールの扉がはずれてその調整が必要となった場合に、その修復を工事業者に依頼することは修繕にあたるのかあたらないのか、など）。

また、「賃貸住宅の「部分のみ」について」「維持及び修繕」を行う場合は維持保全には該当しないとするが、仮に部分だけの維持修繕が維持保全に該当しないとするならば、どのような行為が「部分のみ」を対象とする維持保全であって、どのような行為が全体を対象とする維持修繕なのかを説明する必要がある（例えば、建物に備え付けられた設備全部の維持修繕を行っても、設備だけの維持修繕であって部分のみの維持修繕だから維持保全ではないということになるのか）。

なお、「解釈・運用の考え方」第２条第１項関係１（１）では、住宅を「人の居住の用に供する家屋又は家屋の部分」と定義しており、「部分のみ」を対象とする維持修繕が維持保全にはあたらないとする記述は、賃貸住宅の定義と矛盾している（「解釈・運用の考え方」第２条第１項関係１（２）では、人の住まいとして直接に使用する居室部分以外（共用部分）は「家屋の部分」にあたらないと考えているかのようにもみえるのだが、共用部分を対象としない場合には賃貸住宅の維持保全にはならないと明言はされておらず、むしろ、「解釈・運用の考え方」第２条第２項関係２は、エレベーターなどが家屋の部分であることを前提とした記述になっている）。

以上のとおり、「解釈・運用の考え方」によって現在示されている基準は論理性や客観性を欠き、あいまいである。

維持保全への該当性

- エレベーターの保守点検・修繕など、「部分のみ」なら、該当しない。
- 金銭の管理を行う業務だけの場合には、管理業務にはあたらない。

(4)　維持保全に係る契約の締結の媒介、取次ぎ、代理

「媒介」とは、他人の間に立って、他人を当事者とする法律行為の成立に尽力する事実行為をいい、例えば、賃貸人と維持・修繕業者の間に契約が成立するように、賃貸住宅管理業者が両者の間に立って各種事務を行う行為が該当します。

「取次ぎ」とは、自己の名をもって他人の計算において、法律行為を行うことを引き受ける行為をいい、例えば、賃貸住宅管理業者が自己の名を

もって賃貸人のために維持・修繕業者に発注事務等を行う行為が該当します。

「代理」とは、本人から代理権を付与された者が、本人のために相手方との間で意思表示をし、または意思表示を受けることによって、その法律効果が本人に直接帰属する制度をいい、例えば、賃貸人から代理権を付与された賃貸住宅管理業者が、賃貸人の代理人として維持・修繕業者と契約を締結する行為が該当します（「解釈・運用の考え方」第２条第２項関係３）。

国土交通省の「解釈・運用の考え方」では、「いわゆるアセットマネジメント事業者については、オーナーや信託の受益者から受託した資産運用業務の一環として賃貸住宅管理業者に管理業務を行わせている場合、当該アセットマネジメント事業者は、賃貸住宅管理業者との関係ではいわばオーナーや信託の受益者と同視しうる立場にあるものと考えられることから、この場合における当該アセットマネジメント事業者は、管理業務を行う事業を営んでいるとは解されず、賃貸住宅管理業の登録を受ける必要はない。

なお、いわゆるアセットマネジメント事業者がオーナーや信託の受益者から受託した資産運用業務を行う際に、賃貸住宅の維持保全に係る契約の締結について、オーナーや信託の受益者に代わって契約内容の可否を判断することや、オーナーや信託の受益者の代理人として契約を締結することは、「賃貸住宅の維持保全に係る契約の締結の媒介、取次ぎ又は代理を行う業務」とはみなされず、当該アセットマネジメント事業者が管理業務を行っているものとは解さない」と説明されています（「解釈・運用の考え方」第２条第３項関係３）。

(5) 金銭の管理

賃貸住宅に係る家賃、敷金、共益費その他の金銭の管理を行う業務も管理業務にあたります（２号管理。法２条２項２号）。ただし、委託を受けて行う維持保全（1号管理）とあわせて行われるものに限られます（法2条2項2号かっこ書き）。すなわち、金銭の管理を行う業務については、賃貸住宅の賃貸人から委託を受けて、委託に係る賃貸住宅の維持保全を行うことと併せて行うものに限り、賃貸住宅管理業に該当することとなるのであり、金銭の管理のみを行う業務については、賃貸住宅管理業には該当しません（「解釈・運用の考え方」第2条第2項関係4、「FAQ集」2．登録関連（3）その他No. 9）。

また、ここでいう金銭は、賃貸住宅管理業者が賃貸住宅管理業務を行うにあたって賃借人から受領した家賃、敷金、共益費等の金銭管理を指します。サブリース方式において、サブリース業者が入居者から家賃、敷金、共益費等を受領する場合には、サブリース業者が賃貸人の立場として受領するものであることから、この場合の金銭には含まれません（「FAQ集」1．定義関連（2）受託管理（賃貸住宅管理業者）No. 6、7）。*

* 国土交通省が公表している「FAQ集」1．定義関連（2）受託管理（賃貸住宅管理業者）No. 1では、金銭の管理について、「他の法令によって財産の管理を委託した者の保護が図られている、信託や任意後見契約に基づく業務の実施をこれに含む趣旨ではありません」として、一定の場合には金銭の管理が管理業務には該当しないとされている。

しかし、どのような場合に「法令によって財産の管理を委託した者の保護が図られている」ものとして金銭の管理が管理業務に該当しないことになるのか明らかではない。

3 賃貸住宅管理業

賃貸住宅管理業は、賃貸住宅の賃貸人から委託を受けて、管理業務を行う事業です（法2条2項はしら書き）。

自らが所有する賃貸住宅の管理を行うことは、賃貸住宅管理業ではありません。信託設定によって賃貸住宅の所有権の登記名義が受託者に移転し、受託者が管理業務を行う場合には、自己の所有する賃貸住宅の管理事務を行うことになりますから、賃貸住宅管理業を行うものではなく、登録の対象外です（「FAQ集」２．登録関連（３）その他No. 12）。

4 賃貸住宅管理業者

賃貸住宅管理業者は、登録を受けて賃貸住宅管理業を営む者です（法２条３項）。

「業を営む（事業を営む）」とは、営利の意思をもって反復継続的に賃貸住宅管理を行うことをいい、営利の意思の有無については、客観的に判断されます（「解釈・運用の考え方」第２条第３項関係（１））。

賃貸人から委託を受けて無償で管理業務を行う場合であっても、直ちに営利性が否定されるものではありません。事業スキーム全体の事業性を鑑みて営利の意思の有無が判断されます（「FAQ集」２．登録関連（３）その他No. ８）。

5 特定賃貸借契約

(1) 意 味

「特定賃貸借契約」とは、賃貸住宅の賃貸借契約であって、賃借人が賃貸住宅を第三者に転貸する事業を営むことを目的として賃貸人と賃借人との間で締結されるものです（法２条４項、「解釈・運用の考え方」第２条第４項関係１）。サブリース事業におけるマスターリース（原賃貸借）が特定賃貸借契約にあたります。

賃貸住宅の原賃貸人との間で特定賃貸借契約（マスターリース契約）を締結した特定転貸事業者（サブリース業者）から賃貸住宅を借り上げ、第三者への再転貸を行う場合には、特定転貸事業者と再転貸を行う事業者との間の賃貸借契約も、特定賃貸借契約に該当します（「FAQ集」１．定義関連（３）サブリース（特定賃貸借契約（マスターリース契約））No. ２）。

事業を営むというのは、営利の意思を持って反復継続的に転貸することです。営利の意思の有無については、客観的に判断されます。個人が賃借した賃貸住宅について、一時的に第三者に転貸する場合は、特定賃貸借契約に該当しません（「解釈・運用の考え方」第２条第４項関係１）。

マスターリース契約がパススルー型の場合の営利性については、事業スキーム全体の事業性をみて判断されます。マスターリース契約を根源として運用等で利益が生み出されるような事業スキームである場合、仮にパススルー型において賃料やその他手数料として控除しているものが無かったとしても、その点のみをもって直ちに営利性がないと判断されるものではありません（「FAQ集」１．定義関連（３）サブリース（特定賃貸借契約（マスターリース契約））No. ４）。

老人ホームやデイケアホームを利用契約という形で運営する場合については、老人ホームやデイケアホームの利用契約が賃貸借契約には該当しないものである場合には、特定賃貸借契約には該当しません（「FAQ集」１．定義関連（３）サブリース（特定賃貸借契約（マスターリース契約））No. ５）。

【サブリース事業の流れ】

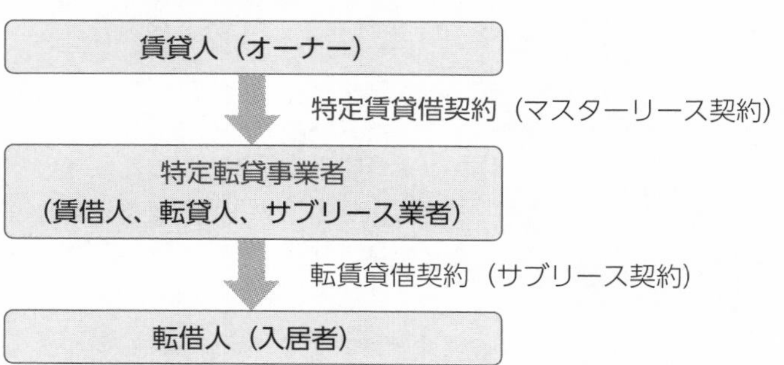

特定転貸事業者の賃貸住宅管理業の登録の必要性

賃貸住宅管理業法は、賃貸住宅管理業に登録制を採用し、登録を受けなければ業を営むことはできないとして営業を規制する一方、サブリース事業には登録制を採用せず、業規制を行わずに営業の自由を認める法律である。

にもかかわらず、「解釈・運用の考え方」第2条第3項関係（2）では、「特定転貸事業者については、一般に、特定賃貸借契約又は当該特定賃貸借契約に付随する契約により、本来賃貸人が行うべき賃貸住宅の維持保全を、賃貸人からの依頼により賃貸人に代わって行っており、この場合における特定転貸事業者は賃貸住宅管理業を営んでいるものと解されることから、当該特定転貸事業者の事業の規模が、法第3条の「国土交通省令で定める規模」未満である場合を除き、当該特定転貸事業者は賃貸住宅管理業の登録を受けなければならない」と述べられている。

しかし、マスターリース契約の契約内容は多種多様であって、契約内容を決めるのは契約当事者である。賃貸人が行うべき維持保全を、賃借人が依頼を受けて賃貸人の代わりに行っていることもあれば、そうでないこともある。賃借人が建物や設備の維持管理費用の一部を負担することも多いが、それは、通常転貸人として入居者に賃貸をするために自らが行うべき行為を自らのために行っているのであり、賃貸人に代わって賃貸人の行うべき維持保全を代わりに行っているのではない。加えて、維持管理費用のすべてを賃貸人が負担することも少なくない。マスターリース契約において、賃貸人が賃借人に自らの行うべき維持保全を委託するのが一般的だというのは、社会の実態とかけ離れており、誤った考え方である。

また、今般の賃貸住宅管理業法の制定にともなって国土交通省が定めた特定賃貸借標準契約書には、「乙は、頭書（6）に記載する維持保全を行わなければならない」との条文が新たに設けられた（同契約書10条1項）が、賃借人に維持保全を義務づける契約書は稀である。平成30年に国土交通省が作成したマスターリース契約のひな形（「サブリース住宅原賃貸借標準契約書」平成30年3月版）にも、費用負担の定めはあるが、賃借人に維持保全を義務づける条文（または賃借人に維持保全を委託する条文）は存在しない（維持保全の義務づけの問題と管理費用負担とは異なる問題である。特定賃貸借標準契約書でも10条と11条に明確に書き分けられている）。

マスターリース契約において、賃貸人が賃借人に自らの行うべき維持保全を委託するのが一般的だという社会の実態とかけ離れた見解をとり、しかも登録が必要となるような特約を新設した契約書のひな形を示して、法律上参入規制がないサブリース事業に対して規制を加えるという手法は、健全な法の執行機関が行うべき行為ではない。賃貸住宅管理業法が、これからのわが国における住生活の基本をなす重要な法律として人々に理解され、定着していくために、法律による行政の原則に素直に立ち戻り、サブリース事業一般に登録が必要だとする誤った考え方を撤回していただくべきである。国土交通省には、不動産行政に対する信頼を損ねることのないように、賢明なご対応を期待する。

なお、国土交通省は誤った手法によってマスターリース契約を規制しようとしているが、その背景には、マスターリース契約を正面から法的に規制することを検討すれば、借地借家法を見直す必要があるという議論を避けて通ることができず、これを回避したためだと思われる。今般のような行政による誤った解釈が行われないためにも、借地借家法について根本的な議論をするべき時期がきている。

⑵ 特定賃貸借契約から除外されるもの

賃貸住宅管理業法によるサブリースに対する規制は、サブリース事業における適正な営業活動を確保するために営業活動に規制を加えるものです。賃貸人と賃借人の間における営業活動を規制する理由がなく、規制を行わなくても賃貸住宅の賃貸人の保護に欠けることがないような関係がある場合には、規制を加えるならば、当事者に手間をかけさせるだけであって、不利益を被らせることになります。そこで、賃貸人と賃借人に特殊な関係がある場合は、特定賃貸借契約の対象から除外されるものとされています。除外の対象となる賃貸人と賃借人の関係については、次の表の❶～❼のとおり定められています（規則２条１号～７号）。

【特定賃貸借契約から除外される賃貸人・賃借人の関係】

賃貸人	賃借人
❶ 個 人	イ．賃貸人の親族＊1 ロ．賃貸人またはその親族が役員である法人＊2
❷ 会 社	イ．賃貸人の親会社 ロ．賃貸人の子会社 ハ．賃貸人の関連会社 ニ．賃貸人が他の会社等の関連会社である場合におけるその他の会社等 ホ．賃貸人の親会社の子会社（その賃貸人を除く）
❸ 登録投資法人	資産運用会社の関係会社＊3＊4
❹ 特定目的会社（TMK）（資産の流動化に関する法律）	TMKの委託を受けて特定資産の管理処分業務を行う者の関係会社＊5
❺ 組 合＊6（不動産特定共同事業法）	組合の業務執行者または業務執行者の関係会社
❻ 特例事業者（不動産特定共同事業法）	特例事業者の委託を受けて業務を行う不動産特定共同事業者の関係会社等＊7
❼ 信託の受託者	イ．委託者または受益者（委託者等）の関係会社＊8 ロ．委託者等が投資法人である場合の資産運用会社の関係会社 ハ．委託者等がTMKである場合の特定資産の管理処分の業務を行う者の関係会社

なお、❷では賃貸人の関係会社が賃借人の場合が特定賃貸借契約から除外されますが、❸から❼までにおいては、賃貸人の関係会社が賃借人のときが除外対象となるのではなく、右に記載したものについて、その関係会社が賃借人のときに、特定賃貸借契約から除外されます。

また、❼に関し、賃貸人が信託受託者、賃借人が信託受益権者であり、賃借人が第三者に転貸するスキーム（たとえば、GK-TKスキーム）が用いられる場合については、受託者は実質的には委託者または受益者と同視できるけれども、賃借人が「委託者または受益者」自身であることは、除外事由としての賃借人が信託の委託者／受益者の関係会社である場合にはあたらないから、この場合の賃借人は、特定転貸事業者（サブリース業者）になるとされています（「FAQ集」1．定義関連（4）サブリース（特定転貸事業者（サブリース業者））No. 5）。

＊1　親族とは、民法第 725 条に定める6親等内の血族、配偶者および3親等内の姻族をいう（「解釈・運用の考え方」第2条第4項関係2（1）、規則第2条第1号イ関係）。

＊2　役員とは、次に掲げる者をいう。

1．株式会社においては、取締役、執行役、会計参与（会計参与が法人であるときは、その職務を行うべき社員）および監査役

2．合名会社、合資会社および合同会社においては、定款をもって業務を執行する社員がいる場合には当該社員。その他の場合には全ての社員

3．財団法人および社団法人においては、理事および監事

4．特殊法人等においては、総裁、理事長、副総裁、副理事長、専務理事、理事、監事等法令により役員として定められている者（「解釈・運用の考え方」第2条第4項関係2（2）、規則第2条第1号ロ関係）

＊3　投資法人の関係会社ではなく、登録投資法人の資産運用会社の関係会社

＊4　例えば、登録投資法人が賃貸人である場合には、登録投資法人の資産運用会社の関係会社を賃借人とする賃貸借契約は、特定賃貸借契約に該当しない（「解釈・運用の考え方」第2条第4項関係2（3）、規則第2条第3号～第7号関係）。

＊5　特定目的会社の関係会社ではなく、特定目的会社から特定資産の管理および処分に係る業務の委託を受けた者の関係会社

＊6　組合とは、その構成員の間で不動産特定共同事業法第2条第3項第1号の不動産特定共同事業契約が締結されている民法上の組合である。

＊7　特例事業者から委託を受けて不動産取引に係る業務を行う不動産特定共同事業者または小規模不動産特定共同事業者の関係会社

＊8　登録投資法人が信託受益権を保有し、信託受益権の受託者である信託銀行が賃貸人である場合の、登録法人の資産運用会社の関係会社を賃借人とする賃貸借契約は、特定賃貸借契約に該当しない（「解釈・運用の考え方」第2条第4項関係2（3）、規則第2条第3号～第7号関係）。

6 特定転貸事業者

特定転貸事業者は、特定賃貸借契約に基づいて賃借した賃貸住宅を第三者に転貸する事業を営む者です（法２条５項）。事業を営むとは、営利の意思を持って反復継続的に転貸することをいいます。営利の意思の有無については、客観的に判断されます（「解釈・運用の考え方」第２条第５項関係（１））。

サブリース事業において、マスターリース（原賃貸借）の賃借人となるサブリース業者が特定転貸事業者にあたります。

社宅代行業者が、賃貸住宅をオーナーから借り上げ、企業に転貸する場合の取扱い
（「解釈・運用の考え方」第２条第５項関係（２））

❶ 社宅代行業者（転貸人）が企業（転借人）との間で賃貸借契約を締結し、企業が、転貸人から賃借した家屋等にその従業員等を入居させる場合、社内規定等に基づき従業員等に利用させることが一般的であり、この場合における企業は、特定転貸事業者に該当しない。

❷ 企業と従業員等との間で賃貸借契約が締結されている場合であっても、相場よりも低廉な金額を利用料として徴収する場合には、従業員等への転貸により利益を上げることを目的とするものではないことから、この場合における企業も同様に特定転貸事業者には該当しない。

❸ 賃貸住宅をオーナーから借り上げる社宅代行業者は、特定転貸事業者に該当する。家屋等の所有者（賃貸人）に支払う家賃と企業から支払われる家賃が同額であっても、企業から手数料等何らかの名目で収益を得ることが一般的であり、営利の意思は否定されない。

サービス付き高齢者住宅を運営する事業者の取扱い
（「FAQ集」１．定義関連（４）サブリース（特定転貸事業者（サブリース業者））No. 6）

サービス付き高齢者向け住宅については、住宅の所有者から運営事業者が住宅を借り受け入居者へ賃貸する形態により運営される場合には、営利目的で賃貸住宅を賃借し、第三者へ転貸する事業を営むものであることから、特定転貸事業者（サブリース業者）に該当する。

第2章 賃貸住宅管理業

第1節 登 録

第3条（登録）

1　賃貸住宅管理業を営もうとする者は、国土交通大臣の登録を受けなければならない。ただし、その事業の規模が、当該事業に係る賃貸住宅の戸数その他の事項を勘案して国土交通省令で定める規模未満であるときは、この限りでない。

2　前項の登録は、５年ごとにその更新を受けなければ、その期間の経過によって、その効力を失う。

3　前項の更新の申請があった場合において、同項の期間（以下この項及び次項において「登録の有効期間」という。）の満了の日までにその申請に対する処分がされないときは、従前の登録は、登録の有効期間の満了後もその処分がされるまでの間は、なおその効力を有する。

4　前項の場合において、登録の更新がされたときは、その登録の有効期間は、従前の登録の有効期間の満了の日の翌日から起算するものとする。

5　第２項の登録の更新を受けようとする者は、実費を勘案して政令で定める額の手数料を納めなければならない。

☞関連する「規則第３条～第６条」の条文については、資料編を参照

1 登録制の採用

賃貸住宅管理業法は、賃貸住宅管理業について登録制を採用しました(法3条1項本文)。登録を行うのは国土交通大臣です。登録を受けなければ賃貸住宅管理業を営むことはできません。

事業の規模が一定の規模未満であるときは、登録がなくても営業可能です。規則では、登録がなくても営業を営むことができる事業の規模について、200戸未満と定められています(規則3条)。その結果、管理戸数200戸以上の管理業者は、管理業務を行うには、登録をしなくてはならない、管理戸数が200戸未満の管理業者は、登録がなくても管理業務を行えるということになります。管理戸数が一時的にでもこの数を超える見込みがあれば、登録を要します(「解釈・運用の考え方」第3条第1項関係1)。

賃貸住宅の管理戸数は、入居者との間で締結されることが想定される賃貸借契約の数をベースとして数えられます。例えば、いわゆるシェアハウス(台所・浴室・便所等を入居者が共同で利用する様式の賃貸住宅)を1棟管理するケースでは、シェアハウスが10部屋から構成されている場合には、そのうち4部屋を入居者が使用し、残りの6部屋が空室になっているとしても、管理戸数は10戸です(「解釈・運用の考え方」第3条第1項関係2)。

なお、管理戸数200戸未満であっても、賃貸住宅管理業者の登録をすることは可能です。登録をした場合には、賃貸住宅管理業者としての法律上のルールの遵守が義務づけられ、定められたルールに違反した場合には、監督処分や罰則の対象になります(「FAQ集」2. 登録関連(1)登録申請等No.11)。

【登録を必要とする管理戸数】

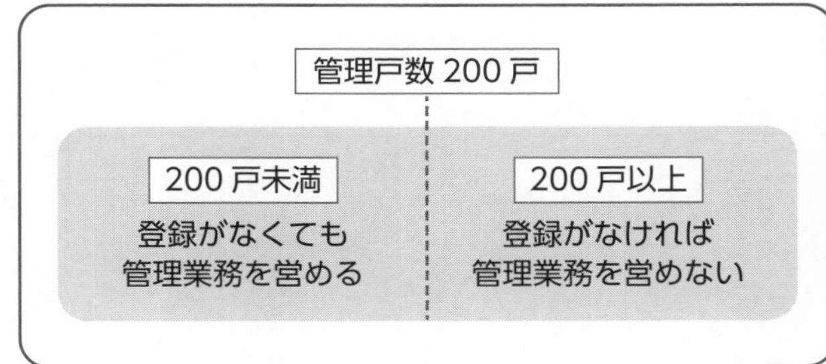

2 登録の有効期間

登録の有効期間は５年です。登録は５年ごとにその更新を受けなければ、その期間の経過によって、その効力を失います（法３条２項）。

ただし、更新の申請があった場合において、登録の有効期間の満了の日までにその申請に対する処分がされないときは、従前の登録は、登録の有効期間の満了後もその処分がされるまでの間は、なおその効力を有します（法３条３項）。その場合、登録の更新がされたときは、その登録の有効期間は、従前の登録の有効期間の満了の日の翌日から起算します（法３条４項）。

【更新の申請があった場合の取扱い】

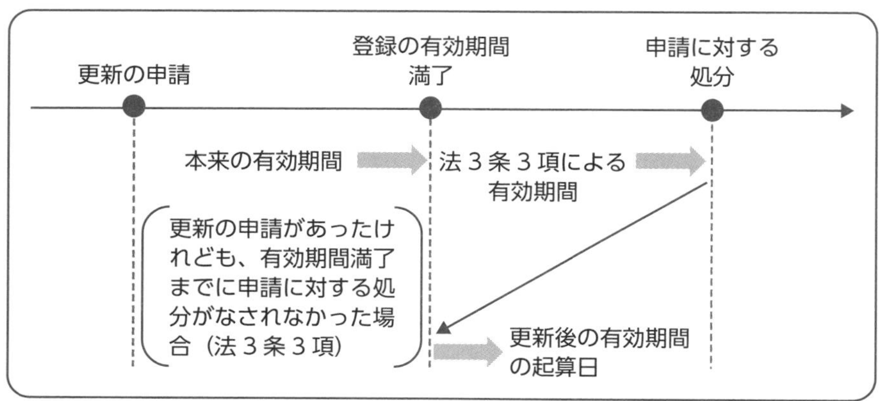

3　登録業者のルール遵守義務

賃貸住宅管理業者は、賃貸住宅管理業法の定める業務のルールを遵守しなければなりません。次の❶～⓬のルールが定められています。

❶ 業務処理の原則（法10条）

❷ 名義貸しの禁止（法11条）

❸ 業務管理者の選任（法12条）

❹ 管理受託契約の締結前の書面の交付（法13条）

❺ 管理受託契約の締結時の書面の交付（法14条）

❻ 管理業務の再委託の禁止（法15条）

❼ 分別管理（法16条）

❽ 証明書の携帯等（法17条）

❾ 帳簿の備付け等（法18条）

❿ 標識の掲示（法19条）

⓫ 委託者への定期報告（法20条）

⓬ 秘密を守る義務（法21条）

4 刑　罰（無登録営業等）

国土交通大臣による登録を受けずに管理業務を営むことはできません。国土交通大臣による登録を受けずに管理業務を営んだ者は（無登録営業）、1年以下の懲役もしくは100万円以下の罰金に処せられ、またはこれを併科されます（法41条1号）。

また、不正の手段により登録を受けたときも同様に、1年以下の懲役もしくは100万円以下の罰金に処せられ、またはこれを併科されます（法41条2号）。

法人の代表者または法人もしくは人の代理人、使用人その他の従業者が、その法人または人の業務に関し、違反行為をしたときは、行為者を罰するほか、その法人または人に対して罰金刑が科されます（法45条）。

第４条（登録の申請）

１　前条第１項の登録（同条第２項の登録の更新を含む。以下同じ。）を受けようとする者は、次に掲げる事項を記載した申請書を国土交通大臣に提出しなければならない。

一　商号、名称又は氏名及び住所

二　法人である場合においては、その役員の氏名

三　未成年者である場合においては、その法定代理人の氏名及び住所（法定代理人が法人である場合にあっては、その商号又は名称及び住所並びにその役員の氏名）

四　営業所又は事務所の名称及び所在地

２　前項の申請書には、前条第１項の登録を受けようとする者が第６条第１項各号のいずれにも該当しないことを誓約する書面その他の国土交通省令で定める書類を添付しなければならない。

☞ 関連する「規則第７条」の条文については、資料編を参照

1　登録の申請

登録（登録の更新を含む）を受けようとする者は、申請書を国土交通大臣に提出しなければなりません（法４条１項）。

申請書の記載事項は、以下のとおりです。

❶ 商号、名称または氏名および住所

❷ 法人である場合においては、役員の氏名

❸ 未成年者である場合においては、法定代理人の氏名および住所（法定代理人が法人である場合にあっては、商号または名称および住所ならびに役員の氏名）

❹ 営業所または事務所の名称および所在地

営業所または事務所については、管理受託契約の締結、維持保全の手配、または家賃、敷金、共益費その他の金銭の管理（法２条２項２号に規定する業務を行う場合に限る）が行われ、継続的に賃貸住宅管理業の営業の拠点となる施設としての実態を有するものが、これに該当します。電話の取次ぎのみを行う施設、維持保全業務に必要な物品等の置き場などの施設は、営業所または事務所ではありません。個人にあっては、その事業者の営業の本拠が営業所または事務所となります（「解釈・運用の考え方」第４条第１項関係２）。

申請書には、登録を受けようとする者が登録の拒否事由（欠格事由。法６条１項各号）のいずれにも該当しないことを誓約する書面その他の国土交通省令で定める書類を添付しなければならないものとされています（法４条２項）。

第５条（登録の実施）

> １　国土交通大臣は、前条第１項の規定による登録の申請があったときは、次条第１項の規定により登録を拒否する場合を除き、次に掲げる事項を賃貸住宅管理業者登録簿に登録しなければならない。
> 一　前条第１項各号に掲げる事項
> 二　登録年月日及び登録番号
> ２　国土交通大臣は、前項の規定による登録をしたときは、遅滞なく、その旨を申請者に通知しなければならない。

1　国土交通大臣による登録

登録申請があったときは、登録の拒否事由（欠格事由。法６条１項各号）がある場合を除いて、賃貸住宅管理業者としての登録がなされます（法５条１項・２項）。

賃貸住宅管理業者登録簿には、以下の事項が登録されます。

❶ 商号、名称・氏名、住所（法５条１項１号、４条１項１号）

❷ 法人なら役員の氏名（法５条１項１号、４条１項２号）

❸ 未成年者なら法定代理人の氏名および住所（法５条１項１号、４条１項３号）

❹ 営業所または事務所の名称および所在地（法５条１項１号、４条１項４号）

❺ 登録年月日および登録番号（法５条１項２号）

法人の場合は法人単位で登録を行います。支社・支店ごとに登録を受けることはできません。登録を受ける場合には、本店および賃貸住宅管理業を行う支社・支店といった事務所等が登録されます（「FAQ集」２．登録関連（３）その他No.３）。なお、賃貸住宅の管理業務を行わない支社、支店などは、登録申請書に記載する必要はありません。本店については、賃貸住宅管理業を行っていない場合であっても、登録申請書に記載する必要があります（「FAQ集」２．登録関連（３）その他No.４）。

2 登録の通知

国土交通大臣は、登録をしたときは、遅滞なく、その旨を申請者に通知しなければなりません。登録がなされたときには、その旨が申請者に通知されます（法５条２項）。

第6条（登録の拒否）

1　国土交通大臣は、第3条第1項の登録を受けようとする者が次の各号のいずれかに該当するとき、又は第4条第1項の申請書若しくはその添付書類のうちに重要な事項について虚偽の記載があり、若しくは重要な事実の記載が欠けているときは、その登録を拒否しなければならない。

一　心身の故障により賃貸住宅管理業を的確に遂行することができない者として国土交通省令で定めるもの

二　破産手続開始の決定を受けて復権を得ない者

三　第23条第1項又は第2項の規定により登録を取り消され、その取消しの日から5年を経過しない者（当該登録を取り消された者が法人である場合にあっては、当該取消しの日前30日以内に当該法人の役員であった者で当該取消しの日から5年を経過しないものを含む。）

四　禁錮以上の刑に処せられ、又はこの法律の規定により罰金の刑に処せられ、その執行を終わり、又は執行を受けることがなくなった日から起算して5年を経過しない者

五　暴力団員による不当な行為の防止等に関する法律（平成3年法律第77号）第2条第六号に規定する暴力団員又は同号に規定する暴力団員でなくなった日から5年を経過しない者（第九号において「暴力団員等」という。）

六　賃貸住宅管理業に関し不正又は不誠実な行為をするおそれがあると認めるに足りる相当の理由がある者として国土交通省令で定めるもの

七　営業に関し成年者と同一の行為能力を有しない未成年者でその法定代理人が前各号のいずれかに該当するもの

八　法人であって、その役員のうちに第一号から第六号までのいず

れかに該当する者があるもの
九　暴力団員等がその事業活動を支配する者
十　賃貸住宅管理業を遂行するために必要と認められる国土交通省令で定める基準に適合する財産的基礎を有しない者
十一　営業所又は事務所ごとに第12条の規定による業務管理者を確実に選任すると認められない者
2　国土交通大臣は、前項の規定により登録を拒否したときは、遅滞なく、その理由を示して、その旨を申請者に通知しなければならない。

☞関連する「規則第８条～第10条」の条文については、資料編を参照

1　登録の拒否

登録を受けようとする者に一定の事由がある場合には、登録は拒否されます（登録の拒否事由、欠格事由。法６条１項）。登録の申請がなされた場合に、登録の拒否事由がなければ登録されますが、登録の拒否事由がある場合には、登録されません。

現に賃貸住宅管理業を営んでいない者（管理戸数が０戸である者）も登録を受けることは可能です。ただし、賃貸住宅管理業者が登録を受けてから１年以内に業務を開始せず、または引き続き１年以上業務を行っていないと認めるときは、その登録の取消しの対象となります（法23条２項。「FAQ集」２．登録関連（３）その他No.２）。

登録の拒否事由は、下記の⑴から⑾までのとおり定められています。

⑴　心身の故障（法６条１項１号）

心身の故障により賃貸住宅管理業を的確に遂行することができないことが登録の拒否事由です。精神の機能の障害により賃貸住宅管理業を的確に

遂行するに当たって必要な認知、判断および意思疎通を適切に行うことができない者について、心身の故障により賃貸住宅管理業を的確に遂行することができないとして、登録が拒まれます（規則８条）。

⑵　破産手続開始の決定を受けて復権を得ない者（法６条１項２号）

破産手続開始の決定を受けて復権を得ないことが、登録の拒否事由です。破産手続開始の申立てがなされていても、決定がなされていなければ登録は拒まれませんし、破産手続開始の決定を受けたとしても、復権を得ていれば登録されます。

⑶　登録を取り消された者等（法６条１項３号）

登録が取り消され、その取消しの日から５年を経過しない者については、登録は拒まれます。登録を取り消された者が法人である場合には、取消しの日前30日以内に法人の役員であった者で取消しの日から５年を経過しないものを含みます。

⑷　禁錮以上の刑に処せられた者等（法６条１項４号）

禁錮以上の刑に処せられ、または賃貸住宅管理業法の規定により罰金の刑に処せられ、その執行を終わり、または執行を受けることがなくなった日から起算して５年を経過しない者については、登録は拒まれます。

⑸　暴力団員等（法６条１項５号）

暴力団員（暴力団員による不当な行為の防止等に関する法律第２条第６号）

または暴力団員でなくなった日から５年を経過しない者（以下、「暴力団員等」という）については、登録は拒否されます。

(6) 不正または不誠実な行為をするおそれがある者（法６条１項６号）

賃貸住宅管理業に関し、不正または不誠実な行為をするおそれがあると認めるに足りる相当の理由がある者として、規則で定められる者については、登録は拒まれます。

規則では、次の❶と❷が登録拒否事由とされています（規則９条１号・２号）。

❶ 登録の取消しの処分に係る行政手続法第15条の規定による通知*があった日から処分をする日または処分をしないことの決定をする日までの間に法第９条第１項第４号または第５号の規定による届出をした者（解散または賃貸住宅管理業の廃止について相当の理由のある者を除く）で届出の日から５年を経過しないもの

❷ 上記❶の期間内に、合併、解散、賃貸住宅管理業の廃止の届出をした法人（合併、解散または賃貸住宅管理業の廃止について相当の理由がある法人を除く）の役員であった者であって行政手続法第15条の規定による通知があった日前30日に当たる日から法人の合併、解散または廃止の日までの間にその地位にあったもので届出の日から５年を経過しないもの

* 行政手続法第15条　行政庁は、聴聞を行うに当たっては、聴聞を行うべき期日までに相当な期間をおいて、不利益処分の名あて人となるべき者に対し、次に掲げる事項を書面により通知しなければならない。

一　予定される不利益処分の内容及び根拠となる法令の条項

二　不利益処分の原因となる事実

三　聴聞の期日及び場所

四　聴聞に関する事務を所掌する組織の名称及び所在地

2　前項の書面においては、次に掲げる事項を教示しなければならない。

一　聴聞の期日に出頭して意見を述べ、及び証拠書類又は証拠物（以下「証拠書類等」という。）を提出し、又は聴聞の期日への出頭に代えて陳述書及び証拠書類等を提出することができること。

二　聴聞が終結する時までの間、当該不利益処分の原因となる事実を証する資料の閲覧を求めること。

(7)　未成年者（法6条1項7号）

営業に関し成年者と同一の行為能力を有しない未成年者でその法定代理人が、上記(1)〜(6)のいずれかに該当するものの登録は拒まれます。

(8)　法人の中に、上記(1)〜(6)のいずれかに該当する者がいる場合（法6条1項8号）

法人であって、その役員のうちに上記(1)〜(6)のいずれかに該当する者があるものの登録は拒まれます。

(9)　暴力団員等がその事業活動を支配する者（法6条1項9号）

暴力団員等がその事業活動を支配する者の登録は拒まれます。

(10)　財産的基礎を有しない者（法6条1項10号）

賃貸住宅管理業を遂行するために必要と認められる基準に適合する財産的基礎を有しない者については、登録は拒まれます。

ここで基準は、「登録の申請の日を含む事業年度の前事業年度における財産及び損益の状況が良好であること」です（規則10条）。そのうえで、「財産及び損益の状況が良好であること」とは、登録申請日を含む事業年度の前事業年度において、負債の合計額が資産の合計額を超えておらず、かつ、支払不能に陥っていない状態とされています。ただし、負債の合計額が資産の合計額を超えている場合であっても、たとえば、登録申請日を含む事業年度の直前２年の各事業年度において当期純利益が生じている場合、十分な資力を有する代表者からの「代表者借入金」を控除した負債の合計額が資産の合計額を超えていない場合など、上記の「負債の合計額が資産の合計額を超えて」いないことと同等または同等となることが相応に見込まれる場合には、「財産及び損益の状況が良好である」と認めて差し支えないと説明されています。

また、支払不能に陥っていないこととは、債務者が支払能力の欠乏のため弁済期にある全ての債務について継続的に弁済することができない客観的状態にないことをいいます。支払能力の欠乏とは、財産、信用、あるいは労務による収入のいずれをとっても債務を支払う能力がないことです（「解釈・運用の考え方」第６条第10号関係）。

⑾ 業務管理者を確実に選任すると認められない者（法６条１項11号）

営業所または事務所ごとに法第12条の規定による業務管理者を確実に選任すると認められない場合には、登録は拒まれます。登録申請をする事業者の営業所または事務所の数に足りる必要な業務管理者となりうる者（規則14条各号）が確認できない場合が、これに該当します（「解釈・運用の考え方」第６条第11号関係）。

なお、登録が拒否されるのは、申請者が業務管理者を適切に選任するであろうことが確認できない場合であり、申請の時点において業務管理者を選任していることが求められるわけではありません。

2 申請書の虚偽の記載があるときなど

申請書またその添付書類（法４条１項）のうちに重要な事項について虚偽の記載があり、もしくは重要な事実の記載が欠けているときは、その登録を拒否されます（法６条１項本文）。

3 登録の拒否の通知

国土交通大臣は、登録を拒否したときは、理由を示したうえで、その旨が申請者に通知しなければなりません（法６条２項）。

4 監督と罰則

国土交通大臣は、賃貸住宅管理業者が不正の手段により法第３条第１項の登録を受けたときは、その登録を取り消し、または１年以内の期間を定めてその業務の全部もしくは一部の停止を命ずることができます（法23条１項２号）。

また、不正の手段により法第３条第１項の登録を受けたときには、その違反行為をした者は、１年以下の懲役もしくは100万円以下の罰金に処され、またはこれが併科されます（法41条２号）。

第７条（変更の届出）

１　賃貸住宅管理業者は、第４条第１項各号に掲げる事項に変更があったときは、その日から30日以内に、その旨を国土交通大臣に届け出なければならない。
２　国土交通大臣は、前項の規定による届出を受理したときは、当該届出に係る事項が前条第１項第七号又は第八号に該当する場合を除き、当該事項を賃貸住宅管理業者登録簿に登録しなければならない。
３　第４条第２項の規定は、第１項の規定による届出について準用する。

☞関連する「規則第11条」の条文については、資料編を参照

1　変更の届出

賃貸住宅管理業者は、申請書の記載事項（❶商号、名称または氏名および住所、❷法人である場合においては、役員の氏名、❸未成年者である場合においては、法定代理人の氏名および住所（法定代理人が法人である場合にあっては、その商号または名称および住所ならびにその役員の氏名）、❹営業所または事務所の名称および所在地。法４条１項）に変更があったとき、30日以内に届け出なければなりません（法７条１項）。

変更の届出を受理したときは、賃貸住宅管理業者登録簿に登録されます（法７条２項）。

なお、個人で登録を受けた者の相続人等が引き続き賃貸住宅管理業を営むためには、変更届出による変更は認められません。新たに登録の申請を行う必要があります（「解釈・運用の考え方」第７条関係３（４））。

2 刑 罰

申請書の記載事項に変更があったにもかかわらず届出をせず、または虚偽の届出をしたときには、その違反行為をした者は、30万円以下の罰金に処せられます（法44条1号）。

法人の代表者または法人もしくは人の代理人、使用人その他の従業者が、その法人または人の業務に関し、違反行為をしたときは、行為者を罰するほか、その法人または人に対して罰金刑が科されます（法45条）。

第８条（賃貸住宅管理業者登録簿の閲覧）

国土交通大臣は、賃貸住宅管理業者登録簿を一般の閲覧に供しなければならない。

国土交通大臣は、賃貸住宅管理業者登録簿を一般の閲覧に供しなければなりません。登録簿に記載される管理業者の情報の一般公開は、登録制度の信頼性を基盤づける仕組みです。

第９条（廃業等の届出）

> １　賃貸住宅管理業者が次の各号のいずれかに該当することとなったときは、当該各号に定める者は、国土交通省令で定めるところにより、その日（第一号の場合にあっては、その事実を知った日）から30日以内に、その旨を国土交通大臣に届け出なければならない。
> 一　賃貸住宅管理業者である個人が死亡したとき　その相続人
> 二　賃貸住宅管理業者である法人が合併により消滅したとき　その法人を代表する役員であった者
> 三　賃貸住宅管理業者である法人が破産手続開始の決定により解散したとき　その破産管財人
> 四　賃貸住宅管理業者である法人が合併及び破産手続開始の決定以外の理由により解散したとき　その清算人
> 五　賃貸住宅管理業を廃止したとき　賃貸住宅管理業者であった個人又は賃貸住宅管理業者であった法人を代表する役員
> ２　賃貸住宅管理業者が前項各号のいずれかに該当することとなったときは、第３条第１項の登録は、その効力を失う。

☞関連する「規則第12条」の条文については、資料編を参照

1　廃業等の届出

賃貸住宅管理業者が次ページの表の❶～❺のいずれかに該当することとなったときは、それぞれに定められた者は、その日（❶の場合にあっては、その事実を知った日）から30日以内に、その旨を国土交通大臣に届け出なければなりません。

また、賃貸住宅管理業者が次ページの表の❶～❺のいずれかに該当することとなったときは、賃貸住宅管理業者の登録は、その効力を失います。

【廃業等の届出】

事　由	届出人
❶ 賃貸住宅管理業者である個人が死亡したとき	その相続人
❷ 賃貸住宅管理業者である法人が合併により消滅したとき	その法人を代表する役員であった者
❸ 賃貸住宅管理業者である法人が破産手続開始の決定により解散したとき	その破産管財人
❹ 賃貸住宅管理業者である法人が合併および破産手続開始の決定以外の理由により解散したとき	その清算人
❺ 賃貸住宅管理業を廃止したとき	賃貸住宅管理業者であった個人または賃貸住宅管理業者であった法人を代表する役員

なお、一時的な休業の場合には、廃業届を提出する必要はありません。もっとも、１年以上業務を行っていないときには登録取消しの対象となります（「解釈・運用の考え方」第９条関係）。

2 過　料

賃貸住宅管理業者が前記の表の❶～❺のいずれかに該当することとなったのに届出をせず、または虚偽の届出をしたときは、その違反行為をした者は、20万円以下の過料に処せられます（法46条）。

第2節 業　務

第10条（業務処理の原則）

賃貸住宅管理業者は、信義を旨とし、誠実にその業務を行わなければならない。

賃貸住宅管理業者は、賃貸住宅管理業の専門家として、専門的知識をもって適切に管理業務を行い、賃貸住宅の賃貸人が安心して賃貸住宅管理業務を委託することができる環境を整備しなければなりません。常に賃貸住宅のオーナーや入居者等の視点に立ち、業務に誠実に従事することで、紛争等を防止し、賃貸住宅管理業の円滑な業務の遂行を図る必要があります。賃貸借契約の更新に係る業務、契約の管理に関する業務、入居者への対応に関する業務などのなかには、賃貸住宅管理業法上の維持保全に入らないものも多くありますが、維持保全に入らないものを含めて、誠実な業務が求められます（「解釈・運用の考え方」第10条関係）。

本条では、以上の考え方に基づいて、賃貸住宅管理業者には、信義を旨とし、誠実にその業務を行わなければならない義務があると定められました。

第11条（名義貸しの禁止）

> 賃貸住宅管理業者は、自己の名義をもって、他人に賃貸住宅管理業を営ませてはならない。

賃貸住宅管理業者は、自己の名義をもって、他人に賃貸住宅管理業を営ませてはなりません。名義貸しは禁止されます。

賃貸住宅管理業法は、管理業務の一部を他の管理業者に委託することを禁じていませんが（法15条）、一部の再委託において、賃貸住宅管理業務を自らの名義で他者に行わせるような場合にも、名義貸しに該当します（「解釈・運用の考え方」第15条関係２*）。

名義貸しの禁止に違反して、他人に賃貸住宅管理業を営ませたときには、１年以下の懲役もしくは100万円以下の罰金に処せられ、またはこれらが併科されます（法41条３号）。

法人の代表者または法人もしくは人の代理人、使用人その他の従業者が、その法人または人の業務に関し、違反行為をしたときは、行為者を罰するほか、その法人または人に対して罰金刑が科されます（法45条）。

＊「解釈・運用の考え方」第15条関係２には、「契約によらずに管理業務を自らの名義で他者に行わせる場合には、名義貸しに該当する場合がある」と記載されているが、契約によって管理業務を自らの名義で他者に行わせる場合であっても、本条によって禁止される名義貸しに該当するのは当然である。

第12条（業務管理者の選任）

1　賃貸住宅管理業者は、その営業所又は事務所ごとに、１人以上の第４項の規定に適合する者（以下「業務管理者」という。）を選任して、当該営業所又は事務所における業務に関し、管理受託契約（管理業務の委託を受けることを内容とする契約をいう。以下同じ。）の内容の明確性、管理業務として行う賃貸住宅の維持保全の実施方法の妥当性その他の賃貸住宅の入居者の居住の安定及び賃貸住宅の賃貸に係る事業の円滑な実施を確保するため必要な国土交通省令で定める事項についての管理及び監督に関する事務を行わせなければならない。

2　賃貸住宅管理業者は、その営業所若しくは事務所の業務管理者として選任した者の全てが第６条第１項第一号から第七号までのいずれかに該当し、又は選任した者の全てが欠けるに至ったときは、新たに業務管理者を選任するまでの間は、その営業所又は事務所において管理受託契約を締結してはならない。

3　業務管理者は、他の営業所又は事務所の業務管理者となることができない。

4　業務管理者は、第６条第１項第一号から第七号までのいずれにも該当しない者で、賃貸住宅管理業者の営業所又は事務所における業務に関し第１項に規定する事務を行うのに必要な知識及び能力を有する者として賃貸住宅管理業に関する一定の実務の経験その他の国土交通省令で定める要件を備えるものでなければならない。

☞関連する「規則第13条、第14条」の条文については、資料編を参照

1 業務管理者の選任

賃貸住宅管理業者には、業務管理者の選任義務があります。営業所または事務所ごとに、１人以上の業務管理者を選任しなければなりません（業務管理者選任義務。法12条１項）。

営業所または事務所とは、管理受託契約の締結、維持保全の手配、または家賃、敷金、共益費その他の金銭の管理の業務（法２条２号に定める業務）が行われ、継続的に賃貸住宅管理業の営業の拠点となる施設として実態を有するものです。電話の取次ぎのみを行う施設や、維持保全業務に必要な物品等の置き場などの施設は該当しません。個人の場合には、事業を行うにあたっての営業の本拠が営業所または事務所になります（「解釈・運用の考え方」第４条第１項関係２）。

業務管理者の選任については、賃貸住宅管理業者を確実に選任できることが登録の要件にもなっています。営業所また事務所ごとに業務管理者を確実に選任すると認められない場合（登録申請をする事業者の営業所または事務所の数に足りる必要な業務管理者となりうる者が確認できない場合）には、登録は拒否されます（法６条１項11号、「解釈・運用の考え方」第６条第11号関係）。

賃貸住宅管理業法の施行前に締結された管理受託契約についても、業務管理者選任義務の規定は適用されます（法附則３条１項）。

2 業務管理者の資格

業務管理者になるための資格としては、次の❶と❷の両方をみたす必要があります（法12条４項）。

❶ 法第６条第１項第１号から第７号まで（登録の拒否事由）のいずれにも該当しない者であること

❷ 賃貸住宅管理業に関する一定の実務の経験その他の規則で定める要

件を備えるもの

❷における規則で定める要件については、管理業務に関し２年以上の実務の経験を有する者、または「国土交通大臣がその実務の経験を有する者と同等以上の能力を有すると認めた者」であって、次のいずれかに該当するものとされています（規則14条はしら書き）。

イ．業務管理者の事務を行うのに必要な知識および能力を有することを証明する事業（証明事業）として、国土交通大臣の登録を受けたもの（登録証明事業）による証明を受けている者（規則14条１号）＊1＊2

ロ．宅地建物取引士で、国土交通大臣が指定する管理業務に関する実務についての講習を修了した者（規則14条２号）＊3

ここで、「国土交通大臣がその実務の経験を有する者と同等以上の能力を有すると認めた者」とは、国、地方公共団体または国もしくは地方公共団体の出資により設立された法人において管理業務に従事した期間が通算して２年以上である者、または、管理業務に関し２年以上の実務の経験を有することと同等以上の能力を有することの確認を受けた者をいいます（規則19条６号。「解釈・運用の考え方」第12条関係３）。「これと同等以上の能力を有すること」とは、管理業務に関する２年以上の実務の経験に代わる講習を修了していることです（「解釈・運用の考え方」第12条関係４）。

＊1　業務管理者事務を行うのに必要な知識および能力を有することを証明する事業（証明事業）としては、一般社団法人賃貸不動産経営管理士協議会が実施する賃貸不動産経営管理士の登録証明事業が、国土交通大臣の登録を受けることになる（「FAQ集」３．事業関連（受託管理）（１）業務管理者No.2）。

＊2　賃貸住宅管理業法の施行後１年間（移行期間）においては、従前の賃貸不動産経営管理士であって、一定の講習（移行講習）を修了した者についても、登録証明事業による証明を受けている者とみなされる（規則附則２条、令和３年４月21日国土交通省告示第378号）。

＊3　一般社団法人賃貸不動産経営管理士協議会が実施する講習が、管理業務に関する実務についての講習として国土交通大臣によって指定される見通しである。

【業務管理者の資格】

❶ 登録の拒否事由に該当しないこと

❷ 実務の経験、その他の規則で定める要件を備えること

・管理業務に関し２年以上の実務経験を有する者
　または
・国土交通大臣がその実務の経験を有する者と同等以上の能力を有すると認めた者

かつ

イ．登録証明事業による証明を受けていること
　または
ロ．宅地建物取引士で、指定講習を修了した者

3 営業所・事務所間の兼務の禁止

業務管理者は、他の営業所または事務所の業務管理者となることはできません（営業所・事務所間の兼任の禁止。法12条３項）。*

他方で、業務管理者が宅地建物取引業を営む事務所における専任の宅地建物取引士を兼ねることは禁じられていません。ただし、兼務をしていても、入居者の居住の安定の確保等の観点から賃貸住宅管理業者の従業員が行う管理業務等について必要な指導、管理、および監督の業務に従事できるものである必要があります（以上、「解釈・運用の考え方」第12条関係２）。なお、宅地建物取引士が業務管理者を兼ねる場合における宅地建物取引業法に規定する宅地建物取引士の専任性との関係については、「宅地建物取引業法の解釈・運用の考え方」には、「専任の宅地建物取引士が、賃貸住宅の管理業務等の適正化に関する法律第12条第１項の規定により選任される業務管理者を兼務している場合については、当該業務管理者としての賃

貸住宅管理業に係る業務に従事することは差し支えない」と記載されています（「宅地建物取引業法の解釈・運用の考え方」第31条の3第1項関係3）。

＊ たとえ一時的であっても兼務は認められない（「FAQ集」3．事業関連（受託管理）（1）業務管理者No. 6）。

4 管理受託契約締結の禁止

賃貸住宅管理業者は、営業所または事務所の業務管理者として選任した者の全てが登録拒否事由（欠格事由。法6条1号から7号まで）のいずれかに該当し、または選任した者の全てが欠けるに至ったときは、新たに業務管理者を選任するまでの間は、その営業所または事務所において管理受託契約（管理業務の委託を受けることを内容とする契約）を締結してはなりません（契約締結の禁止。法12条2項）。

5 管理監督に関する事務を行わせる義務（業務管理者の職務）

賃貸住宅管理業者は、営業所または事務所における業務に関し、業務管理者に、管理受託契約の内容の明確性、管理業務として行う賃貸住宅の維持保全の実施方法の妥当性その他の賃貸住宅の入居者の居住の安定および賃貸住宅の賃貸に係る事業の円滑な実施を確保するため必要な規則で定める事項についての管理および監督に関する事務を行わせなければなりません（法12条1項）。

業務管理者に管理および監督を行わせる事務として規則で定められるものは、次のとおりです（規則13条）。

【業務管理者に管理および監督を行わせる事務】

❶ 重要事項説明および書面の交付に関する事項（法13条、規則13条1号）
❷ 契約締結時書面の交付に関する事項（法14条、規則13条２号）
❸ 賃貸住宅の維持保全の実施に関する事項（規則13条３号）
❹ 賃貸住宅に係る家賃、敷金、共益費その他の金銭の管理に関する事項（規則13条３号）
❺ 帳簿の備付け等に関する事項（法18条、規則13条４号）
❻ 定期報告に関する事項（法20条、規則13条５号）
❼ 秘密の保持に関する事項（法21条、規則13条６号）
❽ 賃貸住宅の入居者からの苦情の処理に関する事項（規則13条７号）
❾ ❶から❽に掲げるもののほか、賃貸住宅の入居者の居住の安定および賃貸住宅の賃貸に係る事業の円滑な実施を確保するため必要な事項として国土交通大臣が定める事項（規則13条８号）

6 監　督

国土交通大臣は、業務管理者の選任または業務管理者に管理監督に関する事務を行わせる義務に関して、賃貸住宅管理業の適正な運営を確保するため必要があるときは、その必要の限度において、賃貸住宅管理業者に対し、業務の方法の変更その他業務の運営の改善に必要な措置をとるべき業務改善命令を発することができます（法22条）。

国土交通大臣は、賃貸住宅管理業者が業務改善命令に違反したときは、登録を取り消し、または１年以内の期間を定めて、その業務の全部もしくは一部について、業務停止命令を発することができます（法23条１項３号）。

7 刑 罰

業務管理者選任義務に違反して、業務管理者を選任しなかったときには、違反行為をした者は30万円以下の罰金に処されます（法44条2号）。

業務管理者を欠いた場合の契約締結の禁止に違反して、営業所または事務所において管理受託契約を締結したときには、違反行為をした者は30万円以下の罰金に処されます（法44条3号）。

法人の代表者または法人もしくは人の代理人、使用人その他の従業者が、その法人または人の業務に関し違反行為をしたときは、行為者を罰するほか、その法人または人に対して罰金刑が科されます（法45条）。

第13条（管理受託契約の締結前の書面の交付）

1　賃貸住宅管理業者は、管理受託契約を締結しようとするときは、管理業務を委託しようとする賃貸住宅の賃貸人（賃貸住宅管理業者である者その他の管理業務に係る専門的知識及び経験を有すると認められる者として国土交通省令で定めるものを除く。）に対し、当該管理受託契約を締結するまでに、管理受託契約の内容及びその履行に関する事項であって国土交通省令で定めるものについて、書面を交付して説明しなければならない。

2　賃貸住宅管理業者は、前項の規定による書面の交付に代えて、政令で定めるところにより、管理業務を委託しようとする賃貸住宅の賃貸人の承諾を得て、当該書面に記載すべき事項を電磁的方法（電子情報処理組織を使用する方法その他の情報通信の技術を利用する方法であって国土交通省令で定めるものをいう。第30条第２項において同じ。）により提供することができる。この場合において、当該賃貸住宅管理業者は、当該書面を交付したものとみなす。

☞ 関連する「施行令第２条」および「規則第30条、第31条、第32条、第33条、第34条」の条文については、資料編を参照

1 概　要

賃貸住宅管理業者は、管理受託契約を締結しようとするときは、管理業務を委託しようとする賃貸住宅の賃貸人に対し、管理受託契約を締結するまでに、管理受託契約の内容およびその履行に関する事項について、書面を交付して説明を行う義務があります（重要事項説明。法13条１項）。

2 義務の主体と相手方

(1) 義務の主体

重要事項説明を義務づけられるのは、賃貸住宅管理業者です。管理受託契約を締結する賃貸住宅管理業者の従業員が説明を行わなければなりません。直接の契約当事者ではない他の営業所の従業員、出向先の社員等へ重要事項の説明を委託することはできません（「解釈・運用の考え方」第13条関係１、「FAQ集」３．事業関連（受託管理）（２）管理受託契約に係る重要事項説明等No.７）。

他方、賃貸住宅管理業者の行うべき説明を、実際に行う担当者については、法律上の制約はなく、業務管理者に行わせる必要もありません（以上、「解釈・運用の考え方」第13条関係１）。従業員証の提示も義務づけられていません（「FAQ集」３．事業関連（受託管理）（２）管理受託契約に係る重要事項説明等No.６）。

なお、出向者が説明を行うことができるかどうかに関しては、「FAQ集」３．事業関連（受託管理）（２）管理受託契約に係る重要事項説明等No.7において、「賃貸住宅管理業者の使用人としての業務（重要事項説明）を出向元の指揮命令系統に服して行うこととしていることが確認できる「出向先及び出向労働者三者間の取決め」において、出向する者が出向元の重説業務を行い、出向元が指揮命令権を持つと明記されているのであれば可能」と説明されています。*

＊「FAQ集」３．事業関連（受託管理）（２）管理受託契約に係る重要事項説明等 No.7の記述は、どのような状況を想定した説明なのかが不明である。

⑵ 説明の相手方

説明の相手方については、「原則的には、管理受託契約の相手方本人に対して説明を行う必要がありますが、契約の相手方本人の意思により、委任状等をもって代理権を付与された者に対し、重要事項説明を行った場合は当該説明をしたものと認められます。しかし、賃貸住宅管理業者が管理受託契約の相手方に対して働きかけて契約の相手方にその代理人を紹介して選任させた上、当該代理人に対して重要事項説明を行ったような例外的な場合には、同条の趣旨に照らし、当該代理人が契約の相手方本人に対して当該説明をしたと評価することができる事情がない限り、賃貸住宅管理業者が「管理受託契約の相手方となろうとする者」に対して当該説明をしたとは認められません」と説明されています（「FAQ集」３．事業関連（受託管理）（２）管理受託契約に係る重要事項説明等No.８）。

⑶ 説明不要となる相手方

重要事項説明の相手方は、管理受託契約によって管理業務を委託しようとする賃貸住宅の賃貸人（委託者）です。

もっとも、委託者が、賃貸住宅管理業者その他の管理業務に係る専門的知識経験を有する者であれば、重要事項説明を行う必要はありません。そのために、規則によって専門的な知識経験があると定められた者が委託者である場合には、重要事項説明を行わなくてもよいとされています（法13条１項かっこ書き）。

重要事項説明が不要とされる委託者については、規則によって、次の❶～❽のとおり決められています（法13条１項かっこ書き。規則30条）。

❶ 賃貸住宅管理業者（規則30条１号）

❷ 特定転貸事業者（同条２号）

❸ 宅地建物取引業者（信託会社、登録投資法人、宅建業者とみなされる特

例事業者を含む）（同条３号）

❹ 特定目的会社（同条４号）

❺ 組合（組合員の間で不動産特定共同事業法第２条第３項に規定する不動産特定共同事業契約が締結されているもの）（同条５号、規則２条５号）

❻ 賃貸住宅に係る信託の受託者（委託者等が上記の❶～❹のいずれかに該当する場合に限る）（規則30条６号）

❼ 独立行政法人都市再生機構（同条７号）

❽ 地方住宅供給公社（同条８号）

3 説明義務を負う時期

重要事項説明は、管理受託契約の締結前に行うことが義務づけられています。重要事項説明を行う目的は、管理受託契約の委託者になろうとする相手方に対して正確な情報提供を行い、それによって適切な意思決定ができるような状況を作出することにありますから、説明は契約締結の前に行わなくてはなりません。また、管理受託契約の契約期間中に説明事項に変更があった場合には、当初契約の締結前の重要事項説明と同様の方法により、賃貸人に対して説明を行うものとされています（「解釈・運用の考え方」第13条関係１）。

さらに、管理受託契約の更新に際し、従前と異なる内容で更新する場合にも、改めて重要事項説明を行うことが必要です。賃貸住宅管理業法の施行前に締結された管理受託契約を、同法の施行後に更新する際にも、従前とは異なる契約内容によって更新をするのであれば、重要事項説明をしなければなりません。更新のうち、契約の同一性を保ったままで契約期間のみを延長する場合には、重要事項説明は不要です。重要事項説明の必要性は契約内容が従前と異なる内容かどうかによって結論を異にするところ、少なくとも重要事項説明において説明すべき事項が従前と異なる場合には、重要事項説明が必要となります（「解釈・運用の考え方」第13条関係３）。

なお、「解釈・運用の考え方」では、「管理受託契約が締結されている賃貸住宅が、契約期間中に現賃貸人から売却され、賃貸人たる地位が新たな賃貸人に移転し、従前と同一内容によって当該管理受託契約が承継される場合であっても、賃貸住宅管理業者は、賃貸人たる地位が移転することを認識した後、遅滞なく、新たな賃貸人に管理受託契約重要事項説明書の交付及び管理受託契約重要事項説明をするものとする」と記述されています（「解釈・運用の考え方」第13条関係３）*。

＊「解釈・運用の考え方」第13条関係３の記述は、「管理受託契約が締結されている賃貸住宅が、契約期間中に現賃貸人から売却され、賃貸人たる地位が新たな賃貸人に移転」したときには管理受託契約における委託者の地位が新たな賃貸人に当然に移転するという考え方を前提としているようである。しかし、賃貸住宅が売却された場合、管理受託契約は当事者が合意をしなければ譲受人に引き継がれるものではない。「解釈・運用の考え方」第13条関係３には、その前提となる法的な考え方についての誤解がみられる。

4 説明事項

賃貸住宅管理業者が、管理業務の委託者に対して、重要事項として説明すべき事項は、次の❶～⓫のとおりです。

❶ 管理受託契約を締結する賃貸住宅管理業者の商号、名称または氏名ならびに登録年月日および登録番号（規則31条１号）

❷ 管理業務の対象となる賃貸住宅（同条２号）

賃貸住宅の所在地、物件の名称、構造、面積、住戸部分（部屋番号）、その他の部分（廊下、階段、エントランス等）、建物設備（ガス、上水道、下水道、エレベーター等）、附属設備等（駐車場、自転車置き場等）等が説明事項です（「解釈・運用の考え方」第13条関係２（2））。

❸ 管理業務の内容および実施方法（規則31条３号）

賃貸住宅管理業者が行う管理業務（法２条２項）の内容について、回数や頻度を明示して可能な限り具体的に説明する必要があります。管理業務と併せて、入居者からの苦情や問い合わせへの対応を行う場合は、その内容についても可能な限り具体的に説明することを要します（「解釈・運用の考え方」第13条関係2（3））。

❹ 報酬の額ならびにその支払の時期および方法（規則31条4号）

❺ ❹に掲げる報酬に含まれていない管理業務に関する費用であって、賃貸住宅管理業者が通常必要とするもの（同条5号）

水道光熱費や、空室管理費等が考えられます（「解釈・運用の考え方」第13条関係2（5））。

❻ 管理業務の一部の再委託に関する事項（規則31条6号）

賃貸人の承諾を得れば、管理業務の一部を第三者に再委託することができることを事前に説明するとともに、再委託することとなる業務の内容、再委託予定者を事前に明らかにすることを要します（「解釈・運用の考え方」第13条関係2（6））。

なお、再委託先に変更が生じた場合には、改めて重要事項説明を実施しなくてもよいが、再委託先が変更する度ごとに書面または電磁的方法により賃貸人に知らせる必要があるとされています（「FAQ集」3.事業関連（受託管理）（2）管理受託契約に係る重要事項説明等No.15）。

❼ 責任および免責に関する事項（規則31条7号）

賃貸人が賠償責任保険等への加入をすることや、その保険に対応する損害については賃貸住宅管理業者が責任を負わないこととする場合は、その旨を記載し、説明することが必要です（「解釈・運用の考え方」第13条関係2（7））。

❽ 委託者への報告に関する事項（法20条。規則31条8号）

賃貸住宅管理業者が行う管理業務の実施状況等について、賃貸人に報告する内容やその頻度が説明事項です（「解釈・運用の考え方」第13条関係2（8））。

❾ 契約期間に関する事項（規則31条9号）

契約の始期、終期および期間が説明事項です（「解釈・運用の考え方」

第13条関係２（9））。

⑩ 賃貸住宅の入居者に対する前記❸に掲げる事項の周知に関する事項（規則31条10号）

どのような方法（対面での説明、書類の郵送、メール送付等）で周知するかを説明することを要します（「解釈・運用の考え方」第13条関係２(10)）。

⑪ 契約の更新および解除に関する事項（規則31条11号）

更新については、更新方法、解除については、債務不履行があったときには契約を解除できることについて、説明を要します（「解釈・運用の考え方」第13条関係２（11））。

5 説明の方法

(1) 概 要

説明義務を負うのは、賃貸住宅管理業者です。説明を行う者に法律上の制約はありません。説明は書面を交付して行うことが必要です。説明は契約締結前に行うことが義務づけられていますから、重要事項説明のために交付する書面は、管理受託契約を締結した後に交付する契約締結時の書面と一体のものとして交付することはできません（「FAQ集」３．事業関連（受託管理）（２）管理受託契約に係る重要事項説明等No.３）。

説明においては、説明の相手方の属性や知識、経験、財産の状況等を配慮することを要します（「解釈・運用の考え方」第13条関係１）。*

営業所または事務所ごとに選任された業務管理者により、重要事項説明のための書面の交付および説明に関する事項についての管理および監督に関する事務が行われます（法12条１項、規則13条１号）。

＊ 電話やメールによる説明は認められていない（「FAQ集」３．事業関連（受託管理）（２）管理受託契約に係る重要事項説明等No.10）。

⑵ テレビ会議等ITの活用による説明

重要事項説明は本来対面により行わなければならないのですが、一定の条件をみたせば、重要事項説明をテレビ会議等のITを活用して実施することが認められています。重要事項説明をテレビ会議等によって実施するための条件は、次の❶～❸のとおりです（「解釈・運用の考え方」第13条関係4（2））。

❶ 説明者および重要事項の説明を受けようとする者が、図面等の書類および説明の内容について十分に理解できる程度に映像が視認でき、かつ、双方が発する音声を十分に聞き取ることができるとともに、双方向でやりとりできる環境において実施していること

❷ 重要事項説明を受けようとする者が承諾した場合を除き、重要事項説明書および添付書類をあらかじめ送付していること

❸ 重要事項の説明を受けようとする者が、重要事項説明書および添付書類を確認しながら説明を受けることができる状態にあることならびに映像および音声の状況について、賃貸住宅管理業者が重要事項の説明を開始する前に確認していること

6 電磁的方法での情報提供

⑴ 電磁的方法での情報提供の方法

重要事項説明は本来書面（重要事項説明書）を交付して行わなければなりません。

しかし、管理業務を委託しようとする賃貸住宅の賃貸人の承諾を得れば、書面の交付に代えて、電磁的方法によって情報提供することが認められます（法13条2項前段。「解釈・運用の考え方」第13条関係4（1））。承諾を得たうえで電磁的方法により情報提供をした場合には、書面を交付した

ものとみなされます（法13条２項後段）。

電磁的方法によって情報提供のために利用できる方法（情報通信の技術を利用する方法）は、次の４種類です（法13条２項前段かっこ書き、規則32条１項）。

❶ 電子メール等による方法（規則32条１項１号イ）

❷ ウェブサイトの閲覧等による方法（同号ロ）

❸ 送信者側で備えた受信者ファイルを閲覧する方法（同号ハ）

❹ 磁気ディスク等を交付する方法（規則32条１項２号）

です。

重要事項説明書を電磁的方法で提供する場合、そこで採用する方法については、いずれを採用するとしても、改変が行われていないかどうかを確認できることが必要です（「解釈・運用の考え方」第13条関係４（１））。受信者が受信者ファイルへの記録を出力することにより書面を作成できるものであることを要します（規則32条２項１号）。

【電磁的方法での情報提供】

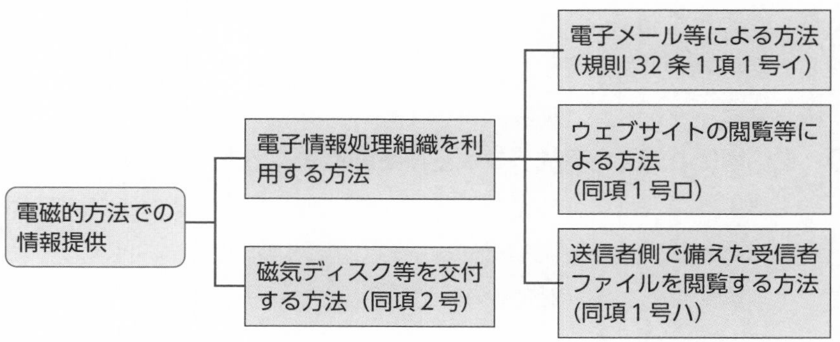

❶ 電子メール等による方法

電子メール等による方法は、送信者等[*1]の使用に係る電子計算機と受信者等[*2]の使用に係る電子計算機とを接続する電気通信回線を通じて書面に記載すべき事項（記載事項）を送信し、受信者等の使用に係る電子計算機に備えられた受信者ファイルに記録する方法です（規則32条1項1号イ）。

＊1　送信者等とは、送信者または送信者との契約によりファイルを自己の管理する電子計算機に備え置き、これを受信者もしくは送信者の用に供する者を指す。
＊2　受信者等とは、受信者または受信者との契約により受信者ファイル（専ら受信者の用に供されるファイル）を自己の管理する電子計算機に備え置く者を指す。

❷　ウェブサイトの閲覧等による方法

ウェブサイトの閲覧等による方法は、送信者等の使用に係る電子計算機に備えられたファイルに記録された記載事項を電気通信回線を通じて受信者の閲覧に供し、受信者等の使用に係る電子計算機に備えられた受信者の受信者ファイルに記載事項を記録する方法です（規則32条1項1号ロ）。

ウェブサイトの閲覧等による方法にあっては、記載事項を送信者等の使用に係る電子計算機に備えられたファイルに記録する旨または記録した旨を受信者に対し通知するものであることが必要です。ただし、受信者が当該記載事項を閲覧していたことを確認したときはこの限りではありません（規則32条2項2号）。

❸　送信者側で備えた受信者ファイルを閲覧する方法

送信者等の使用に係る電子計算機に備えられた受信者ファイルに記録された記載事項を電気通信回線を通じて受信者の閲覧に供する方法です（規則32条1項1号ハ）。

送信者側で備えた受信者ファイルを閲覧する方法にあっては、記載事項を送信者等の使用に係る電子計算機に備えられた受信者ファイルに記録する旨または記録した旨を受信者に対し通知するものであることが必要です。ただし、相手方が当該記載事項を閲覧していたことを確認したときはこの限りではありません（規則32条2項3号）。

❹ 磁気ディスク等を交付する方法

磁気ディスク等をもって調製するファイルに記載事項を記録したものを交付する方法です（規則32条１項２号）。

⑵ 電磁的方法についての相手方の承諾

賃貸住宅管理業者が、書面の交付に代えて電磁的方法により情報提供をしようとする場合には、相手方の承諾が必要です（法13条２項前段）。

相手方の承諾については、

❶ 相手方に、情報提供をするための電磁的方法を示す

❷ 相手方から、承諾を得る

というプロセスを経なければなりません（令２条１項）。

❶ 相手方に情報提供をするための電磁的方法を示す

電磁的方法による情報提供をするためには、相手方がこれを確実に受け取れるような手順をとらなければなりません。そのため、まず、情報提供をするための電磁的方法（⑴の❶～❹のうち、送信者等が使用する情報提供の方法（電子メール、WEBでのダウンロード、CD-ROM等、どの方法を使うのか。規則33条１号）とファイルへの記録の方式（使用ソフトウェアの形式やバージョン等。規則33条２号））を相手方に示す必要があります（令２条１項。「解釈・運用の考え方」第13条関係４（1））。

❷ 相手方から承諾を得る

そのうえで、管理受託契約の相手方となろうとする者から、書面、または電子情報処理組織を使用する方法その他の情報通信の技術を利用する方法であって国土交通省令で定めるものによって承諾を得なければなりません（令２条１項）。

ここで国土交通省令で定めるものとは、電子情報処理組織を使用する方法のうち、次ページの表のものとされています（規則34条１項１

号・2号)。

1号	イ　送信者の使用に係る電子計算機から電気通信回線を通じて受信者の使用に係る電子計算機に承諾等をする旨を送信し、その電子計算機に備えられたファイルに記録する方法 または ロ　受信者の使用に係る電子計算機に備えられたファイルに記録された電磁的方法の種類および内容を電気通信回線を通じて送信者の閲覧に供し、その電子計算機に備えられたファイルに承諾等をする旨を記録する方法
2号	磁気ディスク等をもって調製するファイルに承諾等をする旨を記録したものを交付する方法

相手方からの、承諾については、電子メール、WEBによる方法、CD-ROM等相手方が承諾したことが記録に残る方法で承諾を得ることが必要であり、受信者がファイルへの記録を出力することにより書面を作成することができるものでなければなりません(規則34条2項、「解釈・運用の考え方」第13条関係4(1))。

賃貸住宅管理業者は、承諾を得た場合であっても、承諾に係る委託者から書面等により電磁的方法による提供を受けない旨の申出があったときは、電磁的方法による提供をしてはなりません。ただし、申出の後に委託者から再び承諾を得た場合は、この限りではありません(令2条2項)。

7 国土交通大臣による監督

国土交通大臣は、必要があると認めるときは、賃貸住宅管理業者に対し、業務の方法の変更その他業務の運営の改善に必要な措置をとるべきことを命ずることができます(業務改善命令。法22条)。

賃貸住宅管理業者が重要事項説明義務または業務改善命令に違反したときは、国土交通大臣は、登録を取り消し(登録取消し)、または1年以内の期間を定めてその業務の全部もしくは一部の停止を命ずること（業務停止命令）ができます（法23条１項３号）。*

国土交通大臣は、登録取消しまたは業務停止命令の処分をしたときは、遅滞なく、その理由を示して、その旨を賃貸住宅管理業者に通知しなければなりません（法23条３項、６条２項）。

登録を取り消したときは、登録を抹消しなければなりません（法24条）。

国土交通大臣は、登録取消しまたは業務停止命令の処分をしたときは、その旨を公告しなければなりません（法25条）。

＊　管理受託契約における重要事項の説明および書面交付の義務については、義務違反者に対する罰則は設けられていない（刑罰は科されない）。

第14条（管理受託契約の締結時の書面の交付）

> 1　賃貸住宅管理業者は、管理受託契約を締結したときは、管理業務を委託する賃貸住宅の賃貸人（以下「委託者」という。）に対し、遅滞なく、次に掲げる事項を記載した書面を交付しなければならない。
> 一　管理業務の対象となる賃貸住宅
> 二　管理業務の実施方法
> 三　契約期間に関する事項
> 四　報酬に関する事項
> 五　契約の更新又は解除に関する定めがあるときは、その内容
> 六　その他国土交通省令で定める事項
> 2　前条第2項の規定は、前項の規定による書面の交付について準用する。

☞関連する「規則第35条」の条文については、資料編を参照

1 概　要

賃貸住宅管理業者は、管理受託契約を締結したときは、管理業務を委託する賃貸住宅の賃貸人（以下、「委託者」という）に対して、遅滞なく、定められた事項を記載した書面（以下、「契約締結時書面」という）を交付しなければなりません（法14条1項はしら書き）。

管理受託契約を締結するに際しては、一般に契約書が作成されるところ、契約書に必要事項が記載されていれば、その契約書を契約締結時書面とすることができるものとされています（「解釈・運用の考え方」第14条関係1）。

営業所または事務所ごとに選任された業務管理者により、契約締結時書面の交付に関する事項についての管理および監督に関する事務が行われま

す（法12条１項、規則13条２号）。

なお、国土交通省は、必要事項が記載された標準管理受託契約書を定めています（☞ 資料編279ページ）。

賃貸住宅管理業法の施行前に締結された管理受託契約については、契約締結時書面交付の義務の規定は適用されません（法附則３条１項）。

2 契約締結時書面の交付義務を負う時期

賃貸住宅管理業者が契約締結時書面を交付することが義務づけられるのは、管理受託契約の締結がされた後、遅滞なく、です。

管理受託契約の更新の際に契約締結時書面の交付が必要かどうかについても検討を要しますが、従前と異なる契約内容で更新する場合には、契約締結時書面を交付しなければならないものとされています。契約の同一性を保ったままで契約期間のみを延長する場合には、契約締結時書面の交付は不要です（「解釈・運用の考え方」第14条関係２）。

3 契約締結時書面の記載事項

契約締結時書面の記載事項は次のとおりです（法14条１項１号～６号、規則35条１号～６号）。

❶ 管理業務の対象となる賃貸住宅（法14条１項１号）

❷ 管理業務の実施方法（同項２号）

❸ 契約期間に関する事項（同項３号）

❹ 報酬に関する事項（同項４号）

❺ 契約の更新または解除に関する定めがあるときは、その内容（同項５号）

❻ 管理受託契約を締結する賃貸住宅管理業者の商号、名称または氏名ならびに登録年月日および登録番号（同項６号、規則35条１号）

❼ 管理業務の内容（法14条１項６号、規則35条２号）
❽ 管理業務の一部の再委託に関する定めがあるときは、その内容（法14条１項６号、規則35条３号）
❾ 責任および免責に関する定めがあるときは、その内容（法14条１項６号、規則35条４号）
❿ 委託者への報告（法20条）に関する事項（法14条１項６号、規則35条５号）
⓫ 賃貸住宅の入居者に対する管理業務の内容（規則35条２号）および管理業務の実施方法（法14条１項２号）に掲げる事項の周知に関する事項（法14条１項６号、規則35条６号）

4 電磁的方法の利用による情報提供

(1) 電磁的方法での情報提供の方法

賃貸住宅管理業者は、契約締結時書面の交付に代えて、委託者の承諾を得て、書面に記載すべき事項を電磁的方法により提供することができます（法14条２項による法13条２項の準用）。この場合において、賃貸住宅管理業者は、書面を交付したものとみなされます（法14条２項による法13条２項の準用）。

電磁的方法による情報提供のために利用できる方法（情報通信の技術を利用する方法）は、次の４種類です（法14条２項による法13条２項の準用、規則32条１項）。

❶ 電子メール等による方法（規則32条１項１号イ）
❷ ウェブサイトの閲覧等による方法（同号ロ）
❸ 送信者側で備えた受信者ファイルを閲覧する方法（同号ハ）
❹ 磁気ディスク等を交付する方法（規則32条１項２号）

（❶～❹については、法13条の解説参照）

契約締結時書面を電磁的方法で提供する場合、そこで採用する方法については、いずれを採用するとしても、改変が行われていないか確認できることが必要です。そのために、受信者が受信者ファイルへの記録を出力することにより書面を作成できるものであることを要します（規則32条２項１号）。

(2) 電磁的方法についての相手方の承諾

賃貸住宅管理業者が、書面の交付に代えて電磁的方法により情報提供をしようとする場合には、相手方の承諾が必要です（法14条条２項による法13条２項前段の準用）。

相手方の承諾については、

❶ 相手方に、情報提供をするための電磁的方法を示す

❷ 相手方から、承諾を得る

というプロセスを経なければなりません（令２条３項・１項）（このプロセスについては、法13条の解説参照）。

相手方からの、承諾については、電子メール、WEB による方法、CD-ROM 等相手方が承諾したことが記録に残る方法で承諾を得ることが必要です（「解釈・運用の考え方」第13条関係４（１））。

賃貸住宅管理業者は、承諾を得た場合であっても、承諾に係る委託者から書面等により電磁的方法による提供を受けない旨の申出があったときは、電磁的方法による提供をしてはなりません。ただし、申出の後に委託者から再び承諾を得た場合は、この限りではありません（令２条３項・２項）。

5 国土交通大臣による監督

国土交通大臣は、必要があると認めるときは、賃貸住宅管理業者に対し、業務の方法の変更その他業務の運営の改善に必要な措置をとるべきことを命ずることができます（業務改善命令。法22条）。

賃貸住宅管理業者が契約締結時書面の交付義務または業務改善命令に違反したときは、国土交通大臣は、登録を取り消し（登録取消し）、または1年以内の期間を定めてその業務の全部もしくは一部の停止を命ずること（業務停止命令）ができます（法23条1項3号）。

国土交通大臣は、登録取消しまたは業務停止命令の処分をしたときは、遅滞なく、その理由を示して、その旨を賃貸住宅管理業者に通知しなければなりません（法23条3項、6条2項）。

登録を取り消したときは、登録は抹消されます（法24条）。

国土交通大臣は、登録取消しまたは業務停止命令の処分をしたときは、その旨を公告しなければなりません（法25条）。

6 刑　罰

契約締結時書面の交付義務に違反して、書面を交付せず、もしくは必要事項を記載しない書面もしくは虚偽の記載のある書面を交付したとき、または電磁的方法によって情報提供する場合（法14条2項において準用する法13条2項）において、必要事項を欠いた提供もしくは虚偽の事項の提供をしたときは、その違反行為をした者は、30万円以下の罰金に処されます（法44条4号）。

法人の代表者または法人もしくは人の代理人、使用人その他の従業者が、その法人または人の業務に関し、違反行為をしたときは、行為者を罰するほか、その法人または人に対して罰金刑が科されます（法45条）。

第15条（管理業務の再委託の禁止）

> 賃貸住宅管理業者は、委託者から委託を受けた管理業務の全部を他の者に対し、再委託してはならない。

1 管理業務の再委託の禁止

賃貸住宅管理業者は、委託者から委託を受けた管理業務の全部を他の者に対し、再委託をしてはなりません。

一部の再委託については、賃貸住宅管理業法上は禁止されていません。管理受託契約に管理業務の一部の再委託に関する定めがあるときは、一部の再委託を行うことができます（管理受託契約に定めがなければ、再委託をすることはできない。民法644条の2、656条）。もっとも、自らが再委託先の指導監督を行わず、全てについて他者に再委託すること、または、管理業務を複数の者に分割して再委託して自ら管理業務を一切行わないことは、本条による管理業務の再委託の禁止に違反します（以上、「解釈・運用の考え方」第15条関係１）。

再委託先は賃貸住宅管理業者である必要はありません。ただし、管理業務を委託した委託者との関係においては、管理受託契約を締結した賃貸住宅管理業者が再委託先の管理業務の実施について責任を負います。そのために、登録拒否事由（法６条各号）に該当しない事業者に再委託することが望ましく、また、再委託期間中は、賃貸住宅管理業者が責任をもって再委託先の指導監督を行わなければなりません。なお、賃貸住宅管理業務を自らの名義で他者に行わせることは名義貸しとして禁止されています（法11条。「解釈・運用の考え方」第15条関係２）。

賃貸住宅管理業法の施行前に締結された管理受託契約についても、再委託の禁止の規定は適用されます（法附則３条１項）。

2 監　督

国土交通大臣は、管理業務の再委託の禁止に関して、賃貸住宅管理業の適正な運営を確保するため必要があるときは、その必要の限度において、賃貸住宅管理業者に対し、業務の方法の変更その他業務の運営の改善に必要な措置をとるべき業務改善命令を発することができます（法22条）。

国土交通大臣は、賃貸住宅管理業者が業務改善命令に違反したときは、登録を取り消し、または１年以内の期間を定めて、その業務の全部もしくは一部について、業務停止命令を発することができます（法23条１項３号）。

なお、本条違反については、罰則の規定は設けられていません。

第16条（分別管理）

> 賃貸住宅管理業者は、管理受託契約に基づく管理業務（第２条第２項第二号に掲げるものに限る。以下この条において同じ。）において受領する家賃、敷金、共益費その他の金銭を、整然と管理する方法として国土交通省令で定める方法により、自己の固有財産及び他の管理受託契約に基づく管理業務において受領する家賃、敷金、共益費その他の金銭と分別して管理しなければならない。

☞ 関連する「規則第36条」の条文については、資料編を参照

1 分別管理の義務

賃貸住宅管理業者は、管理受託契約に基づく管理業務（法２条２項２号に掲げる金銭の管理の業務）において受領する家賃、敷金、共益費その他の金銭（以下、「家賃等の金銭」または「家賃等」という）については、整然と管理する方法として規則で定める方法により、自己の固有財産および他の管理受託契約に基づく管理業務において受領する家賃等の金銭と分別して管理しなければなりません。

営業所または事務所ごとに選任された業務管理者により、金銭管理についての管理および監督に関する事務が行われます（法12条１項、規則13条３号）。賃貸住宅管理業法の施行前に締結された管理受託契約についても、分別管理の規定は適用されます（法附則３条１項）。

2 分別管理の方法

分別管理の方法に関しては、管理受託契約に基づく管理業務において受領する家賃等の金銭を管理する口座と、賃貸住宅管理業者の固有財産を管理する口座を別のものとしたうえで、管理受託契約ごとに金銭の出入りを

区別した帳簿を作成するなどの方法により、勘定上も分別管理をすることが必要です（「解釈・運用の考え方」第16条関係）。分別管理の方法については、規則では、家賃等の金銭を管理するための口座を、自己の固有財産を管理するための口座と明確に区分し、かつ、管理受託契約に基づく管理業務において受領する家賃等の金銭が自己の固有財産であるか、およびいずれの管理受託契約に係るものであるかが自己の帳簿（その作成に代えて電磁的記録の作成がされている場合における電磁的記録を含む）により直ちに判別できる状態で管理する方法と定められています（規則36条）。

【分別管理】

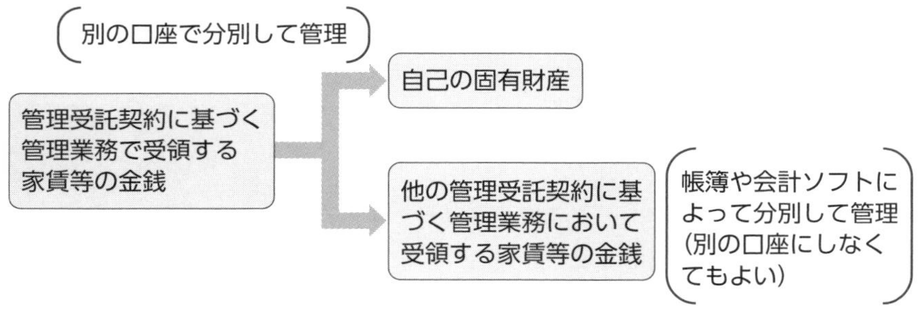

家賃等を管理する口座は、管理受託契約ごとまたは管理受託契約を締結した賃貸人ごとに分別することが望ましいものの、少なくとも家賃等を管理する口座を同一口座として賃貸住宅管理業者の固有財産と分別すれば足ります。

また、家賃等を管理する口座にその月分の家賃をいったん全額入金し、その口座から賃貸住宅管理業者の固有財産を管理する口座に管理報酬分の金額を移し替える等、家賃等を管理する口座と賃貸住宅管理業者の固有財産を管理する口座のいずれか一方に家賃等および賃貸住宅管理業者の固有財産が同時に預け入れされている状態が生じることも差し支えがありません。しかし、この場合においても、家賃等または賃貸住宅管理業者の固有財産を速やかに家賃等を管理する口座または賃貸住宅管理業者の固有財産を管理する口座に移し替えるなどの対応をとらなければなりません。ただし、賃貸人に家賃等を確実に引き渡すことを目的として、適切な範囲において、賃貸受託管理業者の固有財産のうちの一定額を家賃等を管理する口座に残しておくことは差し支えがないものとされています（「解釈・運用の考え方」第16条関係）。

3 監 督

国土交通大臣は、分別管理の義務に関して、賃貸住宅管理業の適正な運営を確保するため必要があるときは、その必要の限度において、賃貸住宅管理業者に対し、業務の方法の変更その他業務の運営の改善に必要な措置をとるべき業務改善命令を発することができます（法22条）。

国土交通大臣は、賃貸住宅管理業者が業務改善命令に違反したときは、登録を取り消し、または１年以内の期間を定めて、その業務の全部もしくは一部について、業務停止命令を発することができます（法23条１項３号）。

なお、本条違反については、罰則の規定は設けられていません。

第17条（証明書の携帯等）

1　賃貸住宅管理業者は、国土交通省令で定めるところにより、その業務に従事する使用人その他の従業者に、その従業者であることを証する証明書を携帯させなければ、その者をその業務に従事させてはならない。
2　賃貸住宅管理業者の使用人その他の従業者は、その業務を行うに際し、委託者その他の関係者から請求があったときは、前項の証明書を提示しなければならない。

☞関連する「規則第37条」の条文については、資料編を参照

1 証明書の携帯

賃貸住宅管理業者は、その業務に従事する使用人その他の従業者に、その従業者であることを証する証明書を携帯させなければ、その者をその業務に従事させることはできません（法17条1項）。

従業者証明書を携帯させるべき者の範囲は、賃貸住宅管理業者の責任の下に賃貸住宅管理業者が委託を受けた賃貸住宅管理業に従事する者です。賃貸住宅管理業者と雇用関係がある者であっても、内部管理事務に限って従事する者については従業者証明書を携帯させる義務はありません。一時的に業務に従事するものに携帯させる証明書の有効期間は、他の者と異なり、業務に従事する期間に限って発行することになります（「解釈・運用の考え方」第17条関係）。

証明書の様式は、別記様式第11号によるものとして定められています（規則37条）。

従業者であることを表示する方法は、定められた様式の証明書による方法に統一されています。

賃貸住宅管理業法の施行前に締結された管理受託契約についても、証明

書の携帯義務の規定は適用されます（法附則３条１項）。

2 監　督

国土交通大臣は、証明書を携帯させる義務に関して、賃貸住宅管理業の適正な運営を確保するため必要があるときは、その必要の限度において、賃貸住宅管理業者に対し、業務の方法の変更その他業務の運営の改善に必要な措置をとるべき業務改善命令を発することができます（法22条）。

国土交通大臣は、賃貸住宅管理業者が業務改善命令に違反したときは、登録を取り消し、または１年以内の期間を定めて、その業務の全部もしくは一部について、業務停止命令を発することができます（法23条１項３号）。

3 証明書の提示

賃貸住宅管理業者の使用人その他の従業者は、その業務を行うに際し、委託者その他の関係者から請求があったときは、従業者であることを証する証明書を提示しなければなりません（法17条２項）。

4 刑　罰

証明書を携帯させる義務に違反したときは、30万円以下の罰金に処せられます（法44条５号）。

法人の代表者または法人もしくは人の代理人、使用人その他の従業者が、その法人または人の業務に関し、違反行為をしたときは、行為者を罰するほか、その法人または人に対して罰金刑が科されます（法45条）。

第18条（帳簿の備付け等）

> 賃貸住宅管理業者は、国土交通省令で定めるところにより、その営業所又は事務所ごとに、その業務に関する帳簿を備え付け、委託者ごとに管理受託契約について契約年月日その他の国土交通省令で定める事項を記載し、これを保存しなければならない。

☞関連する「規則第38条」の条文については、資料編を参照

1 帳簿の備付けと保存

賃貸住宅管理業者は、営業所または事務所ごとに、業務に関する帳簿を備え付け、委託者ごとに管理受託契約について契約年月日その他所定の事項を記載し、これを保存しなければなりません。

帳簿の記載事項が、電子計算機に備えられたファイルまたは磁気ディスク等に記録され、必要に応じ賃貸住宅管理業者の営業所または事務所において電子計算機その他の機器を用いて明確に紙面に表示されるときは、その記録をもって帳簿への記載に代えることができます（規則38条２項）。

営業所または事務所ごとに選任された業務管理者により、帳簿の備付け等についての管理および監督に関する事務が行われます（法12条１項、規則13条４号）。

賃貸住宅管理業法の施行前に締結された管理受託契約についても、帳簿の備付け等の義務の規定は適用されます（法附則３条１項）。

2 帳簿の記載事項

帳簿の記載事項は、次の❶から❻のとおり定められています（規則38条１項）。

❶ 管理受託契約を締結した委託者の商号、名称または氏名（同項１号）

❷　管理受託契約を締結した年月日（同項２号）

❸　契約の対象となる賃貸住宅（同項３号）

管理受託契約の対象となる賃貸住宅の所在地および物件の名称、部屋番号、委託の対象となる部分および維持保全の対象となる付属設備が帳簿の記載事項となります（「解釈・運用の考え方」第18条関係（1）、規則第38条第３号関係）。

❹　受託した管理業務の内容（規則38条１項４号）

❺　報酬の額（規則38条１項５号）

管理業務に対する報酬だけでなく、管理業務に要する費用等（賃貸住宅管理業者が業務を実施するのに伴い必要となる水道光熱費、業務の実施のために要した賃貸住宅に設置・配置する備品その他賃貸住宅を事業の用に供するために必要な物品等の購入に要した費用）についても、賃貸住宅管理業者が一時的に支払い、後にその費用の支払いを賃貸人から受ける場合は、その費用も含むものとされています（「解釈・運用の考え方」第18条関係（3）、規則第38条第５号関係）。

❻　管理受託契約における特約その他参考となる事項（規則38条１項６号）

委託者と賃貸住宅管理業者が締結する管理受託契約において取り決められる、国土交通省が定める標準管理受託契約書に定めのない事項など、参考となる事項については、賃貸住宅管理業者の判断によって記載するものとされます（「解釈・運用の考え方」第18条関係（4）、規則第38条第６号関係）。

3　帳簿の閉鎖と保存

賃貸住宅管理業者は、帳簿（電子計算機に備えられたファイルまたは磁気ディスク等を含む）を各事業年度の末日をもって閉鎖し、閉鎖後５年間帳簿を保存しなければなりません（規則38条３項）。

4 監　督

国土交通大臣は、帳簿の備付け等義務に関して、賃貸住宅管理業の適正な運営を確保するため必要があるときは、その必要の限度において、賃貸住宅管理業者に対し、業務の方法の変更その他業務の運営の改善に必要な措置をとるべき業務改善命令を発することができます（法22条）。

国土交通大臣は、賃貸住宅管理業者が業務改善命令に違反したときは、登録を取り消し、または1年以内の期間を定めて、その業務の全部もしくは一部について、業務停止命令を発することができます（法23条1項3号）。

5 刑　罰

帳簿を備え付ける義務に違反し、帳簿を備え付けず、帳簿に記載せず、もしくは帳簿に虚偽の記載をし、または帳簿を保存しなかったときは、違反行為をした者は、30万円以下の罰金に処せられます（法44条6号）。

法人の代表者または法人もしくは人の代理人、使用人その他の従業者が、その法人または人の業務に関し、違反行為をしたときは、行為者を罰するほか、その法人または人に対して罰金刑が科されます（法45条）。

第19条（標識の掲示）

> 賃貸住宅管理業者は、その営業所又は事務所ごとに、公衆の見やすい場所に、国土交通省令で定める様式の標識を掲げなければならない。

☞ 関連する「規則第39条」の条文については、資料編を参照

賃貸住宅管理業者は、営業所または事務所ごとに、公衆の見やすい場所に、標識を掲げなければなりません。証明書の様式は、別記様式第12号によるものと定められています（規則39条）。

賃貸住宅管理業法の施行前に締結された管理受託契約についても、標識の掲示義務の規定は適用されます（法附則３条１項）。

国土交通大臣は、標識の掲示義務に関して、賃貸住宅管理業の適正な運営を確保するため必要があるときは、その必要の限度において、賃貸住宅管理業者に対し、業務の方法の変更その他業務の運営の改善に必要な措置をとるべき業務改善命令を発することができます（法22条）。

国土交通大臣は、賃貸住宅管理業者が業務改善命令に違反したときは、登録を取り消し、または１年以内の期間を定めて、その業務の全部もしくは一部について、業務停止命令を発することができます（法23条１項３号）。

標識の掲示義務に違反したときは、違反行為をした者は、30万円以下の罰金に処せられます（法44条５号）。

法人の代表者または法人もしくは人の代理人、使用人その他の従業者が、その法人または人の業務に関し、違反行為をしたときは、行為者を罰するほか、その法人または人に対して罰金刑が科されます（法45条）。

賃貸住宅管理業者が休業しているとしても、事業の廃止の手続きを行うまでは、標識の掲示の義務があります（「FAQ集」３．事業関連（受託管理）（３）賃貸住宅管理業者の義務No.11）。

第20条（委託者への定期報告）

> 賃貸住宅管理業者は、管理業務の実施状況その他の国土交通省令で定める事項について、国土交通省令で定めるところにより、定期的に、委託者に報告しなければならない。

☞関連する「規則第40条」の条文については、資料編を参照

1 定期報告の義務

賃貸住宅管理業者は、管理業務の実施状況その他の規則で定める事項について、規則で定める方法により、委託者に報告する義務があります。報告は定期的に行わなければなりません（定期報告）。報告は、管理受託契約を締結した日から１年を超えない期間ごとに行う必要があります。また、管理受託契約の期間の満了後にも、遅滞なく報告をしなければなりません（規則40条、「解釈・運用の考え方」第20条関係２）。

営業所または事務所ごとに選任された業務管理者により、定期報告についての管理および監督に関する事務が行われます（法12条１項、規則13条５号）。

賃貸住宅管理業法の施行前に締結された管理受託契約については、定期報告義務の規定は適用されません（法附則３条１項）。

2 報告事項

賃貸住宅管理業者が、管理業務報告書によって委託者に報告すべき事項は、以下のとおりです。

❶ 報告の対象となる期間（規則40条１項１号）

❷ 管理業務の実施状況（同項２号）

❸ 管理業務の対象となる賃貸住宅の入居者からの苦情の発生状況およ

び対応状況（同項３号）

管理業務の対象となる賃貸住宅の入居者からの苦情の発生状況および対応状況については、苦情の発生した日時、苦情を申し出た者の属性、苦情内容、苦情の対応状況等について、把握可能な限り記録し、報告することが必要です。単純な問い合わせについては、記録および報告の義務はありませんが、苦情を伴う問合せについては、記録し、対処状況も含めて報告しなければなりません（「解釈・運用の考え方」第20条関係１（２））。

3 報告方法

報告は、管理業務報告書を作成し、これを委託者に交付して説明しなければなりません（規則40条１項）。

もっとも、委託者の承諾を得れば、管理業務報告書の交付に代えて、電子情報処理組織を使用する方法その他の情報通信の技術を利用する方法（電磁的方法）により、必要事項の情報提供をすることができます（規則40条２項はしら書き前段、「解釈・運用の考え方」第20条関係３）。承諾を得たうえで電磁的方法により情報提供をした場合には、賃貸住宅管理業者は、管理業務報告書を交付したものとみなされます（規則40条２項はしら書き後段）。

4 電磁的方法による報告

(1) 電磁的方法による報告が可能であること

委託者の承諾を得たうえで、電磁的方法によって報告（情報提供）をするために利用できる方法（情報通信の技術を利用する方法）は、次の４種類です（規則40条２項１号・２号）。

❶ 電子メール等による方法（規則40条２項１号イ）
❷ ウェブサイトの閲覧等による方法（同号ロ）
❸ 送信者側で備えた受信者ファイルを閲覧する方法（同号ハ）
❹ 磁気ディスク等を交付する方法（規則40条２項２号）

いずれの方法においても、管理業務報告書に記載すべき事項を電磁的方法で提供するためには、委託者が委託者ファイルへの記録を出力することにより書面を作成できるものであることを要します（規則40条３項１号）。

管理業務報告書に記載すべき事項を電磁的方法で提供する場合は、賃貸人とのトラブルを未然に防止する観点から、賃貸住宅管理業者において、管理業務報告書のデータを適切に保存するよう努めなければなりません（「解釈・運用の考え方」第20条関係３）。

(2) 電磁的方法による報告の方法

❶ 電子メール等による方法（規則40条２項１号イ）

賃貸住宅管理業者等（賃貸住宅管理業者または記載事項の提供を行う賃貸住宅管理業者との契約によりファイルを自己の管理する電子計算機に備え置き、これを委託者もしくは賃貸住宅管理業者の用に供する者）の使用に係る電子計算機と委託者等（委託者または委託者との契約により委託者ファイル（専ら委託者の用に供されるファイル）を自己の管理する電子計算機に備え置く者）の使用に係る電子計算機とを接続する電気通信回線を通じて記載事項を送信し、委託者等の使用に係る電子計算機に備えられた委託者ファイルに記録する方法。

❷ ウェブサイトの閲覧等による方法（規則40条２項１号ロ）

賃貸住宅管理業者等の使用に係る電子計算機に備えられたファイルに記録された記載事項を電気通信回線を通じて委託者の閲覧に供し、委託者等の使用に係る電子計算機に備えられた当該委託者の委託者ファイルに当該記載事項を記録する方法。

記載事項を賃貸住宅管理業者等の使用に係る電子計算機に備えられたファイルに記録する旨または記録した旨を委託者に対し通知するものであることが必要です。ただし、委託者が当該記載事項を閲覧していたことを確認したときはこの限りではありません（規則40条３項２号）。

❸ 送信者側で備えた受信者ファイルを閲覧する方法（規則40条２項１号ハ）

賃貸住宅管理業者等の使用に係る電子計算機に備えられた委託者ファイルに記録された記載事項を電気通信回線を通じて委託者の閲覧に供する方法。

記載事項を賃貸住宅管理業者等の使用に係る電子計算機に備えられた委託者ファイルに記録する旨または記録した旨を委託者に対し通知するものであることが必要です。ただし、委託者が当該記載事項を閲覧していたことを確認したときはこの限りではありません（規則40条３項３号）。

❹ 磁気ディスク等を交付する方法（規則40条２項２号）

磁気ディスク等をもって調製するファイルに記載事項を記録したものを交付する方法。

⑶ 電磁的方法によって報告を行うことについての承諾

管理業務報告書に記載すべき事項を電磁的方法により提供しようとする場合、相手方がこれを確実に受け取れるように、用いる方法（電子メール、WEBでのダウンロード、CD-ROM等）やファイルへの記録方法（使用ソフトウェアの形式やバージョン等）を示したうえで、電子メール、WEBによる方法、CD-ROM等相手方が承諾したことが記録に残る方法で承諾を得なければなりません（「解釈・運用の考え方」第20条関係３）。

すなわち、賃貸住宅管理業者は、電磁的方法により記載事項を提供しようとするときは、あらかじめ委託者に対し、その用いる電磁的方法の種類および内容を示し、書面または電子情報処理組織を使用する方法その他の情報通信の技術を利用する方法であって次に掲げるものによる承諾を得なければならないものとされています（規則40条4項はしら書き）。

❶ 電子情報処理組織を使用する方法のうち次に掲げるもの

イ．委託者の使用に係る電子計算機から電気通信回線を通じて賃貸住宅管理業者の使用に係る電子計算機に承諾をする旨を送信し、電子計算機に備えられたファイルに記録する方法（規則40条4項1号イ）

ロ．賃貸住宅管理業者の使用に係る電子計算機に備えられたファイルに記録された電磁的方法の種類および内容を電気通信回線を通じて委託者の閲覧に供し、電子計算機に備えられたファイルに承諾をする旨を記録する方法（規則40条4項1号ロ）

❷ 磁気ディスク等をもって調製するファイルに承諾をする旨を記録したものを交付する方法（規則40条4項2号）

電磁的方法によって報告を行うことについての承諾の方法は、賃貸住宅管理業者がファイルへの記録を出力することにより書面を作成することができるものでなければなりません（規則40条5項）。

(4) 電磁的方法による提供を受けない旨の申出

賃貸住宅管理業者は、委託者の承諾を得た場合であっても、委託者から書面または電子情報処理組織を使用する方法その他の情報通信の技術を利用する方法であって次に掲げるものにより電磁的方法による提供を受けない旨の申出があったときは、電磁的方法による提供をしてはなりません。ただし、申出の後に委託者から再び承諾を得た場合は、この限りではありません（規則40条7項はしら書き）。

❶ 電子情報処理組織を使用する方法のうち次に掲げるもの

イ．委託者の使用に係る電子計算機から電気通信回線を通じて賃貸住宅管理業者の使用に係る電子計算機に申出をする旨を送信し、その電子計算機に備えられたファイルに記録する方法

ロ．賃貸住宅管理業者の使用に係る電子計算機に備えられたファイルに記録された電磁的方法の種類および内容を電気通信回線を通じて委託者の閲覧に供し、その電子計算機に備えられたファイルに申出をする旨を記録する方法

❷ 磁気ディスク等をもって調製するファイルに申出をする旨を記録したものを交付する方法

この場合に示されるべき電磁的方法については規則第40条第5項の規定が準用されます（規則40条8項）。

5 監　督

国土交通大臣は、委託者への定期報告の義務に関して、賃貸住宅管理業の適正な運営を確保するため必要があるときは、その必要の限度において、賃貸住宅管理業者に対し、業務の方法の変更その他業務の運営の改善に必要な措置をとるべき業務改善命令を発することができます（法22条）。

国土交通大臣は、賃貸住宅管理業者が業務改善命令に違反したときは、登録を取り消し、または1年以内の期間を定めて、その業務の全部もしくは一部について、業務停止命令を発することができます（法23条1項3号）。

なお、本条違反については、罰則の規定は設けられていません。

第21条（秘密を守る義務）

> 1　賃貸住宅管理業者は、正当な理由がある場合でなければ、その業務上取り扱ったことについて知り得た秘密を他に漏らしてはならない。賃貸住宅管理業を営まなくなった後においても、同様とする。
> 2　賃貸住宅管理業者の代理人、使用人その他の従業者は、正当な理由がある場合でなければ、賃貸住宅管理業の業務を補助したことについて知り得た秘密を他に漏らしてはならない。賃貸住宅管理業者の代理人、使用人その他の従業者でなくなった後においても、同様とする。

賃貸住宅管理業者は、正当な理由がある場合でなければ、その業務上取り扱ったことについて知り得た秘密を他に漏らしてはなりません。賃貸住宅管理業を営まなくなった後においても、同様です（法21条1項）。

賃貸住宅管理業者の代理人、使用人その他の従業者は、正当な理由がある場合でなければ、賃貸住宅管理業の業務を補助したことについて知り得た秘密を他に漏らしてはなりません。賃貸住宅管理業者の代理人、使用人その他の従業者でなくなった後においても、同様に秘密を守る義務を負います（法21条2項）。

従業者とは、賃貸住宅管理業者の指揮命令に服し業務に従事する者です。再委託契約に基づき賃貸住宅管理業務の一部の再委託を受ける者等賃貸住宅管理業者と直接の雇用関係にないものも含まれます（「解釈・運用の考え方」第21条第2項関係）。

営業所または事務所ごとに選任された業務管理者により、秘密の保持についての管理および監督に関する事務が行われます（法12条1項、規則13条6号）。

国土交通大臣は、秘密を守る義務に関して、賃貸住宅管理業の適正な運営を確保するため必要があるときは、その必要の限度において、賃貸住宅管理業者に対し、業務の方法の変更その他業務の運営の改善に必要な措置をとるべき業務改善命令を発することができます（法22条）。

国土交通大臣は、賃貸住宅管理業者が業務改善命令に違反したときは、登録を取り消し、または1年以内の期間を定めて、その業務の全部もしくは一部について、業務停止命令を発することができます（法23条1項3号）。

秘密を守る義務に違反し、秘密を他に漏らした場合、違反行為をした者は、30万円以下の罰金に処せられます（法44条7号）。

法人の代表者または法人もしくは人の代理人、使用人その他の従業者が、その法人または人の業務に関し違反行為をしたときは、行為者を罰するほか、その法人または人に対して罰金刑が科されます（法45条）。

第3節　監　督

第22条（業務改善命令）

国土交通大臣は、賃貸住宅管理業の適正な運営を確保するため必要があると認めるときは、その必要の限度において、賃貸住宅管理業者に対し、業務の方法の変更その他業務の運営の改善に必要な措置をとるべきことを命ずることができる。

第23条（登録の取消し等）

1　国土交通大臣は、賃貸住宅管理業者が次の各号のいずれかに該当するときは、その登録を取り消し、又は１年以内の期間を定めてその業務の全部若しくは一部の停止を命ずることができる。

一　第６条第１項各号（第三号を除く。）のいずれかに該当することとなったとき。

二　不正の手段により第３条第１項の登録を受けたとき。

三　その営む賃貸住宅管理業に関し法令又は前条若しくはこの項の規定による命令に違反したとき。

2　国土交通大臣は、賃貸住宅管理業者が登録を受けてから１年以内に業務を開始せず、又は引き続き１年以上業務を行っていないと認めるときは、その登録を取り消すことができる。

3　第６条第２項の規定は、前二項の規定による処分をした場合について準用する。

第24条（登録の抹消）

国土交通大臣は、第３条第２項若しくは第９条第２項の規定により登録がその効力を失ったとき、又は前条第１項若しくは第２項の規定により登録を取り消したときは、当該登録を抹消しなければならない。

第25条（監督処分等の公告）

国土交通大臣は、第23条第１項又は第２項の規定による処分をしたときは、国土交通省令で定めるところにより、その旨を公告しなければならない。

☞関連する「規則第41条」の条文については、資料編を参照

第26条（報告徴収及び立入検査）

1　国土交通大臣は、賃貸住宅管理業の適正な運営を確保するため必要があると認めるときは、賃貸住宅管理業者に対し、その業務に関し報告を求め、又はその職員に、賃貸住宅管理業者の営業所、事務所その他の施設に立ち入り、その業務の状況若しくは設備、帳簿書類その他の物件を検査させ、若しくは関係者に質問させることができる。

2　前項の規定により立入検査をする職員は、その身分を示す証明書を携帯し、関係者に提示しなければならない。

3　第１項の規定による立入検査の権限は、犯罪捜査のために認められたものと解してはならない。

☞関連する「規則第42条」の条文については、資料編を参照

第27条（登録の取消し等に伴う業務の結了）

> 第３条第２項の登録の更新をしなかったとき、第９条第２項の規定により登録が効力を失ったとき、又は第23条第１項若しくは第２項の規定により登録が取り消されたときは、当該登録に係る賃貸住宅管理業者であった者又はその一般承継人は、当該賃貸住宅管理業者が締結した管理受託契約に基づく業務を結了する目的の範囲内においては、なお賃貸住宅管理業者とみなす。

1 行政による監督

賃貸住宅管理業法は、賃貸住宅管理業者について、登録をしなければ営業を営むことができないという登録制度を設けるとともに、業務を行うにあたってのルールを定め、賃貸住宅管理業者の業務がルールに則って行われることによって、賃貸住宅管理業の適正さの確保を図っています。ルールを逸脱した賃貸住宅管理業者の業務が行われてしまった場合や、行われるおそれがある場合には、行政による監督がなされます。

賃貸住宅管理業法は、賃貸住宅管理業者の業務を監督する仕組みを設けました。業務改善命令（法22条）、登録の取消し等（法23条）、登録の抹消（法24条）、報告徴収および立入検査（法26条）などを通じて、国土交通大臣によって賃貸住宅管理業者の業務への監督がなされます。

2 業務改善命令

法第22条は、業務改善命令の規定です。国土交通大臣は、賃貸住宅管理業の適正な運営を確保するため必要があるときは、必要の限度において、賃貸住宅管理業者に対し、業務の方法の変更その他業務の運営の改善に必要な措置をとるべきことを命ずることができます。

3 登録の取消し等

法第23条は、登録の取消し等の規定です。以下の３つの場合には、国土交通大臣は登録を取り消し、または業務の全部もしくは一部の停止を命ずること（業務停止命令）ができます。

なお、業務停止命令は、１年以内の期間を定めて発出されます。

❶ 登録の拒否事由（欠格事由）が存在するとき（法６条１項各号（同項３号を除く）（法23条１項１号）

❷ 不正の手段によって登録を受けたとき（同項２号）

❸ 賃貸住宅管理業に関し、法令または業務改善命令もしくは業務停止命令に違反したとき（同項３号）

国土交通大臣は、賃貸住宅管理業者が登録を受けてから１年以内に業務を開始せず、または引き続き１年以上業務を行っていないときは、登録を取り消すことができます（法23条２項）。

登録が取り消され、または業務停止が命令された場合、国土交通大臣は、遅滞なく、その理由を示して、その旨を賃貸住宅管理業者に通知しなければなりません（法23条３項、６条２項）。

業務停止命令の規定による命令に違反した場合、違反行為をした者は６か月以下の懲役もしくは50万円以下の罰金に処せられ、またはこれが併科されます（法42条１号）。

法人の代表者または法人もしくは人の代理人、使用人その他の従業者が、その法人または人の業務に関し、違反行為をしたときは、行為者を罰するほか、その法人または人に対して罰金刑が科されます（法45条）。

4 登録の抹消

法第24条は、登録の抹消についての規定です。国土交通大臣は、次の❶または❷の場合には、登録を抹消しなければなりません。

❶ 法第3条第2項、もしくは法第9条第2項の規定により登録がその効力を失ったとき

法第3条第2項は、賃貸住宅管理業者が、5年ごとの登録の更新を受けずに登録の効力が失われた場合、法第9条第2項は、個人の死亡、法人の消滅、破産手続開始の決定などによる解散、賃貸住宅管理業の廃止の場合を指しています。

❷ 法第23条第1項もしくは同条第2項の規定により登録を取り消したとき

5 監督処分等の公告

国土交通大臣は、登録の取消しおよび業務停止命令、または業務を行わないことによる登録取消しの処分をしたときは、その旨を公告しなければなりません(法25条)。この場合の監督処分等の公告は、官報により行われます（規則41条)。

6 報告徴収および立入検査

行政による監督が実効性を確保するには、賃貸住宅管理業者が行っている業務の実態を正しく把握する必要があります。そのため法第26条は、国土交通大臣に報告徴収および立入検査の権限を認めました。

国土交通大臣は、賃貸住宅管理業の適正な運営を確保するため必要があると認めるときは、賃貸住宅管理業者に対し、その業務に関し報告を求め、またはその職員に、賃貸住宅管理業者の営業所、事務所その他の施設に立ち入り、その業務の状況もしくは設備、帳簿書類その他の物件を検査させ、もしくは関係者に質問させることができます（法26条1項）。

立入検査をする職員は、その身分を示す証明書を携帯し、関係者に提示しなければなりません（法26条2項）。身分を示す証明書については、様式が定められています（規則42条、別記様式第13号）。

立入検査の権限は、犯罪捜査のために認められたものと解してはなりません（法26条3項）。

国土交通大臣から求められた報告をせず、もしくは虚偽の報告をし、または検査を拒み、妨げ、もしくは忌避し、もしくは質問に対して答弁せず、もしくは虚偽の答弁をした場合、違反行為をした者は30万円以下の罰金に処せられます（法44条9号）。

法人の代表者または法人もしくは人の代理人、使用人その他の従業者が、その法人または人の業務に関し、違反行為をしたときは、行為者を罰するほか、その法人または人に対して罰金刑が科されます（法45条）。

7 登録の取消し等に伴う業務の結了

賃貸住宅管理業者が登録の更新をしなかったとき、登録が効力を失ったとき、または登録が取り消されたときは、登録に係る賃貸住宅管理業者であった者またはその一般承継人は、賃貸住宅管理業者が締結した管理受託契約に基づく業務を結了する目的の範囲内においては、なお賃貸住宅管理業者とみなされます（法27条）。

第3章 特定賃貸借契約の適正化のための措置等

第28条（誇大広告等の禁止）

> 特定転貸事業者又は勧誘者（特定転貸事業者が特定賃貸借契約の締結についての勧誘を行わせる者をいう。以下同じ。）（以下「特定転貸事業者等」という。）は、第２条第５項に規定する事業に係る特定賃貸借契約の条件について広告をするときは、特定賃貸借契約に基づき特定転貸事業者が支払うべき家賃、賃貸住宅の維持保全の実施方法、特定賃貸借契約の解除に関する事項その他の国土交通省令で定める事項について、著しく事実に相違する表示をし、又は実際のものよりも著しく優良であり、若しくは有利であると人を誤認させるような表示をしてはならない。

☞ 関連する「規則第43条」の条文については、資料編を参照

1 禁止の趣旨

賃貸住宅管理業法が制定されたのは、不動産取引に関する知識や経験のない一般人が、賃貸物件を購入し、被害を被ったというトラブルが社会問題化したことがひとつの契機です。サブリース業者や勧誘者による広告活動において、メリットのみを強調してリスクを小さく見せるなどの表示がなされ、家賃、維持保全の実施方法、解除の条件等を明らかにしなかったことが、トラブルを引き起こす要因となっていました。

適切な広告表示がなされない状況のもとで、意思決定を行うならば、契約締結後のリスクを正確に把握せずに、賃貸物件を取得し、マスターリー

ス契約を締結することになってしまいます。

そこで本条は、賃貸物件を取得させ、マスターリース契約を締結させるための広告に関し、誇大広告等の禁止のルールを設けました。

広告は、勧誘の導入部分です。特定転貸事業者（サブリース業者）と勧誘者には、サブリース事業の専門家として、マスターリース契約の広告を行うにあたって、明確かつ正確な表示による情報提供を行い、勧誘の適正さを確保することが義務づけられています。

2 勧誘者

誇大広告等の禁止のルールの対象者は、特定転貸事業者に限られません。建設会社、不動産業者、金融機関、ファイナンシャルプランナー、コンサルタント等、サブリース事業者（特定転貸事業者）以外の者であって、マスターリースの勧誘を行うもの（勧誘者）も、本条に基づく誇大広告等の禁止のルールの遵守が義務づけられる対象になっています。

勧誘者とは、次の❶と❷に該当する者です（「解釈・運用の考え方」第28条関係１）。

❶ 特定転貸事業者（サブリース業者）と特定の関係性を有し、

❷ 特定転貸事業者が特定賃貸借契約（マスターリース契約）の締結についての勧誘を行わせる者

(1) 特定転貸事業者との特定の関係性

特定の関係性とは、特定転貸事業者から明示的に委託を受けたり、または、明示的に勧誘を委託されてはいないけれども、勧誘を任されたりしているような状況を指します。依頼の形式は問われません。資本関係がなくてもかまいません（「解釈・運用の考え方」第28条関係１）。

特定の関係性を有するかどうかの判断は、客観的になされます。自発的に勧誘を行っていても、勧誘者になり得ます（「解釈・運用の考え方」第28条関係1、ガイドライン3（2））。

ガイドライン3（2）では、特定の関係性を有する者として、次の例が示されています。

【特定の関係性（勧誘者への該当性）】

❶ 特定のサブリース業者からマスターリース契約の勧誘を行うことについて委託を受けている者
❷ 親会社、子会社、関連会社のサブリース業者のマスターリース契約について勧誘を行う者
❸ 特定のサブリース業者が顧客を勧誘する目的で作成した資料を用いてマスターリース契約の内容や条件等を説明し、契約の勧誘を行っている者
❹ 特定のサブリース業者から、勧誘の謝礼として紹介料等の利益を得ている者
❺ 特定のサブリース業者が、自社のマスターリース契約の勧誘の際に渡すことができるよう、自社名の入った名刺の利用を認めている者

建設会社、不動産業者、金融機関等、複数の事業主体が、それぞれ建築請負や不動産売買、融資等の別の役割を担いながら勧誘が行われことがあります（例えば、相続税対策のためにサブリース事業を活用させようとする営業活動）。そのような場合にも、主体ごとに、サブリース業者と特定の関係性の有無が、個別に判断されます（ガイドライン3（2））。

また、勧誘行為が第三者に再委託される場合には、再委託を受けた第三者も勧誘者にあたります（「解釈・運用の考え方」第28条関係1）。

(2) 勧誘を行わせること

勧誘とは、特定賃貸借契約（マスターリース契約）を締結するように勧めることです。相手方（賃貸人）となろうとする者の契約締結の意思形成に影響を与える程度に契約締結を勧めることを要します。勧誘にあたるかどうかは、個別事案ごとに客観的に判断されます（「解釈・運用の考え方」第28条関係1、ガイドライン3（2））。直接に契約を締結するように勧める場合のほか、特定賃貸借契約のメリットを強調して契約締結の意欲を高めさせるなど、意思の形成に影響を与える場合もこれに含まれます。

不特定多数の者に向けられたものであっても、特定賃貸借契約の内容や条件等を具体的に認識できるような内容を伝えるものであれば、勧誘になります（ガイドライン3（2））。

ガイドライン3（3）では、勧誘にあたる行為の例が示されています。

【勧誘にあたる行為の例示】

❶ 建設会社、不動産業者、金融機関等の法人やファイナンシャルプランナー、コンサルタント等の個人が、サブリース業者から勧誘の委託を受けて、その事業者とのマスターリース契約の内容や条件等を前提とした資産運用の企画提案を行ったり、マスターリース契約を締結することを勧めたりする行為

❷ 建設業者や不動産業者が、自社の親会社、子会社、関連会社のサブリース業者のマスターリース契約の内容や条件等を説明したり、契約締結を勧めたりする行為

❸ 建設業者が賃貸住宅のオーナーとなろうとする者に対し、その者が保有する土地や購入しようとしている土地にアパート等の賃貸住宅の建設を行う企画提案をする際に、建設請負契約を結ぶ対象となる賃貸住宅に関して、顧客を勧誘する目的でサブリース業者

が作成したマスターリース契約の内容や条件等を説明する資料等を使って、賃貸事業計画を説明したり、マスターリース契約を結ぶことを勧めたりする行為

❹ 不動産業者が賃貸住宅のオーナーとなろうとする者に対し、ワンルームマンションやアパート等の賃貸住宅やその土地等の購入を勧誘する際に、売買契約を結ぶ対象となる賃貸住宅に関して、顧客を勧誘する目的でサブリース業者が作成したマスターリース契約の内容や条件等を説明する資料等を使って、賃貸事業計画を説明したり、マスターリース契約を結ぶことを勧めたりする行為

❺ 賃貸住宅のオーナーが、賃貸住宅のオーナーとなろうとする者に対し、自己の物件についてマスターリース契約を結んでいるサブリース業者等特定のサブリース業者から、勧誘の対価として紹介料等の金銭を受け取り、そのサブリース業者とマスターリース契約を結ぶことを勧めたり、サブリース契約の内容や条件等を説明したりする行為

なお、契約の内容や条件等に触れずに単に業者を紹介する者は、勧誘者にはあたらないとされています（「解釈・運用の考え方」第28条関係１、ガイドライン３（２））。

3 誇大広告等とは何か

誇大広告等として禁止されるのは、❶虚偽広告と❷誇大広告です。

【誇大広告等の種類】

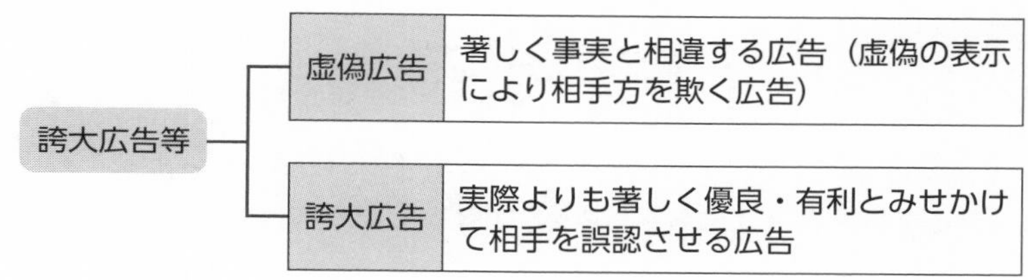

(1) 虚偽広告

虚偽広告は、虚偽の表示により相手を欺く広告です（「解釈・運用の考え方」第28条関係２）。広告の記載事項が、実際の契約内容と相違する場合がこれにあたります。もっとも、ここで禁止されるのは、広告の記載事項と実際の契約内容が、著しく事実に相違する場合です。事実の相違が著しくなければ、禁止行為にはあたりません。

事実の相違が著しいかどうかは、単に事実と表示との相違の度合いの大きさだけでは決められません。契約の相手方となろうとする者が、広告に記載されていることと事実との相違を知っていれば、通常は契約に誘引されることはないであろう程度の相違かどうかによります。広告に記載された一つひとつの文言ではなく、個々の広告の表示に即して、表示内容全体から特定賃貸借契約の相手方となろうとする者が受ける印象・認識により総合的な判断がなされます（「解釈・運用の考え方」第28条関係４、ガイドライン４（５））。

(2) 誇大広告

誇大広告は、実際のものよりも著しく優良または有利であると人を誤認させるような広告です。専門的知識や情報を有していない者を誤認させる広告が誇大広告になります（「解釈・運用の考え方」第28条関係5、ガイドライン4（6））。

実際のものよりも著しく優良または有利と誤認されるような表示であるかどうかは、広告に記載された一つひとつの文言等のみでなく、表示内容全体から受ける印象・認識により総合的に判断されます。

4 広告の媒体

広告の媒体については、種類は制限されません。新聞の折込チラシ、配布用のチラシ、新聞、雑誌、テレビ、ラジオまたはインターネットのホームページ等、どのような媒体を利用する場合であっても、誇大広告等は禁止されます（「解釈・運用の考え方」第28条関係2、ガイドライン4（2））。

5 規制を受ける広告事項

誇大広告等は、次の(1)～(4)の事項について禁止されます（規則43条）。

(1) 賃貸の条件、その変更に関する事項（規則43条1号）

家賃の額、支払期日、支払方法等の賃貸の条件、ならびにその変更に関する事項が(1)に該当します。

ここで家賃とは、特定転貸事業者（サブリース業者）が賃貸人（オーナー）に支払うものです。家賃の額、支払期日、支払方法などが賃貸の条件であり、家賃の額の見直しがある場合はその見直しの時期、家賃の減額請求権

（借地借家法32条）、利回りなどの家賃の変更に関する事項が、誇大広告等の禁止対象です（「解釈・運用の考え方」第28条関係３（１））。

(2) 維持保全の実施方法（規則43条２号）

特定転貸事業者が行う賃貸住宅の維持保全の内容、頻度、実施期間等が（２）にあたります（「解釈・運用の考え方」第28条関係３（２））。

(3) 維持保全に要する費用の分担（規則43条３号）

賃貸住宅の維持保全の費用を負担する者、および費用に関する特定転貸事業者と賃貸人の負担割合です（「解釈・運用の考え方」第28条関係３（３））。

(4) 解除に関する事項（規則43条４号）

国土交通省の「解釈・運用の考え方」では、誇大広告等の禁止対象としての解除に関する事項について、「『特定賃貸借契約の解除に関する事項』とは、契約期間、契約の更新時期及び借地借家法第28条に基づく更新拒絶等の要件をいう」との説明がなされています*（「解釈・運用の考え方」第28条関係３（４））。

* 国土交通省の説明内容は、「解除に関する事項」という法律用語の一般的な説明としては、適切ではない（契約の更新時期や借地借家法第28条に基づく更新拒絶等の要件というのは、「解除に関する事項」には含まれない）。法的な概念の混乱がみられる。

(5) 広告事項ごとの留意事項

国土交通省の公表しているガイドラインでは、前記の（１）～（４）の広告事項ごとに、次のとおり留意事項を示しています（ガイドライン4（3）①～④）。

【広告事項ごとの誇大広告等の留意事項】

❶ 家賃の額等の賃貸の条件、その変更に関する事項

・広告において「家賃保証」「空室保証」など、空室の状況にかかわらず一定期間、一定の家賃を支払うことを約束する旨等の表示を行う場合は、「家賃保証」等の文言に隣接する箇所に、定期的な家賃の見直しがある場合にはその旨及び借地借家法第32条の規定により減額されることがあることを表示すること。表示に当たっては、文字の大きさのバランス、色、背景等から、オーナー等が一体として認識できるよう表示されているかに留意する。

・マスターリース契約に係る賃貸経営により、確実に利益を得られるかのように誤解させて、投資意欲を不当に刺激するような表示をしていないこと。特に、実際にはマスターリース契約において利回りを保証するわけではないにもかかわらず、「利回り○％」とのみ記載し、利回りの保証がされると誤解させるような表示をしていないこと。

❷ 維持保全の実施方法

・実際には実施しない維持保全の内容の表示をしていないこと。

・実施しない場合があるにもかかわらず、当然にそれらの内容が実施されると誤解させるような表示をしていないこと。

❸ 維持保全に要する費用の分担

・オーナーが支払うべき維持保全の費用について、実際のものよりも著しく低額であるかのように誤解させるような表示をしていないこと。

❹ 解除に関する事項

・契約期間中であっても業者から解約することが可能であるにも関わらず、契約期間中に解約されることはないと誤解させるような表示をしていないこと。特に、広告において、「○年間借り上げ保証」など、表示された期間に解約しないことを約束する旨の表示を行う場合は、当該期間中であっても、業者から解約をする可能性があることや、オーナーからの中途解約条項がある場合であっても、オーナーから解約する場合には、借地借家法第28条に基づき、正当な事由があると認められる場合でなければすることができないことを表示すること。
・また、オーナーが更新を拒絶する場合には、借地借家法第28条が適用され、オーナーからは正当事由がなければ解約できないにもかかわらず、オーナーから自由に更新を拒絶できると誤解させるような表示をしていないこと。

6 打消し表示

(1) 強調表示と打消し表示

契約の内容を顧客に伝えるため、多くの場合に、断定的表現や目立つ表現などを使って取引条件の長所を強調する手法（強調表示）が用いられます。

強調表示は、強い訴求力を有しますが、他方で、顧客に有利な取引条件が無条件、無制約に当てはまると受け止められるおそれがあります。強調表示からは一般には予想できない事項であって、これに対する例外など、強調表示の内容があてはまらない事項を表示することを、打消し表示といいます。契約内容を決定するにあたって重要な考慮要素については、わかりやすく適切に打消し表示を行う必要があります。

特定賃貸借契約（マスターリース）の広告でも、一般のオーナーとなろうとする者が通常は予期できない事項であって、マスターリース契約を選択するに当たって重要な考慮要素となるものについては、適切な打消し表示を行わなければなりません（ガイドライン4（4））。

強調表示に対して適切な打消し表示がなされていない広告は、誇大広告等の禁止に違反し、違法行為です*。

＊　消費者庁から「打消し表示に関する表示方法及び表示内容に関する留意点」が公表されている。

(2) 打消し表示の留意事項（すべての媒体に共通）

すべての媒体に共通する打消し表示の留意事項は、次のとおりです（ガイドライン4（4））。

【打消し表示の留意事項（すべての媒体に共通）】

- 表示物の媒体ごとの特徴も踏まえた上で、オーナーとなろうとする者が実際に目にする状況において適切と考えられる文字の大きさで表示されているか。
- 打消し表示が強調表示の近くに表示されていたとしても、強調表示が大きな文字で表示されているのに対し、打消し表示が小さな文字で表示されており、強調表示に対する打消し表示に気づくことができないような表示になっていないか。
- 打消し表示が強調表示から離れた場所に表示されており、打消し表示に気づかない又は当該打消し表示がどの強調表示に対する打ち消し表示であるか認識できないような表示となっていないか。
- 打消し表示の文字と背景との区別がつきにくい表示となっていないか。

7 媒体ごとの打消し表示の留意点

さらに、媒体ごとに次の留意事項が示されています（ガイドライン4（4））。

【打消し表示の留意事項（広告媒体ごと）】

❶ 紙面広告

打消し表示は、強調表示に隣接した箇所に表示した上で、文字の大きさのバランス、色、背景等から両者を一体として認識できるよう表示されているか。

❷ Web広告（PC・スマートフォン）

- 強調表示に隣接した箇所に打消し表示を表示しているか。
- 同一画面にある他の表示と比べて、打消し表示がより注意を引きつける文字の大きさになっているか。
- 打消し表示は、強調表示に隣接した箇所に表示した上で、文字の大きさのバランス、色、背景等から両者を一体として認識できるよう表示されているか。

❸ 動画広告

- 打消し表示が表示される時間が短く、読み終えることができないような表示になっていないか。
- 強調表示が表示された後、画面が切り替わって打消し表示が表示され、打消し表示に気づかない、またはどの強調表示に対する打消し表示であるか認識できないような表示になっていないか。
- 文字と音声の両方で表示された強調表示に注意が向けられ、文字のみで表示された打消し表示に注意が向かないような表示になっていないか。

8 体験談を用いる場合の広告表示

広告表示では、体験談が用いられる場合もあります。体験談を用いる場合には、次の点に特に留意する必要があるとされています（ガイドライン4（4））。

【体験談の留意事項】

> 体験談を用いる場合は、賃貸住宅経営は、賃貸住宅の立地等の個別の条件が大きな影響を与えるにも関わらず、体験談を含めた表示全体から、「大多数の人がマスターリース契約を締結することで同じようなメリットを得ることができる」という認識を抱いてしまうことから、体験談とは異なる賃貸住宅経営の実績となっている事例が一定数存在する場合等には、「個人の感想です。経営実績を保証するものではありません」といった打消し表示が明瞭に記載されていたとしても、問題のある表示となるおそれがあるため、体験談を用いることは、法第28条違反となる可能性がある。

9 具体例

ガイドラインには、次のとおり、誇大広告等となる表示の例が挙げられています（ガイドライン4（7））。

【誇大広告等となる表示の例】

> ❶ **サブリース業者がオーナーに支払う家賃の額、支払期日及び支払方法等の賃貸の条件並びにその変更に関する事項**
>
> ・契約期間内に定期的な家賃の見直しや借地借家法に基づきサブ

リース業者からの減額請求が可能であるにもかかわらず、その旨を表示せず、「○年家賃保証！」「支払い家賃は契約期間内確実に保証！一切収入が下がりません！」といった表示をして、当該期間家賃収入が保証されているかのように誤解されるような表示をしている

- 「○年家賃保証」という記載に隣接する箇所に、定期的な見直しがあること等のリスク情報について表示せず、離れた箇所に表示している
- 実際は記載された期間より短い期間毎に家賃の見直しがあり、収支シミュレーション通りの収入を得られるわけではないにも関わらず、その旨や収支シミュレーションの前提となる仮定（稼働率、家賃変動等）を表示せず、○年間の賃貸経営の収支シミュレーションを表示している
- 実際は記載の期間より短い期間で家賃の改定があるにもかかわらず、オーナーの声として○年間家賃収入が保証されるような経験談を表示している
- 広告に記載された利回りが実際の利回りを大きく上回っている
- 利回りを表示する際に、表面利回りか実質利回りかが明確にされていなかったり、表面利回りの場合に、その旨及び諸経費を考慮する必要がある旨を表示していない
- 根拠を示さず、「ローン返済期間は実質負担０」といった表示をしている
- 根拠のない算出基準で算出した家賃をもとに、「周辺相場よりも当社は高く借り上げます」と表示している
- 「一般的な賃貸経営は２年毎の更新や空室リスクがあるが、サブリースなら不動産会社が家賃保証するので安定した家賃収入を得られます。」といった、サブリース契約のメリットのみを表示している

❷ 賃貸住宅の維持保全の実施方法

- 実際にはサブリース業者が実施しない維持保全の業務を実施するかのような表示をしている
- 実際は休日や深夜は受付業務のみ、または全く対応されないにもかかわらず、「弊社では入居者専用フリーダイヤルコールセンターを設け、入居者様に万が一のトラブルも24時間対応しスピーディーに解決します」といった表示をしている

❸ 賃貸住宅の維持保全の費用の分担に関する事項

- 実際には毎月オーナーから一定の費用を徴収して原状回復費用に当てているにも関わらず、「原状回復費負担なし」といった表示をしている
- 実際には、大規模修繕など一部の修繕費はオーナーが負担するにも関わらず、「修繕費負担なし」といった表示をしている
- 修繕費の大半がオーナー負担にもかかわらず、「オーナーによる維持保全は費用負担を含め一切不要！」といった表示をし、オーナー負担の表示がない
- 維持保全の費用について、一定の上限額を超えるとオーナー負担になるにもかかわらず、「維持保全費用ゼロ」といった表示をしている
- 維持保全の費用について、実際には、他社でより低い利率の例があるにもかかわらず「月々の家賃総額のわずか○％という業界随一のお得なシステムです」といった表示をしている
- 実際には客観的な根拠がないにもかかわらず、「維持保全の費用は他社の半分程度で済みます」といった表示をしている
- 月額費用がかかるにもかかわらず、「当社で建築、サブリース契約を結ばれた場合、全ての住戸に家具家電を設置！入居者の負担が減るので空室リスクを減らせます！」と表示し、月額費用の表示がない

❹ マスターリース契約の解除に関する事項

・契約期間中であっても業者から解約することが可能であるにも関わらずその旨を記載せずに、「30年一括借り上げ」「契約期間中、借り上げ続けます」「建物がある限り借り続けます」といった表示をしている

・実際には借地借家法が適用され、オーナーからは正当事由がなければ解約できないにもかかわらず、「いつでも自由に解約できます」と表示している

・実際には、契約を解除する場合は、月額家賃の数か月を支払う必要があるにもかかわらずその旨を記載せずに、「いつでも借り上げ契約は解除できます」と表示している

10 監　督

(1) 指　示

国土交通大臣は、特定転貸事業者が誇大広告等の禁止に違反した場合、または、勧誘者が誇大広告等の禁止に違反した場合において、特定賃貸借契約の適正化を図るため必要があるときは、特定転貸事業者に対し、違反の是正のための措置その他の必要な措置をとるべきことを指示することができます（法33条１項）。

国土交通大臣は、勧誘者が誇大広告等の禁止に違反した場合において特定賃貸借契約の適正化を図るため必要があるときは、勧誘者に対し、違反の是正のための措置その他の必要な措置をとるべきことを指示することができます（法33条２項）。

国土交通大臣は、特定転貸事業者または勧誘者に対して指示をしたときは、その旨を公表しなければなりません（法33条３項）。

(2) 業務停止

国土交通大臣は、特定転貸事業者が誇大広告等の禁止に違反した場合もしくは勧誘者が誇大広告等の禁止に違反した場合において、特定賃貸借契約の適正化を図るため特に必要があるとき、または、特定転貸事業者が指示に従わないときは、特定転貸事業者に対し、１年以内の期間を限り、特定賃貸借契約の締結について勧誘を行いもしくは勧誘者に勧誘を行わせることを停止し、またはその行う特定賃貸借契約に関する業務の全部もしくは一部を停止すべきことを命ずることができます（法34条１項）。

国土交通大臣は、勧誘者が誇大広告等の禁止に違反した場合において特定賃貸借契約の適正化を図るため特に必要があるとき、または勧誘者が指示に従わないときは、勧誘者に対し、１年以内の期間を限り、特定賃貸借契約の締結について勧誘を行うことを停止すべきことを命ずることができます（法34条２項）。

国土交通大臣は、特定転貸事業者または勧誘者に対して業務停止を命じたときは、その旨を公表しなければなりません（法34条３項）。

11 刑　罰

誇大広告等の禁止に違反して、著しく事実に相違する表示をし、または実際のものよりも著しく優良であり、もしくは有利であると人を誤認させるような表示をしたときには、違反行為をした者は、30万円以下の罰金に処せられます（法44条10号）。

法人の代表者または法人もしくは人の代理人、使用人その他の従業者が、その法人または人の業務に関し、誇大広告等の禁止の違反行為をしたときは、行為者を罰するほか、その法人または人に対して罰金刑が科されます（法45条）。

第29条（不当な勧誘等の禁止）

> 特定転貸事業者等は、次に掲げる行為をしてはならない。
>
> 一　特定賃貸借契約の締結の勧誘をするに際し、又はその解除を妨げるため、特定賃貸借契約の相手方又は相手方となろうとする者に対し、当該特定賃貸借契約に関する事項であって特定賃貸借契約の相手方又は相手方となろうとする者の判断に影響を及ぼすこととなる重要なものにつき、故意に事実を告げず、又は不実のことを告げる行為
>
> 二　前号に掲げるもののほか、特定賃貸借契約に関する行為であって、特定賃貸借契約の相手方又は相手方となろうとする者の保護に欠けるものとして国土交通省令で定めるもの

☞関連する「規則第44条」の条文については、資料編を参照

1　禁止の趣旨

特定賃貸借契約（マスターリース契約）について、特定転貸事業者（サブリース業者）の相手方となって、賃貸住宅の賃貸人として契約を締結するかどうかを検討する場合、適切な意思決定を行うためには、正しい情報が提供される必要があり、また、意思決定がゆがめられるような状況が作出されることがあってはなりません。

特定転貸事業者および勧誘者（特定転貸事業者等）が、正しい情報提供をせず、あるいは誤った情報提供をなし、または強引に自らの求めるとおりの行為を行わせるならば、契約の相手方または相手方となろうとする者（契約の相手方等）の判断を誤らせてしまいます（ガイドライン5（1））。

そこで本条は、次の❶と❷の禁止事項を定めました。❶は事実不告知・不実告知（法29条１号）、❷は規則による禁止行為（規則禁止行為。法29条２号、規則44条１号～４号）です。❶と❷をあわせて、「不当な勧誘等」と

いわれます。

不当な勧誘等の禁止についても、その対象者は、誇大広告等の禁止と同じく、特定転貸事業者および勧誘者（特定転貸事業者等）です。

【不当な勧誘等による禁止行為】

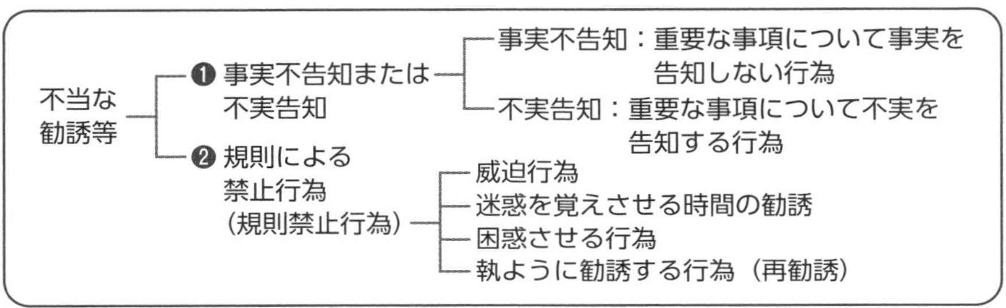

賃貸住宅管理業法の施行前に締結された特定賃貸借契約についても、不当な勧誘等の禁止の義務の規定は適用されます（法附則３条１項・２項）。

2　事実不告知または不実告知

(1)　禁止される場面

事実不告知または不実告知は、以下の２つの場面におけるルールです。法第29条が、直接に明文をもって禁止しています。

❶ 契約締結前の契約締結の勧誘

❷ 契約締結後の契約解除の妨害

【事実不告知または不実告知】

	時　期	目　的	禁止される行為
❶	契約締結前	契約締結の勧誘	事実不告知または不実告知
❷	契約締結後	契約解除の妨害	

❶ 契約締結前の契約締結の勧誘

まず、契約を締結する前の契約締結の勧誘の場面です。特定賃貸借契約の相手方となろうとする者がいまだ契約締結の意思決定をしていないときに、特定転貸事業者等が、その者に特定賃貸借契約を締結させる目的・意図をもって行う事実不告知または不実告知が禁止されます。

契約の相手方となろうとする者の判断に影響を及ぼす重要なものについて事実の不告知・不実告知があれば足ります。実際に契約が締結されたか否かは問われません（「解釈・運用の考え方」第29条関係1）。

❷ 契約締結後の契約解除の妨害

次に、契約を締結した後における契約解除を妨げるための行為です。契約締結後に、相手方（賃貸人）の契約を解除する意思を翻させたり、断念させたりし、あるいは、契約の解除の期限を徒過するよう仕向けたり、協力しない等、契約解除の実現を阻止する目的・意図をもって行う事実不告知または不実告知が禁止されます。

契約を解除しようとする者の判断に影響を及ぼす重要なものについて事実の不告知・不実告知があれば足ります。実際に契約解除が妨げられたか否かは問われません（「解釈・運用の考え方」第29条関係2）。

(2) 重要な事項を対象とすること

事実不告知または不実告知は、特定賃貸借契約に関する事項のうち、特定賃貸借契約の相手方等の判断に影響を及ぼす重要なものが対象です。事実が告知されず、または不実の告知がなされても、その対象が重要なものでなければ、不当な勧誘等にはあたりません。重要とは、事実を告げないか、または事実と違うことを告げることによって、相手方等（賃貸人または賃貸人となろうとする者）の不利益に直結するものです（「解釈・運用の考え方」第29条関係3）。

具体的には、特定転貸事業者（サブリース業者）が相手方（賃貸人）に支払う家賃の額等の賃貸の条件やその変更に関する事項、特定転貸事業者が行う賃貸住宅の維持保全の内容および実施方法、契約期間に発生する維持保全、長期修繕等の費用負担に関する事項、契約の更新や解除に関する事項等がこれにあたります。

(3) 故意があること

事実不告知または不実告知として禁止されるのは、故意がある場合です。事実不告知は、事実を認識しているにもかかわらず、あえてこれを告げない行為、不実告知は、事実でないことを認識していながらあえて事実に反することを告げる行為が、それぞれ禁じられます（「解釈・運用の考え方」第29条関係４）。仮に、結果として重要な事項に関し、事実を告げず、または不実のことを告げる行為になったとしても、故意がなければ、禁止行為にはあたりません（ただ過失があっただけの場合を含まない）。

故意は内心の心理状態（主観的要件）ですが、その存否は、客観的事実から推し量って、判断がなされます。例えば、特定転貸事業者であれば当然に知っていると思われる事項を告げないような場合であれば、故意の存在が推認されます（「解釈・運用の考え方」第29条関係４）。

(4) 具体例

事実不告知と不実告知に該当する行為の例を示すと、それぞれ次のとおりです（ガイドライン５（６）①、②）。

【事実不告知の例】

❶ 特定賃貸借契約の勧誘にあたって、サブリース事業のメリットのみ伝え、将来の家賃減額リスクがあること、契約期間中であって

も特定転貸事業者から契約解除の可能性があることや借地借家法により賃貸人からの解約には正当事由が必要であること、賃貸人の維持保全、原状回復、大規模修繕等の費用負担があること等を、あえて伝えない行為

❷ 特定賃貸借契約の勧誘にあたって、家賃見直しの協議で合意できなければ契約が終了する条項や、一定期間経過ごとの修繕に応じない場合には契約を更新しない条項がありながら、告げない行為（特定転貸事業者側に有利な条項があり、これに応じない場合には一方的に契約を解除されることになる）

❸ 特定賃貸借契約の勧誘にあたって、特定賃貸借契約には新築当初の数か月間の借り上げ賃料の支払い免責期間があるにもかかわらず、免責期間の説明をしない行為

【不実告知の例】

❶ 特定賃貸借契約の勧誘にあたって、借地借家法により賃貸人に支払われる家賃が減額される場合があるにもかかわらず、「都心の物件なら需要が下がらないのでサブリース家賃も下がることはない」「当社のサブリース方式なら入居率は確実であり、絶対に家賃保証できる」「サブリース事業であれば家賃100％保証で、絶対に損はしない」「家賃収入は将来にわたって確実に保証される」などと断定的に伝える行為、原状回復費用を賃貸人が負担する場合があるにもかかわらず、「原状回復費用はサブリース会社が全て負担するので、入退去で大家さんが負担することはない」などと断定的に伝える行為

❷ 特定賃貸借契約の勧誘にあたって、大規模な修繕費用は賃貸人負担であるにもかかわらず、「維持修繕費用は全て事業者負担である」などと伝える行為

❸ 特定賃貸借契約の勧誘にあたって、家賃設定が近傍同種の家賃よ

りも明らかに高く、持続的にサブリース事業を行うことができないにもかかわらず、「周辺相場よりも当社は高く借り上げることができる」などと述べる行為

❹ 特定賃貸借契約の勧誘にあたって、近傍同種の家賃よりも著しく低い家賃であるにもかかわらず、「周辺相場を考慮すると、当社の借り上げ家賃は高い」などと述べる行為

3 規則禁止行為

規則禁止行為は、規則に定められることによって禁止されている行為で、以下の４種類があります（法29条２号、規則44条１号～４号）。

❶ 威迫行為

❷ 迷惑を覚えさせる時間の勧誘

❸ 困惑させる行為

❹ 執ように勧誘する行為（再勧誘）

(1) 威迫行為

特定賃貸借契約（マスターリース契約）を締結もしくは更新させ、または特定賃貸借契約の申込みの撤回もしくは解除を妨げるため、特定賃貸借契約の相手方または相手方となろうとする者（以下、「相手方等」という）を威迫する行為（威迫行為）は禁止されます（規則44条１号）。

威迫行為は、相手方等に不安の念を抱かせる行為です。脅迫とは異なり、相手方等に恐怖心を生じさせることまでは要しません（「解釈・運用の考え方」第29条関係５（１））。

「なぜ会わないのか」「契約しないと帰さない」などと声を荒げ、面会を強要し、相手方を拘束して動揺させるような行為が、威迫になるとされています（ガイドライン５（７）①）*。

威迫行為については、事実不告知・不実告知と同様に、契約前の行為と、契約締結後の行為の両方が禁止されます（なお、規則44条1号の条文は、威迫行為として禁止される行為として、契約前については、契約を締結させようとする行為＋契約の申込みを撤回させようとする行為、契約締結後については、契約を更新させようとする行為＋解除を妨げる行為、となっており、事実不告知・不実告知よりも禁止行為の対象が広い）。

＊　国土交通省のガイドラインでは、「相手方に対して、『なぜ会わないのか』『契約しないと帰さない』など声を荒げ、面会を強要したり、拘束するなどして相手方を動揺させるような行為」を威迫の例として挙げているが、相手方を拘束する行為は威迫にとどまるものではなく、脅迫または暴行になるのではないかと思われる。

(2)　迷惑を覚えさせる時間の勧誘

特定賃貸借契約の締結または更新について相手方等に迷惑を覚えさせるような時間（時間帯）に電話または訪問により勧誘する行為が禁止されます（規則44条2号）。

迷惑を覚えさせるような時間かどうかは、相手方等の職業や生活習慣等に応じた個別的な判断とはなりますが、一般的には、午後9時から午前8時までの時間帯とされています（「解釈・運用の考え方」第29条関係5（2））、ガイドライン5（7）②）。ただし、相手方等に承諾を得ているか、または特段の理由があれば、このような時間における勧誘も可能です。

また、禁止される行為は、電話または訪問による勧誘です。相手方等を訪問するのではなく、相手方等が事務所や営業所を訪ねてきたときには、訪問による勧誘ではないので、禁止行為にはあたりません（ガイドライン5（7）②）。

(3)　困惑させる行為

特定賃貸借契約の締結または更新について深夜または長時間の勧誘その

他の私生活または業務の平穏を害するような方法により相手方等を困惑させる行為が禁止されます（規則44条3号）。

困惑させる行為については、規則の条文上、深夜または長時間の勧誘が例としてあげられていますが、深夜の勧誘や長時間の勧誘だけに限られるものではありません。ほかの態様であっても、個別事案ごとに、相手方等を困惑させると判断される行為が、禁止される違法行為になります。例えば、相手方等が勤務時間中であることを知りながら執ような勧誘を行うこと、面会を強要して相手方等を困惑させる行為などが想定されます（「解釈・運用の考え方」第29条関係5（3）、ガイドライン5（7）③）。

(4) 執ように勧誘する行為（再勧誘）

特定賃貸借契約の締結または更新をしない旨の意思表示（勧誘拒絶の意思表示）をした相手方等に対して執ように勧誘する行為が禁止されます（規則44条4号）。

相手方等の勧誘拒絶の意思表示は明示的であることを要します。明示であれば、口頭であっても、書面であってもかまいません（「解釈・運用の考え方」第29条関係5（4））。「お断りします」「必要ありません」「結構です」「関心ありません」「更新しません」などと述べる（通知する）ことがこの意思表示となります。

勧誘拒絶の意思表示には、契約の締結または更新の勧誘を受けること自体を希望しない旨の意思の表示を含みます（規則44条4号かっこ書き）。勧誘行為自体を「迷惑です」として断るなど、勧誘行為そのものを拒否するような場合も、契約締結・契約更新をしない旨の意思表示となります（ガイドライン5（7）④）。

執ように勧誘する行為は、勧誘方法、勧誘場所の如何にかかわりません。電話や訪問以外の方法による勧誘や、自宅や会社以外の場所における勧誘など、いずれも禁止行為です。

相手方の契約の締結・更新をしない旨の意思表示以降、または勧誘行為を拒否する旨の意思表示以降に、再度勧誘する行為が執ように勧誘する行為になります。繰り返し勧誘を行うのではなく、一度勧誘を行うだけであったとしても、再勧誘にあたり、禁止行為となります（「解釈・運用の考え方」第29条関係５（４）、ガイドライン５（７）④）。

また、引き続き勧誘を行うことだけではなく、いったん勧誘を取り止めたうえで、その後、改めて勧誘を行うことも、執ような勧誘であって、禁止されます。同一のサブリース業者の他の担当者による勧誘も禁止されます（「解釈・運用の考え方」第29条関係５（４））。

4 監 督

(1) 指 示

国土交通大臣は、特定転貸事業者が不当な勧誘等の禁止に違反した場合、または、勧誘者が不当な勧誘等の禁止に違反した場合において、特定賃貸借契約の適正化を図るため必要があるときは、特定転貸事業者に対し、違反の是正のための措置その他の必要な措置をとるべきことを指示することができます（法33条１項）。

国土交通大臣は、勧誘者が不当な勧誘等の禁止に違反した場合において特定賃貸借契約の適正化を図るため必要があるときは、勧誘者に対し、違反の是正のための措置その他の必要な措置をとるべきことを指示することができます（法33条２項）。

国土交通大臣は、特定転貸事業者または勧誘者に対して指示をしたときは、その旨を公表しなければなりません（法33条３項）。

(2) 業務停止

国土交通大臣は、特定転貸事業者が不当な勧誘等の禁止に違反した場合もしくは勧誘者が不当な勧誘等の禁止に違反した場合において特定賃貸借契約の適正化を図るため特に必要があるとき、または、特定転貸事業者が指示に従わないときは、特定転貸事業者に対し、１年以内の期間を限り、特定賃貸借契約の締結について勧誘を行いもしくは勧誘者に勧誘を行わせることを停止し、またはその行う特定賃貸借契約に関する業務の全部もしくは一部を停止すべきことを命ずることができます（法34条１項）。

国土交通大臣は、勧誘者が不当な勧誘等の禁止に違反した場合において特定賃貸借契約の適正化を図るため特に必要があるとき、または勧誘者が指示に従わないときは、勧誘者に対し、１年以内の期間を限り、特定賃貸借契約の締結について勧誘を行うことを停止すべきことを命ずることができます（法34条２項）。

国土交通大臣は、特定転貸事業者または勧誘者に対して業務停止を命じたときは、その旨を公表しなければなりません（法34条３項）。

5 刑 罰

不当な勧誘等の禁止のうち、法第29条第１号の事実不告知・不実告知については、故意に事実を告げず、または不実のことを告げたときには、違反行為をした者は、６か月以下の懲役もしくは50万円以下の罰金に処せられ、またはこれを併科されます（法42条２号）。

法人の代表者または法人もしくは人の代理人、使用人その他の従業者が、その法人または人の業務に関し、不当な勧誘等の禁止の違反行為をしたときは、行為者を罰するほか、その法人または人に対して罰金刑が科されます（法45条）。

なお、不当な勧誘等の禁止のうち、法第29条第２号の規則違反行為（規則44条１号～４号）には、罰則は定められていません。

第30条（特定賃貸借契約の締結前の書面の交付）

> 1　特定転貸事業者は、特定賃貸借契約を締結しようとするときは、特定賃貸借契約の相手方となろうとする者（特定転貸事業者である者その他の特定賃貸借契約に係る専門的知識及び経験を有すると認められる者として国土交通省令で定めるものを除く。）に対し、当該特定賃貸借契約を締結するまでに、特定賃貸借契約の内容及びその履行に関する事項であって国土交通省令で定めるものについて、書面を交付して説明しなければならない。
>
> 2　特定転貸事業者は、前項の規定による書面の交付に代えて、政令で定めるところにより、当該特定賃貸借契約の相手方となろうとする者の承諾を得て、当該書面に記載すべき事項を電磁的方法により提供することができる。この場合において、当該特定転貸事業者は、当該書面を交付したものとみなす。

☞ 関連する「規則第45条～第47条」の条文については、資料編を参照

1 趣　旨

サブリース業者は、賃貸住宅経営の専門家です。これに対して、賃貸物件を購入し、マスターリース契約の賃貸人になろうとする者は、一般的に、サブリース事業に関する専門知識や賃貸事業の経験がありません。両者の間には、経験や知識について大きな格差があります。サブリース業者の中には、知識と経験の格差を利用し、賃貸人になろうとする者に対して将来のリスクなどについて十分な説明を行わず、契約を締結させていた事業者があり、その結果、マスターリース契約の賃貸人に損害を与え、トラブルが生じていました。

賃貸住宅管理業法では、サブリース業者（特定転貸事業者）がマスターリース契約（特定賃貸借契約）を締結しようとするときに、賃貸住宅の賃貸

人となろうとする者に対して、契約締結の前に、重要事項について書面を交付して説明しなければならないものと定めました（重要事項説明義務）。重要事項説明がなされることによって、賃貸人となろうとする者が契約内容を正しく理解し、適切にリスクを判断したうえで、マスターリース契約を締結することができるようになるわけです。

2 義務の主体と相手方

(1) 義務の主体

重要事項説明を行うことが義務づけられるのは、特定転貸事業者（サブリース業者）です。特定賃貸借契約を締結する特定転貸事業者の従業員が説明を行わなければなりません。直接の契約当事者ではない他の営業所の従業員、出向先の社員または、特定の関係性のある勧誘者等に説明を委託することはできません（「解釈・運用の考え方」第30条関係１、「FAQ集」４．事業関連（サブリース）（４）特定賃貸借契約（マスターリース契約）に係る重要事項説明等No.９）。

特定転貸事業者の行うべき説明を、実際に行う担当者については、法律上の制約はありません。従業員証の提示も義務づけられていません（「FAQ集」４．事業関連（サブリース）（４）特定賃貸借契約（マスターリース契約）に係る重要事項説明等No.８）。

なお、出向者等が説明を行うことができるかどうかに関しては、「FAQ集」４．事業関連（サブリース）（４）特定賃貸借契約（マスターリース契約）に係る重要事項説明等No.9において、「特定転貸事業者の使用人としての業務（重要事項説明）を出向元の指揮命令系統に服して行うこととしていることが確認できる「出向先及び出向労働者三者間の取決め」において、出向する者が出向元の重説業務を行い、出向元が指揮命令権を持つと明記されているのであれば可能です」と説明されています。*

＊ 出向者等が説明を行うことができるかどうかに関する説明については、第13条の解説を参照

(2) 説明の相手方

説明の相手方については、「原則的には、特定賃貸借契約の相手方本人に対して説明を行う必要がありますが、契約の相手方本人の意思により、委任状等をもって代理権を付与された者に対し、重要事項説明を行った場合は当該説明をしたと認められます。しかし、特定転貸事業者（サブリース業者）が特定賃貸借契約の相手方に対して働きかけて契約の相手方にその代理人を紹介して選任させた上、当該代理人に対して当該事項について書面を交付して説明を行ったような例外的な場合には、同条の趣旨に照らし、当該代理人が契約の相手方本人に対して当該説明をしたと評価することができる事情がない限り、特定転貸事業者が「特定賃貸借契約（マスターリース契約）の相手方となろうとする者」に対して当該説明をしたとは認められません。」と説明されています（「FAQ集」４．事業関連（サブリース）（４）特定賃貸借契約（マスターリース契約）に係る重要事項説明等No.10）。

なお、勧誘者には重要事項説明の義務はありません。

(3) 説明不要となる相手方

重要事項説明の相手方は、特定賃貸借契約を締結し、賃貸住宅の賃貸人になろうとする者です。

ただ、重要事項説明は、一般的にみて賃貸住宅の賃貸人になろうとする者には賃貸住宅経営の知識や経験がないことから、特定転貸事業者にその義務を課す仕組みです。賃貸住宅の賃貸人になろうとする者に、専門的な知識や経験があるのであれば、重要事項説明を行う必要はありません。

そこで、法第30条第１項かっこ書きにおいて、説明の相手方として、

専門的知識および経験を有する者は除外するものとされ、規則によって、具体的に除外される者が、次のとおり列記されています（規則45条1号～8号）。

❶ 特定転貸事業者
❷ 賃貸住宅管理業者
❸ 宅地建物取引業者
❹ 特定目的会社
❺ 組合（組合員の間で不動産特定共同事業法第２条第３項に規定する不動産特定共同事業契約が締結されているもの。規則２条５号）
❻ 賃貸住宅に係る信託の受託者
❼ 独立行政法人都市再生機構
❽ 地方住宅供給公社

3 説明義務を負う時期

重要事項説明は、特定賃貸借契約の締結前に行うことが義務づけられています。重要事項説明を行う目的は、賃貸住宅の賃貸人になろうとする相手方に対して正確な情報提供を行い、それによって適切な意思決定ができるような状況を作出することにありますから、説明は契約締結の前に行わなくてはなりません。また、特定賃貸借契約の締結後の契約期間途中における契約内容に変更があった場合については、変更のあった事項について、当初契約の締結前の重要事項説明と同様の方法により、賃貸人に対して書面の交付等を行った上で説明する必要があるとされています（「解釈・運用の考え方」第30条関係１、「FAQ集」４．事業関連（サブリース）（４）特定賃貸借契約（マスターリース契約）に係る重要事項説明等No.14）。

さらに、特定賃貸借契約の更新に際し、従前と異なる内容で更新する場合にも、重要事項説明が必要です。賃貸住宅管理業法の施行前に締結された特定賃貸借契約を、同法の施行後に更新する際にも、従前とは異なる契約内容によって更新をするのであれば、重要事項説明をしなければなりません。更新のうち、契約の同一性を保ったままで契約期間のみを延長する場合には、重要事項説明は不要です。重要事項説明の必要性は契約内容が従前と異なる内容かどうかによって結論を異にするところ、少なくとも重要事項説明において説明すべき事項が従前と異なる場合には、重要事項説明が必要となります。

加えて、「解釈・運用の考え方」では、「特定賃貸借契約が締結されている家屋等が、契約期間中現賃貸人から売却され、賃貸人たる地位が新たな賃貸人に移転し、従前と同一内容によって当該特定賃貸借契約が承継される場合であっても、特定転貸事業者は、賃貸人たる地位が移転することを認識した後、遅滞なく、新たな賃貸人に特定賃貸借契約重要事項説明書の交付および特定賃貸借契約重要事項説明をするものとする」との説明がなされています（「解釈・運用の考え方」第30条関係３）。

4 説明事項

特定転貸事業者が説明すべき重要事項は、特定賃貸借契約の内容およびその履行に関する事項です。具体的には規則で定められることになっており（法30条１項）、これを受けて、規則により、次の❶から⓮までが、説明事項と規定されています（規則46条１号～14号）。

❶ 特定転貸事業者の商号、名称または氏名および住所

❷ 特定賃貸借契約の対象となる賃貸住宅

賃貸住宅の所在地、物件の名称、構造、面積、住戸部分（部屋番号、住戸内の設備等）、その他の部分（廊下、階段、エントランス等）、建物設備（ガス、上水道、下水道、エレベーター等）、附属設備等（駐車場、自転車置き場等）等が説明事項です（「解釈・運用の考え方」第30条関係２（２））。

❸ 特定賃貸借契約の相手方に支払う家賃の額、支払期日および支払方法等の賃貸の条件ならびにその変更に関する事項

家賃の額・設定根拠、支払期限・支払い方法、改定日などの家賃の変更に関する事項、免責期間等が説明事項です。敷金の授受がなされる場合には、敷金に関する事項も説明を要します。

家賃の設定根拠については、近傍同種の家賃相場を示す必要があります。

家賃の変更については、賃貸人が当初の家賃が契約期間中変更されることがないと誤認しないように、家賃が減額される場合がありうることも説明をしなければなりません。契約上定められた家賃改定日以外でも、借地借家法に基づく減額請求が可能であることも説明事項です（「解釈・運用の考え方第30条関係2（3））。

入居率に応じて特定転貸事業者（サブリース業者）が受領する家賃が変動する場合等、契約の相手方（賃貸人）に対して支払う家賃が一定ではないケースでは、状況に応じて家賃が変動する旨を説明すれば家賃の○％と書面に記載して説明することになります（「FAQ集」4．事業関連（サブリース）（4）特定賃貸借契約（マスターリース契約）に係る重要事項説明等の記載方法No.3）。

❹ 特定転貸事業者が行う賃貸住宅の維持保全の実施方法

維持保全（法2条2項）の具体的な内容が説明事項であり、回数や頻度を明示して維持保全のために行う行為を可能な限り具体的に説明しなければなりません。賃貸住宅の維持保全と併せて、入居者からの苦情や問い合わせへの対応を行う場合は、可能な限りその内容を説明することを要します（「解釈・運用の考え方」第30条関係2（4））。

❺ 特定転貸事業者が行う賃貸住宅の維持保全に要する費用の分担に関する事項

賃貸人と特定転貸事業者のどちらが、費用を負担するかの具体的な分担が説明事項です。維持保全の具体的な内容や設備毎に説明するこ

とを要します。設備毎に費用負担者が変わる場合や、賃貸人負担となる経年劣化や通常損耗の修繕費用など、費用の分担について誤認することがないようにしなければなりません。

また、修繕等の際に、特定転貸事業者が指定する業者が施工するといった条件を定める場合は、そのような条件も説明が必要となります（「解釈・運用の考え方」第30条関係2（5））。

❻ 特定賃貸借契約の相手方に対する維持保全の実施状況の報告に関する事項

賃貸人に報告する内容やその頻度が説明事項です（「解釈・運用の考え方」第30条関係2（6））。

❼ 損害賠償額の予定または違約金に関する事項

引渡日に物件を引き渡さない場合や家賃が支払われない場合等の債務不履行や契約の解約の場合等の損害賠償額の予定、または違約金を定める場合はその内容が説明事項とされます（「解釈・運用の考え方」第30条関係2（7））。

❽ 責任および免責に関する事項

天災等による損害等、特定転貸事業者が責任を負わないこととする場合はその旨が、また、賃貸人が賠償責任保険等への加入をすることや、その保険に対応する損害については特定転貸事業者が責任を負わないこととする場合はその旨が、それぞれ説明事項となります（「解釈・運用の考え方」第30条関係2（8））。

❾ 契約期間に関する事項

契約の類型（普通借家契約、定期借家契約）とともに、契約の始期、終期、期間を説明することを要します。契約期間は家賃が固定される期間ではないことの説明も求められます（「解釈・運用の考え方」第30条関係2（9））。

重要事項説明時点で引き渡し日が決定していない場合は、書面への記載は不要ですが、引き渡し日が未定である旨を説明し、引き渡しが決定した時点でその旨説明し、契約締結時書面の再交付を行う必要があります（「FAQ集」4．事業関連（サブリース）（4）特定賃貸借契約（マスターリース契約）に係る重要事項説明等の記載方法No.4）。

⑩　転借人の資格その他の転貸の条件に関する事項

転貸の条件としての、反社会的勢力への転貸の禁止等が説明事項です。学生限定等の転貸の条件を定める場合は、その内容の説明を要します（「解釈・運用の考え方」第30条関係2（10））。

⑪　転借人に対する前記の❹の事項の周知に関する事項

特定転貸事業者が行う維持保全の内容を、どのような方法で周知するのか（対面での説明、書類の郵送、メール送付等のうち、いずれの方法によるのか）が説明事項です（「解釈・運用の考え方」第30条関係2（11））。

⑫　特定賃貸借契約の更新および解除に関する事項

更新については、両者の協議の上、更新することができるなどの更新の方法が説明事項になります。解除については、債務不履行があったときには契約を解除すること、解除の特約を設ける場合はその旨、損害賠償額の予定または違約金に関する事項の説明を要します。さらに、契約の更新拒絶等に関する借地借家法の規定の概要も説明の必要があります（「解釈・運用の考え方」第30条関係2（12））。

⑬　特定賃貸借契約が終了した場合における特定転貸事業者の権利義務の承継に関する事項

国土交通省の「解釈・運用の考え方」によれば、特定賃貸借契約が終了した場合、賃貸人が特定転貸事業者の転貸人の地位を承継することとする定めを設け、その旨を記載し、説明することを要するものとされています*。

賃貸人が転貸人の地位を承継した場合には、正当な事由なく入居者の契約更新を拒むことはできないことや、特定転貸事業者の敷金返還債務を承継すること等についても、賃貸人が認識できるようにすることも必要とされています（「解釈・運用の考え方」第30条関係2（13））。

＊　国土交通省は、「解釈・運用の考え方」第30条関係2（13）において、特定賃貸借契約が終了した場合、賃貸人が特定転貸事業者の転貸人の地位を承継することとする定めを設け、その旨を記載し、解説することと述べている。この説明は、特定転貸事業者に対して、「特定賃貸借契約が終了した場合、賃貸人が特定転貸事業者の転貸人の地位を承継することとする定め」を設けることを義務づけようとしているようにも読み取れるのであるが、「解釈・運用の考え方」において、マスターリース契約の内容に規制を加えているのかどうかは、その書きぶりからは不明確である。

⑭　借地借家法その他特定賃貸借契約に係る法令に関する事項の概要

説明を要する法令としては、イ．借地借家法第32条第1項（借賃増減請求権）、ロ．借地借家法第28条（更新拒絶等の要件）、ハ．借地借家法第38条（定期建物賃貸借）の3つの条文があげられています（「解釈・運用の考え方」第30条関係2（14））。それぞれの説明事項は次のとおりとされています。

【法令に関する説明事項】

イ．借地借家法第32条第1項（借賃増減請求権）について

特定賃貸借契約を締結する場合、借地借家法第32条第1項（借賃増減請求権）が適用されるため、特定転貸事業者が賃貸人に支払う家賃が、変更前の家賃額決定の要素とした事情等を総合的に考慮した上で、

- 土地または建物に対する租税その他の負担の増減により不相当となったとき
- 土地または建物の価格の上昇または低下その他の経済事情の変動により不相当となったとき
- 近傍同種の建物の借賃に比較して不相当となったとき

は、契約の条件にかかわらず、特定転貸事業者は家賃を相当な家賃に減額を請求することができることおよび空室の増加や特定転貸事業者の経営状況の悪化等が生じたとしても、上記のいずれかの要件

を充足しない限りは、同条に基づく減額請求はできないことを記載し、説明すること。

特に、契約において、家賃改定日が定められている場合や、一定期間特定転貸事業者から家賃の減額はできないものとする等の内容が契約に盛り込まれていた場合であっても、同条に基づき、特定転貸事業者からの家賃の減額請求はできることを記載して説明し、賃貸人が、これらの規定により、特定転貸業者からの家賃減額はなされないと誤認しないようにすること。

さらに、借地借家法に基づき、特定転貸事業者は減額請求をすることができるが、賃貸人は必ずその請求を受け入れなければならないわけでなく、賃貸人と特定転貸事業者との間で、変更前の家賃決定の要素とした事情を総合的に考慮した上で、協議により相当家賃額が決定されることを記載し、説明すること。なお、家賃改定額について合意に至らない場合は、最終的に訴訟によることとなる。

ロ．借地借家法第28条（更新拒絶等の要件）について

普通借家契約として特定賃貸借契約を締結する場合、借地借家法第28条（更新拒絶等の要件）が適用されるため、賃貸人から更新を拒絶する場合には、次に掲げる事項を考慮して、正当の事由があると認められる場合でなければすることができない旨を記載し、説明すること。

- 賃貸人および特定転貸事業者（転借人（入居者）を含む）が建物の使用を必要とする事情
- 建物の賃貸借に関する従前の経過
- 建物の利用状況および建物の現況ならびに賃貸人が建物の明渡しの条件としてまたは建物の明渡しと引換えに特定転貸事業者（転借人（入居者）を含む）に対して財産上の給付をする旨の申出をした場合におけるその申出

特に、契約において、賃貸人と特定転貸事業者の協議の上、更新することができる等の更新の方法について定められている場合に、賃貸人が、自分が更新に同意しなければ、特定転貸事業者が更新の意思を示していても、契約を更新しないことができると誤認しないようにすること。

ハ. 借地借家法第38条（定期建物賃貸借）について

定期借家契約として特定賃貸借契約を締結する場合、家賃は減額できないとの特約を定めることにより、借地借家法第32条の適用はなく、特定転貸事業者から家賃の減額請求はできないこと、契約期間の満了により、契約を終了することができること、賃貸人からの途中解約は原則としてできないことを記載し、説明すること。

（「解釈・運用の考え方」第30条関係２（14））

5 書面の交付

重要事項説明は、書面（重要事項説明書）を交付して行わなくてはなりません。説明は契約締結前に行うことが義務づけられていますから、重要事項説明のために交付する書面は、特定賃貸借契約を締結した後に交付する契約締結時の書面と一体のものとして交付することはできません（「FAQ集」４．事業関連（サブリース）（４）特定賃貸借契約（マスターリース契約）に係る重要事項説明等No.３）。

重要事項説明のための書面の作成にあたっては、次の注意事項が示されています（ガイドライン６（５））。

【重要事項説明書の注意事項】

❶ 最初に、書面の内容を十分に読むべき旨を記載すること

・太枠を設けて中に記載、その部分は太字波下線・日本産業規格Z8305に規定する12ポイント以上の大きさ

・その次に、借地借家法第32条、第28条の適用を含めたリスク事項

❷ 書面の文字・数字の大きさは8ポイント以上とすること

❸ 家賃の額の次に、減額される場合があることを記載すること（借地借家法第32条に基づく減額請求など）

❹ 解約における正当事由の必要性を記載すること

契約期間の記載の次には、賃貸人からの解約、更新拒絶には正当事由が必要であること等を記載する（借地借家法第28条）。

国土交通省は、重要事項説明書のひな形を公表し（☞資料編235ページ「特定賃貸借契約重要事項説明書」）ています（「解釈・運用の考え方」第30条関係1）。「解釈・運用の考え方」に沿った特定賃貸借契約重要事項説明書をサブリース業者において新たに作成することは煩雑ですので、実際上は多くの場合に国土交通省のひな形が用いられることになるものとみられます。

6 電磁的方法による情報提供

(1) 電磁的方法での情報提供の方法

重要事項説明は、本来、書面（重要事項説明書）を交付して行わなければなりません。

しかし、特定賃貸借契約（マスターリース契約）の相手方となろうとする者の承諾を得れば、特定転貸事業者（サブリース業者）は、書面（重要事項説明書）の交付に代えて、書面に記載すべき事項を電磁的方法により情報提供することが認められます（法30条2項前段、「解釈・運用の考え方」第30条関係4（1）））。

承諾を得た上で電磁的方法により情報提供した場合には、書面を交付したものとみなされます（法30条2項後段）。

電磁的方法によって情報提供のために利用できる方法（情報通信の技術を利用する方法）は、次の４種類です（法30条２項前段、規則32条１項）。

❶ 電子メール等による方法（規則32条1項1号イ）

❷ ウェブサイトの閲覧等による方法（同号ロ）

❸ 送信者側で備えた受信者ファイルを閲覧する方法（同号ハ）

❹ 磁気ディスク等を交付する方法（規則32条1項2号）

（❶～❹については、法13条の解説参照）

重要事項説明書を電磁的方法で提供する場合、そこで採用する方法については、いずれを採用するとしても、改変が行われていないか確認できることが必要です（「解釈・運用の考え方」第30条関係４（１））。受信者が受信者ファイルへの記録を出力することにより書面を作成できるものであることを要します（規則32条２項１号）。

⑵ 電磁的方法についての相手方の承諾

賃貸住宅管理業者が、書面の交付に代えて電磁的方法により情報提供をしようとする場合には、相手方の承諾が必要です（法30条２項前段、令３条１項）。

相手方の承諾については、

❶ 相手方に、情報提供をするための電磁的方法を示す

❷ 相手方から、承諾を得る

というプロセスを経なければなりません（このプロセスについては、法13条の解説参照）。

電磁的方法により重要事項説明書を提供しようとする場合は、相手方がこれを確実に受け取れるように用いる方法（電子メール、WEBでのダウンロード、CD-ROM等）やファイルへの記録方法（使用ソフトの形式やバージョン等）を示したうえで、相手方からの承諾については、電子メール、WEBによる方法、CD-ROM等相手方が承諾したことが記録に残る方法で承諾

を得ることが必要です（「解釈・運用の考え方」第30条関係４（１））。

特定転貸事業者は、承諾を得た場合であっても、承諾に係る特定賃貸借契約の相手方となろうとする者から書面等により電磁的方法による提供を受けない旨の申出があったときは、電磁的方法による提供をしてはなりません。ただし、申出の後に特定賃貸借契約の相手方となろうとする者から再び承諾を得た場合は、この限りではありません（令３条２項）。

7 説明の実施

(1) 対面による説明

重要事項説明は対面によって行わなければなりません。電話やメールによる手段のみでの重要事項説明は認められません（「FAQ集」４．事業関連（サブリース）（４）特定賃貸借契約（マスターリース契約）に係る重要事項説明等No.12）。

(2) テレビ会議等を利用する説明の実施

重要事項説明は本来対面により行わなければなりませんが、一定の条件をみたせば、重要事項説明をテレビ会議により実施することができます。重要事項説明をテレビ会議によって実施するための条件は、次のとおりです（「解釈・運用の考え方」第30条関係４（２））。

【テレビ会議によって重要事項説明を実施するための条件】

❶ 説明者および重要事項の説明を受けようとする者が、図面等の書類および説明の内容について十分に理解できる程度に映像が視認でき、かつ、双方が発する音声を十分に聞き取ることができると

ともに、双方向でやりとりできる環境において実施していること
❷ 重要事項説明を受けようとする者が承諾した場合を除き、重要事項説明書および添付書類をあらかじめ送付していること
❸ 重要事項の説明を受けようとする者が、重要事項説明書および添付書類を確認しながら説明を受けることができる状態にあること、ならびに映像および音声の状況について、特定転貸事業者が重要事項の説明を開始する前に確認していること

(3) 説明の実施にあたっての注意事項

重要事項説明を行うについては、特定転貸事業者は、相手方が特定賃貸借契約の重要事項説明の対象となる場合は、その者が特定賃貸借契約について一定の知識や経験があったとしても、前記「4 説明事項」❶～⓮に掲げる事項を書面に記載し、十分な説明をすることが必要です。その上で、説明の相手方の知識、経験、財産の状況、賃貸住宅経営の目的やリスク管理判断能力等に応じた説明を行うことが望ましいことから、説明の相手方の属性やこれまでの賃貸住宅経営の実態を踏まえて説明を行うこととされています（「解釈・運用の考え方」第30条関係１）。

8 監　督

(1) 指　示

国土交通大臣は、特定転貸事業者が重要事項説明義務に違反した場合において特定賃貸借契約の適正化を図るため必要があるときは、その特定転貸事業者に対し、違反の是正のための措置その他の必要な措置をとるべきことを指示することができます（法33条１項）。

国土交通大臣が指示をしたときは、その旨を公表しなければなりません

（法33条3項）。

(2) 業務停止

国土交通大臣は、特定転貸事業者が重要事項説明義務の規定に違反した場合において特定賃貸借契約の適正化を図るため特に必要があるとき、または特定転貸事業者が規定による指示に従わないときは、特定転貸事業者に対し、1年以内の期間を限り、特定賃貸借契約の締結について勧誘を行いもしくは勧誘者に勧誘を行わせることを停止し、またはその行う特定賃貸借契約に関する業務の全部もしくは一部を停止すべきことを命ずることができます（法34条1項）。

国土交通大臣が業務停止等を命令したときは、その旨を公表しなければなりません（法34条3項）。

9 罰則

重要事項説明義務に違反して、書面を交付せず、もしくは定められた事項を記載しない書面もしくは虚偽の記載のある書面を交付したとき、または電磁的方法（法30条２項に規定する方法）により提供する場合において、定められた事項（法30条２項に規定する事項）を欠いた提供もしくは虚偽の事項の提供をしたときは、違反行為をした者は、50万円以下の罰金に処せられます（法43条）。

法人の代表者または法人もしくは人の代理人、使用人その他の従業者が、その法人または人の業務に関し、重要事項説明義務の違反行為をしたときは、行為者を罰するほか、その法人または人に対して罰金刑が科されます（法45条）。

第31条（特定賃貸借契約の締結時の書面の交付）

１　特定転貸事業者は、特定賃貸借契約を締結したときは、当該特定賃貸借契約の相手方に対し、遅滞なく、次に掲げる事項を記載した書面を交付しなければならない。
　一　特定賃貸借契約の対象となる賃貸住宅
　二　特定賃貸借契約の相手方に支払う家賃その他賃貸の条件に関する事項
　三　特定転貸事業者が行う賃貸住宅の維持保全の実施方法
　四　契約期間に関する事項
　五　転借人の資格その他の転貸の条件に関する事項
　六　契約の更新又は解除に関する定めがあるときは、その内容
　七　その他国土交通省令で定める事項
２　前条第２項の規定は、前項の規定による書面の交付について準用する。

☞関連する「規則第48条」の条文については、資料編を参照

1　趣　旨

サブリース事業は、マスターリース契約をベースにして成り立ちます。マスターリース契約では、家賃、敷金、維持保全の実施方法、費用分担、契約期間、契約解除の条件等、契約においては、多岐にわたる事項が取り決められますが、取り決められる事項は、複雑で専門的です。契約締結後に、契約の内容を確認できるようにしておくことが不可欠です。また、書面に正しく合意内容を記載しておくことは、当事者の認識の相違による紛争の防止を図るためにも、重要なことです（ガイドライン７（１））。

そこで、賃貸住宅管理業法では、サブリース業者（特定転貸事業者）に、マスターリース契約（特定賃貸借契約）を締結したときに、契約の相手方

（賃貸住宅の賃貸人）に対して、遅滞なく、必要事項を記載した書面を交付することを義務づけました（契約締結時書面。法31条１項）。

マスターリース契約を締結するに際しては、一般に契約書が作成されるところ、契約書に必要事項が記載されていれば、その契約書を契約締結時書面とすることができるものとされています（「解釈・運用の考え方」第31条第１項関係１、ガイドライン７（２））。

なお、国土交通省は、必要事項が記載された特定賃貸借標準契約書を定めています（ガイドライン７（２））。*

＊ 国土交通省の定める特定賃貸借標準契約書には、サブリース業者が賃貸住宅の賃貸人から委託を受けて維持保全を行うという特約が定められている。本来サブリース事業には賃貸住宅管理業者の登録は必要がないにもかかわらず、国土交通省の定める特定賃貸借標準契約書を利用して契約を締結すると、登録がなければ営業をすることができないということになってしまう。

2 締結時書面を交付する義務を負う時期

サブリース業者（特定転貸事業者）には契約締結時書面を交付することが義務づけられるところ、その時期については、マスターリース契約（特定賃貸借契約）を締結がされた後、遅滞なく交付する必要があります。

契約更新の際に契約締結時書面の交付が必要かどうかについても検討を要しますが、従前と異なる契約内容で更新する場合には、締結時書面を交付しなければならないものとされています。契約の同一性を保ったままで契約期間のみを延長する場合には、契約締結時書面の交付は不要です。（「解釈・運用の考え方」第31条第１項関係２）。

3 契約締結時書面の記載事項

契約締結時書面の記載事項は、次のとおりです（法31条１項、規則48条１号～７号）。

❶ 特定賃貸借契約の対象となる賃貸住宅（法31条１項１号）
❷ 特定賃貸借契約の相手方に支払う家賃その他賃貸の条件に関する事項（同項２号）
❸ 特定転貸事業者が行う賃貸住宅の維持保全の実施方法（同項３号）
❹ 契約期間に関する事項（同項４号）
❺ 転借人の資格その他の転貸の条件に関する事項（同項５号）
❻ 契約の更新または解除に関する定めがあるときは、その内容（同項６号）
❼ 特定賃貸借契約を締結する特定転貸事業者の商号、名称または氏名および住所（同項７号、規則48条１号）
❽ 特定転貸事業者が行う賃貸住宅の維持保全に要する費用の分担に関する事項（法31条１項７号、規則48条２号）
❾ 特定賃貸借契約の相手方に対する維持保全の実施状況の報告に関する事項（法31条１項７号、規則48条３号）
❿ 損害賠償額の予定または違約金に関する定めがあるときは、その内容（法31条１項７号、規則48条４号）
⓫ 責任および免責に関する定めがあるときは、その内容（法31条１項７号、規則48条５号）
⓬ 転借人に対する特定転貸事業者が行う賃貸住宅の維持保全の実施方法の周知に関する事項（法31条１項７号、規則48条６号）
⓭ 特定賃貸借契約が終了した場合における特定転貸事業者の権利義務の承継に関する事項（法31条１項７号、規則48条７号）

4 電磁的方法による情報提供

(1) 電磁的方法での情報提供の方法

特定転貸事業者は、契約締結時書面の交付に代えて、相手方の承諾を得て、書面に記載すべき事項を電磁的方法により提供することができます（本条２項による法30条２項の準用、法30条２項前段）。

承諾を得た上で電磁的方法により情報提供した場合には、書面を交付したものとみなされます（本条２項による法30条２項の準用、法30条２項後段）。

電磁的方法によって情報提供のために利用できる方法は、次の４種類です（本条２項による法30条２項の準用、30条２項前段、規則32条１項）。

❶ 電子メール等による方法（規則32条１項１号イ）
❷ ウェブサイトの閲覧等による方法（同号ロ）
❸ 送信者側で備えた受信者ファイルを閲覧する方法（同号ハ）
❹ 磁気ディスク等を交付する方法（規則32条１項２号）
（❶～❹については、法13条の解説参照）

契約締結時書面を電磁的方法で提供する場合、そこで採用する方法については、いずれを採用するとしても、改変が行われていないか確認できることが必要です。受信者が受信者ファイルへの記録を出力することにより書面を作成できるものであることを要します（規則32条２項１号）。

(2) 電磁的方法についての相手方の承諾

特定転貸事業者が、書面の交付に代えて電磁的方法により情報提供をしようとする場合には、相手方の承諾が必要です（法31条２項、30条２項前段）。

相手方の承諾については、

❶ 相手方に、情報提供をするための電磁的方法を示す
❷ 相手方から、承諾を得る

というプロセスを経なければなりません（令３条１項。このプロセスについては、法13条の解説参照）。

相手方からの承諾については、電子メール、WEBによる方法、CD-ROM等相手方が承諾したことが記録に残る方法で承諾を得ることが必要です。

特定転貸事業者は、承諾を得た場合であっても、承諾に係る特定賃貸借契約の相手方となろうとする者から書面等により電磁的方法による提供を受けない旨の申出があったときは、電磁的方法による提供をしてはなりません。ただし、申出の後に特定賃貸借契約の相手方となろうとする者から再び承諾を得た場合は、この限りではありません（令３条２項・３項）。

5 監督

(1) 指示

国土交通大臣は、特定転貸事業者が契約締結時書面の交付義務に違反した場合において、特定賃貸借契約の適正化を図るため必要があるときは、特定転貸事業者に対し、違反の是正のための措置その他の必要な措置をとるべきことを指示することができます（法33条１項）。

国土交通大臣が指示をしたときは、その旨を公表しなければなりません（法33条３項）。

(2) 業務停止

国土交通大臣は、特定転貸事業者が契約締結時書面の交付義務の規定に違反した場合において、特定賃貸借契約の適正化を図るため特に必要があ

ると認めるとき、または特定転貸事業者が規定による指示に従わないときは、特定転貸事業者に対し、１年以内の期間を限り、特定賃貸借契約の締結について勧誘を行いもしくは勧誘者に勧誘を行わせることを停止し、またはその行う特定賃貸借契約に関する業務の全部もしくは一部を停止すべきことを命ずることができます（法34条１項）。

国土交通大臣が業務停止を命令したときは、その旨を公表しなければなりません（法34条３項）。

6 罰則

契約締結時書面の交付義務の規定に違反して、書面を交付せず、もしくは定められた事項を記載しない書面もしくは虚偽の記載のある書面を交付したとき、または電磁的方法（法30条２項に規定する方法）により提供する場合において、定められた事項（法30条２項に規定する事項）を欠いた提供もしくは虚偽の事項の提供をしたときは、その違反行為をした者は、50万円以下の罰金に処せられます（法43条）。

法人の代表者または法人もしくは人の代理人、使用人その他の従業者が、その法人または人の業務に関し、契約締結時書面の交付義務の違反行為をしたときは、行為者を罰するほか、その法人または人に対して罰金刑が科されます（法45条）。

第32条（書類の閲覧）

> 特定転貸事業者は、国土交通省令で定めるところにより、当該特定転貸事業者の業務及び財産の状況を記載した書類を、特定賃貸借契約に関する業務を行う営業所又は事務所に備え置き、特定賃貸借契約の相手方又は相手方となろうとする者の求めに応じ、閲覧させなければならない。

☞関連する「規則第49条」の条文については、資料編を参照

1 概　要

特定転貸事業者（サブリース業者）は、業務および財産の状況を記載した書類を、事業年度ごとに事業年度経過後３か月以内に作成し、遅滞なく、営業所または事務所ごとに備え置かなければなりません（規則49条３項）。たとえば、事業年度末が３月31日の場合、前年４月１日～当年３月31日の１年間における契約額などを把握し、同年６月末までに書類を備え置かなければならないということになります（「FAQ集」４．事業関連（サブリース）（５）書類の閲覧No.２）。

特定転貸事業者が備え置くべき書類は、業務状況調書、貸借対照表および損益計算書またはこれらに代わる書面（以下、「業務状況調書等」という）です（規則49条１項）。業務状況調書等を備え置くべき場所は、特定賃貸借契約（マスターリース契約）に関する業務を行う営業所または事務所ごとです（書類の備置き義務。法32条、規則49条３項）。

また、特定転貸事業者は、特定賃貸借契約（マスターリース契約）の相手方または相手方となろうとする者の求めに応じ、業務状況調書等を閲覧させなければなりません（書類を閲覧させる義務）。

賃貸住宅管理業法の施行前に締結された特定賃貸借契約についても、書類の備置き、閲覧等の義務の規定は適用されます（法附則３条１項・２項）。

なお、業務状況調書等の備置き・閲覧の義務が課されるのは特定転貸事業者です。勧誘者には書類の備置き、閲覧の義務は課されません。

2 業務・財産状況記載書類

特定転貸事業者が備え置くべき書類は、❶業務状況調書、および❷財産の状況を記載した書類（以下、業務状況調書等）です（規則49条1項）。

❶ **業務状況調書については、別記様式第14号として、様式が定められています（「解釈・運用の考え方」第32条関係（1））。**

業務状況調書は、次のとおりの項目について、それぞれ必要事項を記載することになります（「FAQ集」4. 事業関連（サブリース）（5）書類の閲覧No.3）。

【特定賃貸借契約（マスターリース契約）の件数】
事業年度における事業年度末日時点で契約状態にある件数
【契約額】
事業年度期間中に契約の相手方に支払われる額
【契約の相手方の数】
事業年度における事業年度末日時点で契約状態にある数
【契約棟数】
事業年度における事業年度末日時点で契約状態にある数
【契約戸数】
事業年度における事業年度末日時点で契約状態にある数

❷ **財産の状況を記載した書類は、貸借対照表および損益計算書またはこれらに代わる書面です（規則49条1項）。これらに代わる書面としては、貸借対照表、損益計算書などが包含される有価証券報告書や外資系企業が作成する同旨の書面、または商法上作成が義務付けられる商業帳簿等が想定されています（「解釈・運用の考え方」第32条関係（2））。**

3 電磁的方法を利用した業務状況調書等

業務状況調書等が、電子計算機に備えられたファイルまたは磁気ディスク等に記録され、必要に応じ営業所または事務所ごとに電子計算機その他の機器を用いて明確に紙面に表示されるときは、その記録をもって業務状況調書等への記載に代えることができます。必ずしも紙面にて公開しておかなくてもかまいません（「FAQ集」４．事業関連（サブリース）（５）書類の閲覧No.４）。この場合における閲覧は、業務状況調書等を紙面または営業所または事務所に設置された入出力装置の映像面に表示する方法で行うものとなります（規則49条２項）。

4 業務状況調書等の備置きと閲覧の期間

業務状況調書等は、営業所または事務所に備え置かれた日から起算して３年を経過する日までの間、営業所または事務所に備え置くことが義務づけられます。そのうえで、相手方等の求めに応じて、業務状況調書等を閲覧させなければなりません。

閲覧を求めることができるのは、特定賃貸借契約の相手方または相手方となろうとする者（相手方等）であり、業務状況調書等を閲覧させる義務があるのは、営業所または事務所の営業時間中となります（規則49条４項）。

5 監　督

(1) 指　示

国土交通大臣は、特定転貸事業者が業務状況調書等の備置き、閲覧の義務に違反した場合において特定賃貸借契約の適正化を図るため必要があるときは、特定転貸事業者に対し、違反の是正のための措置その他の必要な措置をとるべきことを指示することができます（法33条1項）。

国土交通大臣は、指示をしたときは、その旨を公表しなければなりません（法33条3項）。

(2) 業務停止

国土交通大臣は、特定転貸事業者が業務状況調書等の備置き、閲覧の義務に違反した場合において特定賃貸借契約の適正化を図るため特に必要があるとき、または特定転貸事業者が指示に従わないときは、特定転貸事業者に対し、1年以内の期間を限り、特定賃貸借契約の締結について勧誘を行いもしくは勧誘者に勧誘を行わせることを停止し、またはその行う特定賃貸借契約に関する業務の全部もしくは一部を停止すべきことを命ずることができます（法34条1項）。

国土交通大臣は、命令をしたときは、その旨を公表しなければなりません（法34条3項）。

6 罰 則

業務状況調書等の備置き、閲覧の義務に違反して書類を備え置かず、もしくは特定賃貸借契約の相手方もしくは相手方となろうとする者の求めに応じて閲覧させず、または虚偽の記載のある書類を備え置き、もしくは特定賃貸借契約の相手方もしくは相手方となろうとする者に閲覧させたときは、違反行為をした者は、30万円以下の罰金に処せられます（法44条11号）。

法人の代表者または法人もしくは人の代理人、使用人その他の従業者が、その法人または人の業務に関し、書類の備置き、閲覧の義務の違反行為をしたときは、行為者を罰するほか、その法人または人に対して罰金刑が科されます（法45条）。

第33条（指示）

1　国土交通大臣は、特定転貸事業者が第28条から前条までの規定に違反した場合又は勧誘者が第28条若しくは第29条の規定に違反した場合において特定賃貸借契約の適正化を図るため必要があると認めるときは、その特定転貸事業者に対し、当該違反の是正のための措置その他の必要な措置をとるべきことを指示することができる。
2　国土交通大臣は、勧誘者が第28条又は第29条の規定に違反した場合において特定賃貸借契約の適正化を図るため必要があると認めるときは、その勧誘者に対し、当該違反の是正のための措置その他の必要な措置をとるべきことを指示することができる。
3　国土交通大臣は、前二項の規定による指示をしたときは、その旨を公表しなければならない。

第34条（特定賃貸借契約に関する業務の停止等）

1　国土交通大臣は、特定転貸事業者が第28条から第32条までの規定に違反した場合若しくは勧誘者が第28条若しくは第29条の規定に違反した場合において特定賃貸借契約の適正化を図るため特に必要があると認めるとき、又は特定転貸事業者が前条第１項の規定による指示に従わないときは、その特定転貸事業者に対し、１年以内の期間を限り、特定賃貸借契約の締結について勧誘を行い若しくは勧誘者に勧誘を行わせることを停止し、又はその行う特定賃貸借契約に関する業務の全部若しくは一部を停止すべきことを命ずることができる。
2　国土交通大臣は、勧誘者が第28条若しくは第29条の規定に違反した場合において特定賃貸借契約の適正化を図るため特に必要があると認めるとき、又は勧誘者が前条第２項の規定による指示に従わないときは、その勧誘者に対し、１年以内の期間を限り、特定賃貸借契約の締結について勧誘を行うことを停止すべきことを命ずることができる。

3　国土交通大臣は、前二項の規定による命令をしたときは、その旨を公表しなければならない。

第35条（国土交通大臣に対する申出）

1　何人も、特定賃貸借契約の適正化を図るため必要があると認めるときは、国土交通大臣に対し、その旨を申し出て、適当な措置をとるべきことを求めることができる。

2　国土交通大臣は、前項の規定による申出があったときは、必要な調査を行い、その申出の内容が事実であると認めるときは、この法律に基づく措置その他適当な措置をとらなければならない。

☞ 関連する「規則第50条」の条文については、資料編を参照

第36条（報告徴収及び立入検査）

1　国土交通大臣は、特定賃貸借契約の適正化を図るため必要があると認めるときは、特定転貸事業者等に対し、その業務に関し報告を求め、又はその職員に、特定転貸事業者等の営業所、事務所その他の施設に立ち入り、その業務の状況若しくは設備、帳簿書類その他の物件を検査させ、若しくは関係者に質問させることができる。

2　前項の規定により立入検査をする職員は、その身分を示す証明書を携帯し、関係者に提示しなければならない。

3　第１項の規定による立入検査の権限は、犯罪捜査のために認められたものと解してはならない。

☞ 関連する「規則第51条」の条文については、資料編を参照

1 行政による監督

賃貸住宅管理業法は、サブリース事業の規制に関しては、参入規制を設けずに業を行うことを自由としつつ、サブリース業者と勧誘者が遵守するべきルールを設けました。行政による監督は、ルール遵守を担保するための仕組みです。ルールを守らなかったり、ルールを守らないおそれがある事業者に対して、指示を行い（法33条）、あるいは、業務を停止する命令を発すること（法34条）によって、サブリース事業の適正な遂行を確保するものとしています。

2 指　示（法33条）

国土交通大臣は、特定転貸事業者が５つのルールに違反した場合、または、勧誘者が誇大広告等の禁止（法28条）、不当な勧誘等の禁止（法29条）に違反した場合において、特定賃貸借契約の適正化を図るため必要があるときは、特定転貸事業者に対し、違反の是正のための措置その他の必要な措置をとるべきことを指示することができます（法33条１項）。

国土交通大臣は、勧誘者が、誇大広告等の禁止、不当な勧誘等の禁止に違反した場合において、特定賃貸借契約の適正化を図るため必要があると認めるときは、勧誘者に対し、違反の是正のための措置その他の必要な措置をとるべきことを指示することができます（法33条２項）。

国土交通大臣は、特定転貸事業者または勧誘者に対して指示をしたときは、その旨を公表しなければなりません（法33条３項）。

【誇大広告等の禁止の監督と罰則】

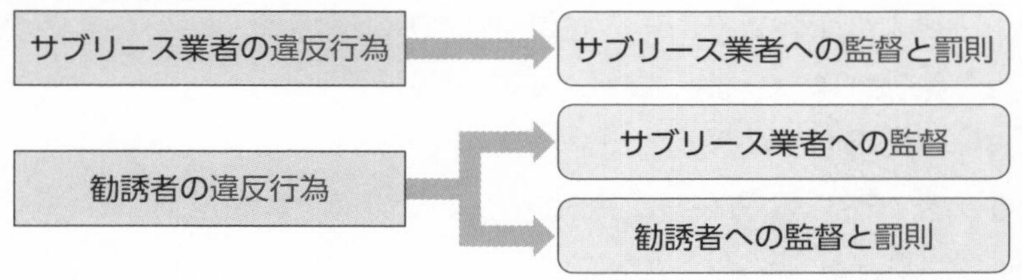

特定転貸事業者または勧誘者が指示（法33条1項・2項）に違反したときは、違反行為をした者は、30万円以下の罰金に処せられます（法44条12号）。

法人の代表者または法人もしくは人の代理人、使用人その他の従業者が、その法人または人の業務に関し、違反行為をしたときは、行為者を罰するほか、その法人または人に対して罰金刑が科されます（法45条）。

3 特定賃貸借契約に関する業務の停止等（法34条）

国土交通大臣は、特定転貸事業者が5つのルールに違反した場合、もしくは、勧誘者が誇大広告等の禁止、不当な勧誘等の禁止に違反した場合において、特定賃貸借契約の適正化を図るため特に必要があるとき、または、特定転貸事業者が指示に従わないときは、特定転貸事業者に対し、1年以内の期間を限り、特定賃貸借契約の締結について勧誘を行いもしくは勧誘者に勧誘を行わせることを停止し、またはその行う特定賃貸借契約に関する業務の全部もしくは一部を停止すべきことを命ずることができます（業務停止命令。法34条1項）。

国土交通大臣は、勧誘者が誇大広告等の禁止、不当な勧誘等の禁止に違反した場合において、特定賃貸借契約の適正化を図るため特に必要があるとき、または勧誘者が指示に従わないときは、勧誘者に対し、1年以内の期間を限り、特定賃貸借契約の締結について勧誘を行うことを停止すべきことを命ずることができます（勧誘停止命令。法34条2項）。

国土交通大臣が業務停止命令および勧誘停止命令をしたときは、その旨を公表しなければなりません（法34条3項）。

業務停止命令および勧誘停止命令に違反したときは、違反行為をした者は、6か月以下の懲役もしくは50万円以下の罰金に処せられ、またはこれを併科されます（法42条3号）。

法人の代表者または法人もしくは人の代理人、使用人その他の従業者が、その法人または人の業務に関し、違反行為をしたときは、行為者を罰するほか、その法人または人に対して罰金刑が科されます（法45条）。

4 国土交通大臣に対する申出（法35条）

何人も、特定賃貸借契約の適正化を図るため必要があると認めるときは、国土交通大臣に対し、その旨を申し出て、適当な措置をとるべきことを求めることができます（法35条1項）。この申出は、直接の利害関係者に限らず、また、個人、法人、団体を問わず、誰でも申出ができます（「解釈・運用の考え方」第35条関係）。

国土交通大臣に対して申出をしようとする者は、次の事項を記載した申出書を提出する必要があります（規則50条）。

❶ 申出人の氏名または名称および住所（規則50条1号）

❷ 申出の趣旨（同条2号）

取引の公正やオーナー等の利益が害されるおそれがあると認められる事実等について、具体的に記載することを要します（「解釈・運用の考え方」第35条関係（1））

❸ その他参考となる事項（規則50条3号）

個別のケースにより異なるものではありますが、例えば、被害状況の詳細、広告に用いられた広告媒体、同様の被害を受けた者の証言等を記載することが考えられます（「解釈・運用の考え方」第35条関係（1））。

申出の方法は、原則、電子メールを送付する方法によるものとされます（「解釈・運用の考え方」第35条関係（２））。

国土交通大臣は、申出があったときは、必要な調査を行い、その申出の内容が事実であると認めるときは、賃貸住宅管理業法に基づく措置その他適当な措置をとらなければなりません（法35条２項）。

5 報告徴収および立入検査（法36条）

国土交通大臣は、特定賃貸借契約の適正化を図るため必要があるときは、特定転貸事業者と勧誘者（特定転貸事業者等）に対し、業務に関し報告を求め、またはその職員に、特定転貸事業者等の営業所、事務所その他の施設に立ち入り、その業務の状況もしくは設備、帳簿書類その他の物件を検査させ、もしくは関係者に質問させることができます（法36条１項）。

報告を求められたにもかかわらず報告をせず、もしくは虚偽の報告をし、または検査を拒み、妨げ、もしくは忌避し、もしくは質問に対して答弁せず、もしくは虚偽の答弁をしたときは、違反行為をした者は、30万円以下の罰金に処せられます（法44条13号）。

法人の代表者または法人もしくは人の代理人、使用人その他の従業者が、その法人または人の業務に関し、違反行為をしたときは、行為者を罰するほか、その法人または人に対して罰金刑が科されます（法45条）。

立入検査をする職員は、その身分を示す証明書を携帯し、関係者に提示しなければなりません（法36条２項）。

立入検査の権限は、犯罪捜査のために認められたものと解してはなりません（法36条３項）。

第4章 雑　則

第37条（適用の除外）

この法律の規定は、国及び地方公共団体には、適用しない。

第38条（権限の委任）

この法律に規定する国土交通大臣の権限は、国土交通省令で定めるところにより、その一部を地方整備局長又は北海道開発局長に委任することができる。

第39条（国土交通省令への委任）

この法律に定めるもののほか、この法律の実施のための手続その他この法律の施行に関し必要な事項は、国土交通省令で定める。

第40条（経過措置）

この法律に基づき命令を制定し、又は改廃する場合においては、その命令で、その制定又は改廃に伴い合理的に必要と判断される範囲内において、所要の経過措置（罰則に関する経過措置を含む。）を定めることができる。

第5章 罰則

第41条

次の各号のいずれかに該当するときは、その違反行為をした者は、１年以下の懲役若しくは100万円以下の罰金に処し、又はこれを併科する。

一　第３条第１項の規定に違反して、賃貸住宅管理業を営んだとき。

二　不正の手段により第３条第１項の登録を受けたとき。

三　第11条の規定に違反して、他人に賃貸住宅管理業を営ませたとき。

第42条

次の各号のいずれかに該当するときは、その違反行為をした者は、６月以下の懲役若しくは50万円以下の罰金に処し、又はこれを併科する。

一　第23条第１項の規定による命令に違反したとき。

二　第29条（第一号に係る部分に限る。）の規定に違反して、故意に事実を告げず、又は不実のことを告げたとき。

三　第34条第１項又は第２項の規定による命令に違反したとき。

第43条

第30条第１項若しくは第31条第１項の規定に違反して、書面を交付せず、若しくはこれらの規定に規定する事項を記載しない書面若しくは虚偽の記載のある書面を交付したとき、又は第30条第２項（第31条第２項において準用する場合を含む。以下この条において同じ。）に規定する方法により提供する場合において、第30条第２項に規定する事項を欠いた提供若しくは虚偽の事項の提供をしたときは、その違反行為をした者は、50万円以下の罰金に処する。

第44条

次の各号のいずれかに該当するときは、その違反行為をした者は、30万円以下の罰金に処する。

一　第７条第１項の規定による届出をせず、又は虚偽の届出をしたとき。

二　第12条第１項の規定に違反して、業務管理者を選任しなかったとき。

三　第12条第２項の規定に違反して、管理受託契約を締結したとき。

四　第14条第１項の規定に違反して、書面を交付せず、若しくは同項に規定する事項を記載しない書面若しくは虚偽の記載のある書面を交付したとき、又は同条第２項において準用する第13条第２項に規定する方法により提供する場合において、同項に規定する事項を欠いた提供若しくは虚偽の事項の提供をしたとき。

五　第17条第１項若しくは第２項又は第19条の規定に違反したとき。

六　第18条の規定に違反して、帳簿を備え付けず、帳簿に記載せず、若しくは帳簿に虚偽の記載をし、又は帳簿を保存しなかったとき。

七　第21条第１項又は第２項の規定に違反して、秘密を漏らしたとき。

八　第22条の規定による命令に違反したとき。

九　第26条第１項の規定による報告をせず、若しくは虚偽の報告をし、又は同項の規定による検査を拒み、妨げ、若しくは忌避し、若しくは同項の規定による質問に対して答弁せず、若しくは虚偽の答弁をしたとき。

十　第28条の規定に違反して、著しく事実に相違する表示をし、又は実際のものよりも著しく優良であり、若しくは有利であると人を誤認させるような表示をしたとき。

十一　第32条の規定に違反して書類を備え置かず、若しくは特定賃貸借契約の相手方若しくは相手方となろうとする者の求めに応じて閲覧させず、又は虚偽の記載のある書類を備え置き、若しくは特定賃貸借契約の相手方若しくは相手方となろうとする者に閲覧させたとき。

十二　第33条第１項又は第２項の規定による指示に違反したとき。

十三　第36条第１項の規定による報告をせず、若しくは虚偽の報告をし、又は同項の規定による検査を拒み、妨げ、若しくは忌避し、若しくは同項の規定による質問に対して答弁せず、若しくは虚偽の答弁をしたとき。

1　罰　則

義務の根拠規定	罰則の根拠規定	違反行為	科される刑罰
法３条１項	法41条１号	無登録営業	❶ １年以下の懲役 ❷ 100万円以下の罰金 ❸ ❶❷の併科
法３条１項	法41条２号	不正の手段による登録	
法11条	法41条３号	名義貸し	

義務の根拠規定	罰則の根拠規定	違反行為	科される刑罰
法7条1項	法44条1号	変更の届出関係	30万円以下の罰金
法12条1項	法44条2号	業務管理者の不選任	
法12条2項	法44条3号	業務管理者なしで管理受託契約を締結	
法14条1項・2項	法44条4号	契約締結時書面の不交付、虚偽記載等	
法17条1項・2項	法44条5号	証明書の携帯等	
法18条	法44条6号	帳簿の備付け、虚偽記載等	
法19条	法44条5号	標識の掲示	
法21条1項・2項	法44条7号	秘密保持	
法22条	法44条8号	業務改善命令	
法23条1項	法42条1号	業務停止命令	❶ 6か月以下の懲役 ❷ 50万円以下の罰金 ❸ ❶❷の併科
法26条1項	法44条9号	報告、検査関係	30万円以下の罰金
法28条	法44条10号	誇大広告等	
法29条 ※1号に係る部分に限る	法42条2号	不当な勧誘等（事実不告知、不実告知）	❶ 6か月以下の懲役 ❷ 50万円以下の罰金 ❸ ❶❷の併科
法30条1項・2項 法31条1項・2項	法43条	書面不交付、虚偽記載等	50万円以下の罰金
法32条	法44条11号	書類の備置き、閲覧関係	30万円以下の罰金
法33条1項・2項	法44条12号	指示に対する違反	
法34条1項・2項	法42条3号	業務停止命令、勧誘停止命令	❶ 6か月以下の懲役 ❷ 50万円以下の罰金 ❸ ❶❷の併科
法36条1項	法44条13号	報告、検査関係	30万円以下の罰金

【サブリースの規制措置に関する行政処分と罰則】

	対象者	行政処分等	罰　則
❶ 誇大広告等の禁止（法28条）	特定転貸事業者および勧誘者	・報告徴収、立入検査（法36条） ・指示（法33条） ・業務停止（法34条）	30万円以下の罰金（法44条）
❷ 不当な勧誘等の禁止（法29条）			6か月以下の懲役、もしくは50万円以下の罰金、またはその併科（法42条2号）
❸ 特定賃貸借契約の締結前の重要事項説明（法30条）	特定転貸事業者		50万円以下の罰金（法43条）
❹ 特定賃貸借契約の締結時の書面の交付（法31条）			
❺ 書類の閲覧（法32条）			30万円以下の罰金（法44条）

第45条

法人の代表者又は法人若しくは人の代理人、使用人その他の従業者が、その法人又は人の業務に関し、第41条から前条まで（同条第七号を除く。）の違反行為をしたときは、行為者を罰するほか、その法人又は人に対して各本条の罰金刑を科する。

第46条

第９条第１項の規定による届出をせず、又は虚偽の届出をしたときは、その違反行為をした者は、20万円以下の過料に処する。

資料編

- ☑ 賃貸住宅管理業法施行令
- ☑ 賃貸住宅管理業法施行規則
- ☑ 賃貸住宅管理業法の解釈・運用の考え方
- ☑ サブリース事業に係る適正な業務のためのガイドライン
- ☑ 賃貸住宅標準管理受託契約書
- ☑ 特定賃貸借標準契約書

賃貸住宅の管理業務等の適正化に関する法律施行令

（令和２年10月16日政令第313号）
最終改正：令和３年４月16日政令第143号

（賃貸住宅管理業者の登録の更新の手数料）
第１条　賃貸住宅の管理業務等の適正化に関する法律（以下「法」という。）第３条第５項の政令で定める額は、１万8,700円（情報通信技術を活用した行政の推進等に関する法律（平成14年法律第151号）第６条第１項の規定により同項に規定する電子情報処理組織を使用して法第３条第２項の登録の更新の申請をする場合にあっては、１万8,000円）とする。

（法第13条第２項の規定による承諾に関する手続等）
第２条　法第13条第２項の規定による承諾は、賃貸住宅管理業者が、国土交通省令で定めるところにより、あらかじめ、当該承諾に係る賃貸住宅の賃貸人に対し同項の規定による電磁的方法による提供に用いる電磁的方法の種類及び内容を示した上で、当該賃貸住宅の賃貸人から書面又は電子情報処理組織を使用する方法その他の情報通信の技術を利用する方法であって国土交通省令で定めるもの（次項並びに次条第１項及び第２項において「書面等」という。）によって得るものとする。

２　賃貸住宅管理業者は、前項の承諾を得た場合であっても、当該承諾に係る賃貸住宅の賃貸人から書面等により法第13条第２項の規定による電磁的方法による提供を受けない旨の申出があったときは、当該電磁的方法による提供をしてはならない。ただし、当該申出の後に当該賃貸住宅の賃貸人から再び前項の承諾を得た場合は、この限りでない。

３　前二項の規定は、法第14条第２項において法第13条第２項の規定を準用する場合について準用する。

（法第30条第２項の規定による承諾に関する手続等）
第３条　法第30条第２項の規定による承諾は、特定転貸事業者が、国土交通省令で定めるところにより、あらかじめ、当該承諾に係る特定賃貸借契約の相手方となろうとする者に対し同項の規定による電磁的方法による提供に用いる電磁的方法の種類及び内容を示した上で、当該特定賃貸借契約の相手方となろうとする者から書面等によって得るものとする。

２　特定転貸事業者は、前項の承諾を得た場合であっても、当該承諾に係る特定賃貸借契約の相手方となろうとする者から書面等により法第30条第２項の規定による電磁的方法による提供を受けない旨の申出があったときは、当該電磁的方法による提供をしてはならない。ただし、当該申出の後に当該特定賃貸借契約の相手方となろうとする者から再び前項の承諾を得た場合は、この限りでない。

3　前二項の規定は、法第31条第2項において法第30条第2項の規定を準用する場合について準用する。

附　則（令和2年政令第313号）抄

（施行期日）

1　この政令は、法附則第1条第二号に掲げる規定の施行の日（令和2年12月15日）から施行する。

附　則（令和3年政令第143号）抄

この政令は、賃貸住宅の管理業務等の適正化に関する法律の施行の日（令和3年6月15日）から施行する。

賃貸住宅の管理業務等の適正化に関する法律施行規則

（令和２年10月16日国土交通省令第83号）
最終改正：令和３年４月21日国土交通省令第34号

目　次

第１章　総　則

（法第２条第１項の国土交通省令で定める住宅）

第１条　賃貸住宅の管理業務等の適正化に関する法律（令和２年法律第60号。以下「法」という。）第２条第１項の人の生活の本拠として使用する目的以外の目的に供されていると認められる住宅として国土交通省令で定めるものは、次の各号のいずれかに該当するものとする。

一　旅館業法（昭和23年法律第138号）第３条第１項の規定による許可に係る施設である住宅

二　国家戦略特別区域法（平成25年法律第107号）第13条第１項の規定による認定に係る施設である住宅のうち、認定事業（同条第５項に規定する認定事業をいう。）の用に供されているもの

三　住宅宿泊事業法（平成29年法律第65号）第３条第１項の規定による届出に係る住宅のうち、住宅宿泊事業（同法第２条第３項に規定する住宅宿泊事業をいう。）の用に供されているもの

（人的関係、資本関係その他の関係において賃貸人と密接な関係を有する者）

第２条　法第２条第４項の国土交通省令で定める者は、次に掲げる者とする。

一　賃貸人が個人である場合における次に掲げる者

イ　当該賃貸人の親族

ロ　当該賃貸人又はその親族が役員である法人

二　賃貸人が会社（会社法（平成17年法律第86号）第２条第一号に規定する会社をいう。）である場合における次に掲げる会社等（会社法施行規則（平成18年法務省令第12号）第２条第３項第二号に規定する会社等をいう。以

下この号において同じ。）（以下この条において「関係会社」という。）
イ　当該賃貸人の親会社（会社法第２条第四号に規定する親会社をいう。以下この号において同じ。）
ロ　当該賃貸人の子会社（会社法第２条第三号に規定する子会社をいう。以下この号において同じ。）
ハ　当該賃貸人の関連会社（会社計算規則（平成18年法務省令第13号）第２条第３項第十八号に規定する関連会社をいう。以下この号において同じ。）
ニ　当該賃貸人が他の会社等の関連会社である場合における当該他の会社等
ホ　当該賃貸人の親会社の子会社（当該賃貸人を除く。）
三　賃貸人が登録投資法人（投資信託及び投資法人に関する法律（昭和26年法律第198号）第２条第13項に規定する登録投資法人をいう。以下同じ。）である場合における当該登録投資法人の資産運用会社（同条第21項に規定する資産運用会社をいう。第七号において同じ。）の関係会社
四　賃貸人が特定目的会社（資産の流動化に関する法律（平成10年法律第105号）第２条第３項に規定する特定目的会社をいう。以下同じ。）である場合における当該特定目的会社の委託を受けて特定資産の管理及び処分に係る業務を行う者の関係会社
五　賃貸人が組合（当該組合の組合員の間で不動産特定共同事業法（平成６年法律第77号）第２条第３項に規定する不動産特定共同事業契約（同項第一号に掲げる契約に限る。）が締結されているものに限る。以下同じ。）である場合における当該組合の業務執行者又は当該業務執行者の関係会社
六　賃貸人が特例事業者（不動産特定共同事業法第２条第９項に規定する特例事業者をいう。以下同じ。）である場合における当該特例事業者の委託を受けて当該特例事業者が当事者である不動産特定共同事業契約に基づき営まれる不動産取引に係る業務を行う不動産特定共同事業者（同条第５項に規定する不動産特定共同事業者をいう。）の関係会社又は当該業務を行う小規模不動産特定共同事業者（同条第７項に規定する小規模不動産特定共同事業者をいう。）の関係会社
七　賃貸人が賃貸住宅に係る信託の受託者である場合における次に掲げる者
イ　当該信託の委託者又は受益者（以下この号及び第30条第六号において「委託者等」という。）の関係会社
ロ　委託者等が登録投資法人である場合における当該登録投資法人の資産運用会社の関係会社

ハ　委託者等が特定目的会社である場合における当該特定目的会社の委託を受けて特定資産の管理及び処分に係る業務を行う者の関係会社

第２章　賃貸住宅管理業

（法第３条第１項の国土交通省令で定める規模）

第３条　法第３条第１項の国土交通省令で定める規模は、賃貸住宅管理業に係る賃貸住宅の戸数が200戸であることとする。

（登録の更新の申請期間）

第４条　法第３条第２項の登録の更新を受けようとする者は、その者が現に受けている登録の有効期間の満了の日の90日前から30日前までの間に法第４条第１項の申請書（以下「登録申請書」という。）を国土交通大臣に提出しなければならない。

（手数料）

第５条　法第３条第５項の手数料は、登録申請書に収入印紙を貼って納めなければならない。

（登録申請書の様式）

第６条　登録申請書は別記様式第一号によるものとする。

（登録申請書の添付書類）

第７条　法第４条第２項（法第７条第３項において準用する場合を含む。）の国土交通省令で定める書類は、次に掲げるものとする。

一　法第３条第１項の登録（同条第２項の登録の更新を含む。）を受けようとする者（以下この条において「登録申請者」という。）が法人である場合においては、次に掲げる書類

イ　定款又は寄附行為

ロ　登記事項証明書

ハ　法人税の直前１年の各年度における納付すべき額及び納付済額を証する書面

ニ　役員が破産手続開始の決定を受けて復権を得ない者に該当しない旨の市町村（特別区を含む。次号において同じ。）の長の証明書

ホ　別記様式第二号による役員並びに相談役及び顧問の略歴を記載した書面

ヘ　別記様式第三号による相談役及び顧問の氏名及び住所並びに発行済株式総数の100分の５以上の株式を有する株主又は出資の額の100分の５以上の額に相当する出資をしている者の氏名又は名称、住所及びその有

する株式の数又はその者のなした出資の金額を記載した書面

ト　最近の事業年度における貸借対照表及び損益計算書

チ　別記様式第四号による賃貸住宅管理業に係る賃貸住宅の戸数その他の登録申請者の業務の状況及び財産の分別管理の状況を記載した書面

リ　別記様式第五号による業務管理者の配置の状況及び当該業務管理者が第14条各号に掲げる要件のいずれかに該当する者である旨を記載した書面

ヌ　別記様式第六号による法第6条第1項第二号から第四号まで、第六号及び第八号から第十一号までのいずれにも該当しないことを誓約する書面

二　登録申請者（営業に関し成年者と同一の行為能力を有しない未成年者である場合にあっては、その法定代理人（法定代理人が法人である場合にあっては、その役員）を含む。以下この条において同じ。）が個人である場合においては、次に掲げる書類

イ　所得税の直前1年の各年度における納付すべき額及び納付済額を証する書面

ロ　登録申請者が破産手続開始の決定を受けて復権を得ない者に該当しない旨の市町村の長の証明書

ハ　別記様式第二号による登録申請者の略歴を記載した書面

ニ　営業に関し成年者と同一の行為能力を有しない未成年者であって、その法定代理人が法人である場合においては、その法定代理人の登記事項証明書

ホ　別記様式第七号による財産に関する調書

ヘ　前号チ及びリに掲げる書類

ト　別記様式第八号による法第6条第1項第一号から第七号まで及び第九号から第十一号までのいずれにも該当しないことを誓約する書面

2　国土交通大臣は、登録申請者（個人である場合に限る。）に係る機構保存本人確認情報（住民基本台帳法（昭和42年法律第81号）第30条の9に規定する機構保存本人確認情報をいう。）のうち住民票コード以外のものについて、同法第30条の9の規定によるその提供を受けることができないときは、その者に対し、住民票の抄本又はこれに代わる書面を提出させることができる。

3　国土交通大臣は、登録申請者に対し、前二項に規定するもののほか、必要と認める書類を提出させることができる。

4　国土交通大臣は、特に必要がないと認めるときは、この規則の規定により

登録申請書に添付しなければならない書類の一部を省略させることができる。

（心身の故障により賃貸住宅管理業を的確に遂行することができない者）

第8条　法第6条第1項第一号の国土交通省令で定める者は、精神の機能の障害により賃貸住宅管理業を的確に遂行するに当たって必要な認知、判断及び意思疎通を適切に行うことができない者とする。

（不正な行為等をするおそれがあると認められる者）

第9条　法第6条第1項第六号の国土交通省令で定める者は、次の各号のいずれかに該当する者とする。

一　法第23条第1項各号のいずれかに該当するとして登録の取消しの処分に係る行政手続法（平成5年法律第88号）第15条の規定による通知があった日から当該処分をする日又は処分をしないことの決定をする日までの間に法第9条第1項第四号又は第五号の規定による届出をした者（解散又は賃貸住宅管理業の廃止について相当の理由のある者を除く。）で当該届出の日から5年を経過しないもの

二　前号の期間内に法第9条第1項第二号、第四号又は第五号の規定による届出をした法人（合併、解散又は賃貸住宅管理業の廃止について相当の理由がある法人を除く。）の役員であった者であって前号に規定する通知があった日前30日に当たる日から当該法人の合併、解散又は廃止の日までの間にその地位にあったもので当該届出の日から5年を経過しないもの

（賃貸住宅管理業を遂行するために必要と認められる財産的基礎）

第10条　法第6条第1項第十号の国土交通省令で定める基準は、財産及び損益の状況が良好であることとする。

（登録事項の変更の届出）

第11条　賃貸住宅管理業者は、法第7条第1項の規定による届出をしようとするときは、国土交通大臣に、別記様式第九号による登録事項変更届出書を提出しなければならない。

2　変更に係る事項が法人の役員の氏名であるときは、前項の登録事項変更届出書に当該役員に関する第7条第1項第一号ニ及びホに掲げる書類並びに当該役員が法第6条第1項第八号に該当しないことを誓約する書面を添付しなければならない。

（廃業等の届出）

第12条　賃貸住宅管理者は、法第9条第1項の規定による届出をしようとするときは、国土交通大臣に、別記様式第十号による廃業等届出書を提出しなければならない。

（業務管理者の職務）

第13条　法第12条第１項の国土交通省令で定める事項は、次のとおりとする。

一　法第13条の規定による書面の交付及び説明に関する事項

二　法第14条の規定による書面の交付に関する事項

三　管理業務として行う賃貸住宅の維持保全の実施に関する事項及び賃貸住宅に係る家賃、敷金、共益費その他の金銭の管理に関する事項

四　法第18条の規定による帳簿の備付け等に関する事項

五　法第20条の規定による定期報告に関する事項

六　法第21条の規定による秘密の保持に関する事項

七　賃貸住宅の入居者からの苦情の処理に関する事項

八　前各号に掲げるもののほか、賃貸住宅の入居者の居住の安定及び賃貸住宅の賃貸に係る事業の円滑な実施を確保するため必要な事項として国土交通大臣が定める事項

（業務管理者の要件）

第14条　法第12条第４項の国土交通省令で定める要件は、管理業務に関し２年以上の実務の経験を有する者又は国土交通大臣がその実務の経験を有する者と同等以上の能力を有すると認めた者で、次の各号のいずれかに該当するものであることとする。

一　法第12条第４項の知識及び能力を有すると認められることを証明する事業（以下「証明事業」という。）として、次条から第29条までの規定により国土交通大臣の登録を受けたもの（以下「登録証明事業」という。）による証明を受けている者

二　宅地建物取引士（宅地建物取引業法（昭和27年法律第176号）第２条第四号に規定する宅地建物取引士をいう。第17条第１項第二号ロにおいて同じ。）で、国土交通大臣が指定する管理業務に関する実務についての講習を修了した者

（登録の申請）

第15条　前条第一号の登録は、登録証明事業を行おうとする者の申請により行う。

２　前条第一号の登録を受けようとする者（以下この条において「登録申請者」という。）は、次に掲げる事項を記載した申請書を国土交通大臣に提出しなければならない。

一　登録申請者の氏名又は商号若しくは名称及び住所並びに法人にあっては、その代表者の氏名

二　登録証明事業を行おうとする事務所の名称及び所在地
三　登録を受けようとする証明事業の名称
四　登録証明事業を開始しようとする年月日
五　試験委員（第17条第1項第二号に規定する合議制の機関を構成する者をいう。以下同じ。）となるべき者の氏名及び略歴並びに同号イからハまでのいずれに該当するかの別
六　登録を受けようとする証明事業に係る試験の科目及び内容

3　前項の申請書には、次に掲げる書類を添付しなければならない。
一　個人である場合においては、次に掲げる書類
イ　住民票の抄本又はこれに代わる書面
ロ　登録申請者の略歴を記載した書類
二　法人である場合においては、次に掲げる書類
イ　定款若しくは寄附行為又はこれらに代わる書面及び登記事項証明書
ロ　株主名簿若しくは社員名簿の写し又はこれらに代わる書面
ハ　申請に係る意思の決定を証する書類
ニ　役員（持分会社（会社法第575条第1項に規定する持分会社をいう。）にあっては業務を執行する社員をいい、当該社員が法人であるときは当該社員の職務を行うべき者を含む。次条第五号において同じ。）の氏名又は商号若しくは名称及び略歴又は沿革を記載した書類
三　試験委員が第17条第1項第二号イからハまでのいずれかに該当する者であることを証する書類
四　登録証明事業以外の業務を行うときは、その業務の種類及び概要を記載した書面
五　登録申請者が次条各号のいずれにも該当しない者であることを誓約する書面
六　その他参考となる事項を記載した書類

（欠格条項）

第16条　次の各号のいずれかに該当する者が行おうとする証明事業は、第14条第一号の登録を受けることができない。
一　法又は法に基づく命令の規定に違反し、罰金以上の刑に処せられ、その執行を終わり、又は執行を受けることがなくなった日から起算して2年を経過しない者
二　第26条の規定により第14条第一号の登録を取り消され、その取消しの日から起算して2年を経過しない者
三　暴力団員による不当な行為の防止等に関する法律（平成3年法律第77

号）第２条第六号に規定する暴力団員又は同号に規定する暴力団員でなくなった日から５年を経過しない者（次号において「暴力団員等」という。）

四　暴力団員等がその事業活動を支配する法人

五　法人であって、証明事業を行う役員のうちに第一号から第三号までのいずれかに該当する者があるもの

（登録要件等）

第17条　国土交通大臣は、第15条の規定による登録の申請が次に掲げる要件の全てに適合しているときは、その登録をしなければならない。

一　第19条第１項第一号イからヘまでの事項を含む内容について登録証明事業に係る試験（以下「登録試験」という。）が行われるものであること。

二　次のいずれかに該当する者５名以上によって構成される合議制の機関により試験問題の作成及び合否判定が行われるものであること。

イ　管理業務に７年以上従事した経験があり、かつ、管理業務その他の賃貸住宅の管理の実務に関し適切に指導することができる能力を有すると認められる者

ロ　弁護士、公認会計士、税理士、学校教育法（昭和22年法律第26号）第１条に規定する大学において教授若しくは准教授の職にある者又は宅地建物取引士であって管理業務その他の賃貸住宅の管理の実務に関する知識を有する者

ハ　国土交通大臣がイ又はロに掲げる者と同等以上の能力を有すると認める者

２　第14条第一号の登録は、登録証明事業登録簿に次に掲げる事項を記載してするものとする。

一　登録年月日及び登録番号

二　登録証明事業を行う者（以下「登録証明事業実施機関」という。）の氏名又は商号若しくは名称及び住所並びに法人にあっては、その代表者の氏名

三　登録証明事業を行う事務所の名称及び所在地

四　登録証明事業の名称

五　登録証明事業を開始する年月日

（登録の更新）

第18条　第14条第一号の登録は、５年ごとにその更新を受けなければ、その期間の経過によって、その効力を失う。

２　前三条の規定は、前項の登録の更新について準用する。

（登録証明事業の実施に係る義務）

第19条　登録証明事業実施機関は、公正に、かつ、第17条第１項各号に掲げ

る要件及び次に掲げる基準に適合する方法により登録証明事業を行わなければならない。
一　次のイからへまでの事項を含む内容について登録試験を行うこと。
　イ　管理受託契約に関する事項
　ロ　管理業務として行う賃貸住宅の維持保全に関する事項
　ハ　家賃、敷金、共益費その他の金銭の管理に関する事項
　ニ　賃貸住宅の賃貸借に関する事項
　ホ　法に関する事項
　ヘ　イからホまでに掲げるもののほか、管理業務その他の賃貸住宅の管理の実務に関する事項
二　登録試験を実施する日時、場所、登録試験の出題範囲その他登録試験の実施に関し必要な事項を公示すること。
三　登録試験に関する不正行為を防止するための措置を講じること。
四　終了した登録試験の問題及び当該登録試験の合格基準を公表すること。
五　登録試験に合格した者に対し、合格証明書を交付すること。
六　登録試験に合格した者について、管理業務に関し２年以上の実務の経験を有すること又はこれと同等以上の能力を有することを確認することにより、証明の判定がなされること。
七　登録証明事業による証明を受けた者に対し、証明書を交付すること。
八　登録証明事業による証明を受けた者の知識及び技能の維持のための措置が適切に講じられているものであること。
九　登録証明事業が特定の者又は事業のみを利することとならないものであり、かつ、その実施が十分な社会的信用を得られる見込みがあるものであること。

（登録事項の変更の届出）

第20条　登録証明事業実施機関は、第17条第２項第二号から第五号までに掲げる事項及び試験委員を変更しようとするときは、変更しようとする日の２週間前までに、その旨を国土交通大臣に届け出なければならない。

（登録証明事業実施規程）

第21条　登録証明事業実施機関は、次に掲げる事項を記載した登録証明事業に関する規程を定め、当該登録証明事業の開始前に、国土交通大臣に届け出なければならない。これを変更しようとするときも、同様とする。
一　登録証明事業を行う時間及び休日に関する事項
二　登録証明事業を行う事務所及び登録試験の試験地に関する事項
三　登録試験の受験の申込みに関する事項

四　登録試験の受験手数料の額及び収納の方法に関する事項
五　登録試験の日程、公示方法その他の登録試験の実施に関する事務（以下この条において「登録試験事務」という。）の実施の方法に関する事項
六　登録試験の科目及び内容に関する事項
七　試験委員の選任及び解任に関する事項
八　登録試験の問題の作成、登録試験の合否判定及び証明の判定の方法に関する事項
九　終了した登録試験の問題及び当該登録試験の合格基準の公表に関する事項
十　登録試験の合格証明書の交付及び再交付に関する事項
十一　登録証明事業による証明を受けた者に対し交付すべき証明書に関する事項
十二　登録証明事業による証明を受けた者の知識及び技能の維持のための措置に関する事項
十三　登録試験事務に関する秘密の保持に関する事項
十四　登録試験事務に関する公正の確保に関する事項
十五　不正受験者の処分に関する事項
十六　第27条第３項の帳簿その他の登録証明事業に関する書類の管理に関する事項
十七　その他登録証明事業に関し必要な事項

（登録証明事業の休廃止）

第22条　登録証明事業実施機関は、登録証明事業の全部又は一部を休止し、又は廃止しようとするときは、あらかじめ、次に掲げる事項を記載した届出書を国土交通大臣に提出しなければならない。
一　休止し、又は廃止しようとする登録証明事業の範囲
二　休止し、又は廃止しようとする年月日及び休止しようとする場合にあっては、その期間
三　休止又は廃止の理由

（財務諸表等の備付け及び閲覧等）

第23条　登録証明事業実施機関は、毎事業年度経過後３月以内に、その事業年度の財産目録、貸借対照表及び損益計算書又は収支計算書並びに事業報告書（その作成に代えて電磁的記録（電子的方式、磁気的方式その他の人の知覚によっては認識することができない方式で作られる記録であって、電子計算機による情報処理の用に供されるものをいう。以下同じ。）の作成がされている場合における当該電磁的記録を含む。次項において「財務諸表等」とい

う。）を作成し、５年間事務所に備えて置かなければならない。

２　登録証明事業による証明を受けようとする者その他の利害関係人は、登録証明事業実施機関の業務時間内は、いつでも、次に掲げる請求をすることができる。ただし、第二号又は第四号の請求をするには、登録証明事業実施機関の定めた費用を支払わなければならない。

一　財務諸表等が書面をもって作成されているときは、当該書面の閲覧又は謄写の請求

二　前号の書面の謄本又は抄本の請求

三　財務諸表等が電磁的記録をもって作成されているときは、当該電磁的記録に記録された事項を紙面又は出力装置の映像面に表示したものの閲覧又は謄写の請求

四　前号の電磁的記録に記録された事項を電磁的方法であって、次に掲げるもののうち登録証明事業実施機関が定めるものにより提供することの請求又は当該事項を記載した書面の交付の請求

イ　送信者の使用に係る電子計算機と受信者の使用に係る電子計算機とを電気通信回線で接続した電子情報処理組織を使用する方法であって、当該電気通信回線を通じて情報が送信され、受信者の使用に係る電子計算機に備えられたファイルに当該情報が記録されるもの

ロ　磁気ディスク、シー・ディー・ロムその他これらに記録する方法に準ずる方法により一定の事項を確実に記録しておくことができる物（以下「磁気ディスク等」という。）をもって調製するファイルに情報を記録したものを交付する方法

３　前項第四号イ又はロに掲げる方法は、受信者がファイルへの記録を出力することによる書面を作成することができるものでなければならない。

（適合命令）

第24条　国土交通大臣は、登録証明事業実施機関が第17条第１項の規定に適合しなくなったと認めるときは、当該登録証明事業実施機関に対し、同項の規定に適合するため必要な措置をとるべきことを命ずることができる。

（改善命令）

第25条　国土交通大臣は、登録証明事業実施機関が第19条の規定に違反していると認めるときは、当該登録証明事業実施機関に対し、同条の規定による登録証明事業を行うべきこと又は登録証明事業の方法その他の業務の方法の改善に関し必要な措置をとるべきことを命ずることができる。

（登録の取消し等）

第26条　国土交通大臣は、登録証明事業実施機関が次の各号のいずれかに該

当するときは、当該登録証明事業実施機関が行う登録証明事業の登録を取り消し、又は期間を定めて登録証明事業の全部若しくは一部の停止を命ずることができる。

一　第16条各号（第二号を除く。）に該当するに至ったとき。

二　第20条から第22条まで、第23条第１項又は次条の規定に違反したとき。

三　正当な理由がないのに第23条第２項各号の規定による請求を拒んだとき。

四　前二条の規定による命令に違反したとき。

五　第28条の規定による報告を求められて、報告をせず、又は虚偽の報告をしたとき。

六　不正の手段により第14条第一号の登録を受けたとき。

（帳簿の記載等）

第27条　登録証明事業実施機関は、登録証明事業に関する次に掲げる事項を記載した帳簿を備えなければならない。

一　登録試験の試験年月日

二　登録試験の試験地

三　登録試験の受験者の受験番号、氏名、生年月日及び合否の別

四　登録試験の合格年月日

五　証明年月日

２　前項各号に掲げる事項が、電子計算機に備えられたファイル又は磁気ディスク等に記録され、必要に応じ登録証明事業実施機関において電子計算機その他の機器を用いて明確に紙面に表示されるときは、当該記録をもって同項に規定する帳簿への記載に代えることができる。

３　登録証明事業実施機関は、第１項に規定する帳簿（前項の規定による記録が行われた同項のファイル又は磁気ディスク等を含む。）を、登録証明事業の全部を廃止するまで保存しなければ ならない。

４　登録証明事業実施機関は、次に掲げる書類を備え、登録試験を実施した日から３年間保存しなければならない。

一　登録試験の受験申込書及び添付書類

二　終了した登録試験の問題及び答案用紙

（報告の徴収）

第28条　国土交通大臣は、登録証明事業の適正な実施を確保するため必要があると認めるときは、登録証明事業実施機関に対し、登録証明事業の状況に関し必要な報告を求めることができる。

（公示）

第29条　国土交通大臣は、次に掲げる場合には、その旨を官報に公示しなければならない。

一　第14条第一号の登録をしたとき。

二　第18条第１項の規定により登録の更新をしたとき。

三　第20条の規定による届出があったとき。ただし、試験委員に関する事項は除く。

四　第22条の規定による届出があったとき。

五　第26条の規定により登録を取り消し、又は登録証明事業の停止を命じたとき。

（管理業務に係る専門的知識及び経験を有すると認められる者）

第30条　法第13条第１項の国土交通省令で定める者は、次に掲げる者とする。

一　賃貸住宅管理業者

二　特定転貸事業者

三　宅地建物取引業者（宅地建物取引業法第２条第三号に規定する宅地建物取引業者をいい、同法第77条第２項の規定により宅地建物取引業者とみなされる信託会社（宅地建物取引業法施行令（昭和39年政令第383号）第９条第２項の規定により宅地建物取引業者とみなされる信託業務を兼営する金融機関及び銀行法等の一部を改正する法律（平成13年法律第117号）附則第11条の規定によりなお従前の例によるものとされ、引き続き宅地建物取引業を営んでいる銀行並びに宅地建物取引業法第77条第１項の政令で定める信託会社を含む。）、同法第77条の２第２項の規定により宅地建物取引業者とみなされる登録投資法人及び同法第77条の３第２項の規定により宅地建物取引業者とみなされる特例事業者を含む。第45条第三号において同じ。）

四　特定目的会社

五　組合

六　賃貸住宅に係る信託の受託者（委託者等が第一号から第四号までのいずれかに該当する場合に限る。第45条第六号において同じ。）

七　独立行政法人都市再生機構

八　地方住宅供給公社

（管理受託契約の締結前の説明事項）

第31条　法第13条第１項の国土交通省令で定める事項は、次に掲げるものとする。

一　管理受託契約を締結する賃貸住宅管理業者の商号、名称又は氏名並びに登録年月日及び登録番号
二　管理業務の対象となる賃貸住宅
三　管理業務の内容及び実施方法
四　報酬の額並びにその支払の時期及び方法
五　前号に掲げる報酬に含まれていない管理業務に関する費用であって、賃貸住宅管理業者が通常必要とするもの
六　管理業務の一部の再委託に関する事項
七　責任及び免責に関する事項
八　法第20条の規定による委託者への報告に関する事項
九　契約期間に関する事項
十　賃貸住宅の入居者に対する第三号に掲げる事項の周知に関する事項
十一　管理受託契約の更新及び解除に関する事項

（情報通信の技術を利用する方法）

第32条　法第13条第２項（法第14条第２項において準用する場合を含む。）の国土交通省令で定める方法は、次に掲げるものとする。
一　電子情報処理組織を使用する方法のうち次に掲げるもの
イ　送信者等（送信者又は送信者との契約によりファイルを自己の管理する電子計算機に備え置き、これを受信者若しくは当該送信者の用に供する者をいう。以下この条及び次条において同じ。）の使用に係る電子計算機と受信者等（受信者又は受信者との契約により受信者ファイル（専ら受信者の用に供されるファイルをいう。以下この条において同じ。）を自己の管理する電子計算機に備え置く者をいう。以下この項において同じ。）の使用に係る電子計算機とを接続する電気通信回線を通じて書面に記載すべき事項（以下この条において「記載事項」という。）を送信し、受信者等の使用に係る電子計算機に備えられた受信者ファイルに記録する方法
ロ　送信者等の使用に係る電子計算機に備えられたファイルに記録された記載事項を電気通信回線を通じて受信者の閲覧に供し、受信者等の使用に係る電子計算機に備えられた当該受信者の受信者ファイルに当該記載事項を記録する方法
ハ　送信者等の使用に係る電子計算機に備えられた受信者ファイルに記録された記載事項を電気通信回線を通じて受信者の閲覧に供する方法
二　磁気ディスク等をもって調製するファイルに記載事項を記録したものを交付する方法

2　前号各号に掲げる方法は、次に掲げる基準に適合するものでなければならない。

一　受信者が受信者ファイルへの記録を出力することにより書面を作成できるものであること。

二　前項第一号ロに掲げる方法にあっては、記載事項を送信者等の使用に係る電子計算機に備えられたファイルに記録する旨又は記録した旨を受信者に対し通知するものであること。ただし、受信者が当該記載事項を閲覧していたことを確認したときはこの限りではない。

三　前項第一号ハに掲げる方法にあっては、記載事項を送信者等の使用に係る電子計算機に備えられた受信者ファイルに記録する旨又は記録した旨を受信者に対し通知するものであること。ただし、受信者が当該記載事項を閲覧していたことを確認したときはこの限りでない。

（電磁的方法の種類及び内容）

第33条　賃貸住宅の管理業務等の適正化に関する法律施行令（令和２年政令第313号。以下「令」という。）第２条第１項（同条第３項において準用する場合を含む。）の規定により示すべき電磁的方法の種類及び内容は、次に掲げる事項とする。

一　前条第１項各号に掲げる方法のうち送信者等が使用するもの

二　ファイルへの記録の方式

（情報通信の技術を利用した承諾の取得）

第34条　令第２条第１項（同条第３項において準用する場合を含む。）の国土交通省令で定める方法は、次に掲げるものとする。

一　電子情報処理組織を使用する方法のうち、イ又はロに掲げるもの

イ　送信者の使用に係る電子計算機から電気通信回線を通じて受信者の使用に係る電子計算機に令第２条第１項の承諾又は同条第２項の申出（以下この項において「承諾等」という。）をする旨を送信し、当該電子計算機に備えられたファイルに記録する方法

ロ　受信者の使用に係る電子計算機に備えられたファイルに記録された前条に規定する電磁的方法の種類及び内容を電気通信回線を通じて送信者の閲覧に供し、当該電子計算機に備えられたファイルに承諾等をする旨を記録する方法

二　磁気ディスク等をもって調製するファイルに承諾等をする旨を記録したものを交付する方法

2　前項各号に掲げる方法は、受信者がファイルへの記録を出力することにより書面を作成することができるものでなければならない。

（管理受託契約の締結時の書面の記載事項）

第35条　法第14条第１項第四号に掲げる事項には、報酬の額並びにその支払の時期及び方法を含むものとする。

２　法第14条第１項第六号の国土交通省令で定める事項は、次に掲げるものとする。

一　管理受託契約を締結する賃貸住宅管理業者の商号、名称又は氏名並びに登録年月日及び登録番号

二　管理業務の内容

三　管理業務の一部の再委託に関する定めがあるときは、その内容

四　責任及び免責に関する定めがあるときは、その内容

五　法第20条の規定による委託者への報告に関する事項

六　賃貸住宅の入居者に対する法第14条第１項第二号及び第二号に掲げる事項の周知に関する事項

（財産の分別管理）

第36条　法第16条の国土交通省令で定める方法は、管理受託契約に基づく管理業務（法第２条第２項第二号に掲げるものに限る。以下この条において同じ。）において受領する家賃、敷金、共益費その他の金銭を管理するための口座を自己の固有財産を管理するための口座と明確に区分し、かつ、当該金銭がいずれの管理受託契約に基づく管理業務に係るものであるかが自己の帳簿（その作成に代えて電磁的記録の作成がされている場合における当該電磁的記録を含む。）により直ちに判別できる状態で管理する方法とする。

（証明書の様式）

第37条　法第17条第１項の証明書の様式は、別記様式第十一号によるものとする。

（帳簿の記載事項）

第38条　法第18条の国土交通省令で定める事項は、次に掲げるものとする。

一　管理受託契約を締結した委託者の商号、名称又は氏名

二　管理受託契約を締結した年月日

三　契約の対象となる賃貸住宅

四　受託した管理業務の内容

五　報酬の額

六　管理受託契約における特約その他参考となる事項

２　前項各号に掲げる事項が、電子計算機に備えられたファイル又は磁気ディスク等に記録され、必要に応じ賃貸住宅管理業者の営業所又は事務所において電子計算機その他の機器を用いて明確に紙面に表示されるときは、当該記

資料編

録をもって法第18条の規定による帳簿への記載に代えることができる。

3　賃貸住宅管理業者は、法第18条の帳簿（前項の規定による記録が行われた同項のファイル又は磁気ディスク等を含む。）を各事業年度の末日をもって閉鎖するものとし、閉鎖後5年間当該帳簿を保存しなければならない。

（標識の様式）

第39条　法第19条の国土交通省令で定める様式は、別記様式第十二号によるものとする。

（委託者への定期報告）

第40条　賃貸住宅管理業者は、法第20条の規定により委託者への報告を行うときは、管理受託契約を締結した日から1年を超えない期間ごとに、及び管理受託契約の期間の満了後遅滞なく、当該期間における管理受託契約に係る管理業務の状況について次に掲げる事項（以下この条において「記載事項」という。）を記載した管理業務報告書を作成し、これを委託者に交付して説明しなければならない。

一　報告の対象となる期間

二　管理業務の実施状況

三　管理業務の対象となる賃貸住宅の入居者からの苦情の発生状況及び対応状況

2　賃貸住宅管理業者は、前項の規定による管理業務報告書の交付に代えて、第4項で定めるところにより、当該管理業務報告書を交付すべき委託者の承諾を得て、記載事項を電子情報処理組織を使用する方法その他の情報通信の技術を利用する方法であって次に掲げるもの（以下この条において「電磁的方法」という。）により提供することができる。この場合において、当該賃貸住宅管理業者は、当該管理業務報告書を交付したものとみなす。

一　電子情報処理組織を使用する方法のうち次に掲げるもの

イ　賃貸住宅管理業者等（賃貸住宅管理業者又は記載事項の提供を行う賃貸住宅管理業者との契約によりファイルを自己の管理する電子計算機に備え置き、これを委託者若しくは当該賃貸住宅管理業者の用に供する者をいう。以下この条において同じ。）の使用に係る電子計算機と委託者等（委託者又は委託者との契約により委託者ファイル（専ら委託者の用に供されるファイルをいう。以下この条において同じ。）を自己の管理する電子計算機に備え置く者をいう。以下この項において同じ。）の使用に係る電子計算機とを接続する電気通信回線を通じて記載事項を送信し、委託者等の使用に係る電子計算機に備えられた委託者ファイルに記録する方法

ロ　賃貸住宅管理業者等の使用に係る電子計算機に備えられたファイルに記録された記載事項を電気通信回線を通じて委託者の閲覧に供し、委託者等の使用に係る電子計算機に備えられた当該委託者の委託者ファイルに当該記載事項を記録する方法

ハ　賃貸住宅管理業者等の使用に係る電子計算機に備えられた委託者ファイルに記録された記載事項を電気通信回線を通じて委託者の閲覧に供する方法

二　磁気ディスク等をもって調製するファイルに記載事項を記録したものを交付する方法

3　前項各号に掲げる方法は、次に掲げる基準に適合するものでなければならない。

一　委託者が委託者ファイルへの記録を出力することにより書面を作成できるものであること。

二　前項第一号ロに掲げる方法にあっては、記載事項を賃貸住宅管理業者等の使用に係る電子計算機に備えられたファイルに記録する旨又は記録した旨を委託者に対し通知するものであること。ただし、委託者が当該記載事項を閲覧していたことを確認したときはこの限りでない。

三　前項第一号ハに掲げる方法にあっては、記載事項を賃貸住宅管理業者等の使用に係る電子計算機に備えられた委託者ファイルに記録する旨又は記録した旨を委託者に対し通知するものであること。ただし、委託者が当該記載事項を閲覧していたことを確認したときはこの限りでない。

4　賃貸住宅管理業者は、第２項の規定により記載事項を提供しようとするときは、あらかじめ、当該委託者に対し、その用いる電磁的方法の種類及び内容を示し、書面又は電子情報処理組織を使用する方法その他の情報通信の技術を利用する方法であって次に掲げるものによる承諾を得なければならない。

一　電子情報処理組織を使用する方法のうち次に掲げるもの

イ　委託者の使用に係る電子計算機から電気通信回線を通じて賃貸住宅管理業者の使用に係る電子計算機に承諾をする旨を送信し、当該電子計算機に備えられたファイルに記録する方法

ロ　賃貸住宅管理業者の使用に係る電子計算機に備えられたファイルに記録された第６項に規定する電磁的方法の種類及び内容を電気通信回線を通じて委託者の閲覧に供し、当該電子計算機に備えられたファイルに承諾をする旨を記録する方法

二　磁気ディスク等をもって調製するファイルに承諾をする旨を記録したも

のを交付する方法

5　前項各号に掲げる方法は、賃貸住宅管理業者がファイルへの記録を出力することにより書面を作成することができるものでなければならない。

6　第４項の規定により示すべき電磁的方法の種類及び内容は、次に掲げる事項とする。

一　第２項各号に掲げる方法のうち賃貸住宅管理業者等が使用するもの

二　ファイルへの記録の方式

7　賃貸住宅管理業者は、第４項の承諾を得た場合であっても、委託者から書面又は電子情報処理組織を使用する方法その他の情報通信の技術を利用する方法であって次に掲げるものにより電磁的方法による提供を受けない旨の申出があったときは、当該電磁的方法による提供をしてはならない。ただし、当該申出の後に当該委託者から再び同項の承諾を得た場合は、この限りでない。

一　電子情報処理組織を使用する方法のうち次に掲げるもの

イ　委託者の使用に係る電子計算機から電気通信回線を通じて賃貸住宅管理業者の使用に係る電子計算機に申出をする旨を送信し、当該電子計算機に備えられたファイルに記録する方法

ロ　賃貸住宅管理業者の使用に係る電子計算機に備えられたファイルに記録された前項に規定する電磁的方法の種類及び内容を電気通信回線を通じて委託者の閲覧に供し、当該電子計算機に備えられたファイルに申出をする旨を記録する方法

二　磁気ディスク等をもって調製するファイルに申出をする旨を記録したものを交付する方法

8　第５項の規定は、前項各号に掲げる方法について準用する。

（公告の方法）

第41条　法第25条の規定による監督処分等の公告は、官報によるものとする。

（身分証明書の様式）

第42条　法第26条第２項の身分を示す証明書は、別記様式第十三号によるものとする。

第３章　特定賃貸借契約の適正化のための措置等

（誇大広告等をしてはならない事項）

第43条　法第28条の国土交通省令で定める事項は、次に掲げる事項とする。

一　特定賃貸借契約の相手方に支払う家賃の額、支払期日及び支払方法等の賃貸の条件並びにその変更に関する事項
二　賃貸住宅の維持保全の実施方法
三　賃貸住宅の維持保全に要する費用の分担に関する事項
四　特定賃貸借契約の解除に関する事項

（特定賃貸借契約の相手方等の保護に欠ける禁止行為）

第44条　法第29条第二号の国土交通省令で定める行為は、次に掲げるものとする。

一　特定賃貸借契約を締結若しくは更新させ、又は特定賃貸借契約の申込みの撤回若しくは解除を妨げるため、特定賃貸借契約の相手方又は相手方となろうとする者（以下「相手方等」という。）を威迫する行為
二　特定賃貸借契約の締結又は更新について相手方等に迷惑を覚えさせるような時間に電話又は訪問により勧誘する行為
三　特定賃貸借契約の締結又は更新について深夜又は長時間の勧誘その他の私生活又は業務の平穏害するような方法により相手方等を困惑させる行為
四　特定賃貸借契約の締結又は更新をしない旨の意思（当該契約の締結又は更新の勧誘を受けることを希望しない旨の意思を含む。）を表示した相手方等に対して執ように勧誘する行為

（特定賃貸借契約に係る専門的知識及び経験を有すると認められる者）

第45条　法第30条第１項の国土交通省令で定める者は、次に掲げる者とする。

一　特定転貸事業者
二　賃貸住宅管理業者
三　宅地建物取引業者
四　特定目的会社
五　組合
六　賃貸住宅に係る信託の受託者
七　独立行政法人都市再生機構
八　地方住宅供給公社

（特定賃貸借契約の締結前の説明事項）

第46条　法第30条第１項の国土交通省令で定める事項は、次に掲げるものとする。

一　特定賃貸借契約を締結する特定転貸事業者の商号、名称又は氏名及び住所
二　特定賃貸借契約の対象となる賃貸住宅

三　特定賃貸借契約の相手方に支払う家賃の額、支払期日及び支払方法等の賃貸の条件並びにその変更に関する事項
四　特定転貸事業者が行う賃貸住宅の維持保全の実施方法
五　特定転貸事業者が行う賃貸住宅の維持保全に要する費用の分担に関する事項
六　特定賃貸借契約の相手方に対する維持保全の実施状況の報告に関する事項
七　損害賠償額の予定又は違約金に関する事項
八　責任及び免責に関する事項
九　契約期間に関する事項
十　転借人の資格その他の転貸の条件に関する事項
十一　転借人に対する第四号に掲げる事項の周知に関する事項
十二　特定賃貸借契約の更新及び解除に関する事項
十三　特定賃貸借契約が終了した場合における特定転貸事業者の権利義務の承継に関する事項
十四　借地借家法（平成３年法律第90号）その他特定賃貸借契約に係る法令に関する事項の概要

（情報通信の技術を利用する方法）

第47条　令第３条第１項（同条第３項において準用する場合を含む。）の規定により示すべき電磁的方法の種類及び内容については、第33条の規定を準用する。

（法第31条第１項第七号の国土交通省令で定める事項）

第48条　法第31条第１項第七号の国土交通省令で定める事項は、次に掲げるものとする。

一　特定賃貸借契約を締結する特定転貸事業者の商号、名称又は氏名及び住所
二　特定転貸事業者が行う賃貸住宅の維持保全に要する費用の分担に関する事項
三　特定賃貸借契約の相手方に対する維持保全の実施状況の報告に関する事項
四　損害賠償額の予定又は違約金に関する定めがあるときは、その内容
五　責任及び免責に関する定めがあるときは、その内容
六　転借人に対する法第31条第１項第三号に掲げる事項の周知に関する事項
七　特定賃貸借契約が終了した場合における特定転貸事業者の権利義務の承

継に関する事項

（書類の閲覧）

第49条　法第32条に規定する特定転貸事業者の業務及び財産の状況を記載した書類は、別記様式第十四号による業務状況調書、貸借対照表及び損益計算書又はこれらに代わる書面（以下この条において「業務状況調書等」という。）とする。

2　業務状況調書等が、電子計算機に備えられたファイル又は磁気ディスク等に記録され、必要に応じ営業所又は事務所ごとに電子計算機その他の機器を用いて明確に紙面に表示されるときは、当該記録をもって法第32条に規定する書類への記載に代えることができる。この場合における同条の規定による閲覧は、当該業務状況調書等を紙面又は当該営業所又は事務所に設置された入出力装置の映像面に表示する方法で行うものとする。

3　特定転貸事業者は、第１項の書類（前項の規定による記録が行われた同項のファイル又は磁気ディスク等を含む。次項において同じ。）を事業年度ごとに当該事業年度経過後３月以内に作成し、遅滞なく営業所又は事務所ごとに備え置くものとする。

4　第１項の書類は、営業所又は事務所に備え置かれた日から起算して３年を経過する日までの間、当該営業所又は事務所に備え置くものとし、当該営業所又は事務所の営業時間中、相手方等の求めに応じて閲覧させるものとする。

（国土交通大臣に対する申出の手続）

第50条　法第35条第１項の規定により国土交通大臣に対して申出をしようとする者は、次の事項を記載した申出書を提出しなければならない。

一　申出人の氏名又は名称及び住所

二　申出の趣旨

三　その他参考となる事項

（身分証明書の様式）

第51条　法第36条第２項の身分を示す証明書は、別記様式第十五号によるものとする。

第４章　雑　則

（権限の委任）

第52条　法に規定する国土交通大臣の権限のうち、次に掲げるものは、賃貸住宅管理業者若しくは法第３条第１項の登録を受けようとする者又は特定転

資料編

貸事業者の主たる営業所又は事務所の所在地を管轄する地方整備局長及び北海道開発局長に委任する。ただし、いずれも国土交通大臣が自ら行うことを妨げない。

一　法第４条第１項の規定により登録申請書を受理すること。

二　法第５条第１項の規定により登録し、及び同条第２項の規定により通知すること。

三　法第６条第１項の規定により登録を拒否し、及び同条第２項の規定により通知すること。

四　法第７条第１項の規定による届出を受理し、及び同条第２項の規定により登録すること。

五　法第８条の規定により一般の閲覧に供すること。

六　法第９条第１項の規定による届出を受理すること。

七　法第22条の規定により必要な措置をとるべきことを命ずること。

八　法第23条第１項又は第２項の規定により登録を取り消し、及び同条第３項の規定により通知すること。

九　法第23条第１項の規定により業務の全部又は一部の停止を命じ、及び同条第３項の規定により通知すること。

十　法第24条の規定により登録を抹消すること。

十一　法第25条の規定により公告すること。

十二　法第26条第１項の規定により必要な報告を求め、又は立入検査させ、若しくは関係者に質問させること。

十三　法第33条第１項の規定により必要な措置をとるべきことを指示し、及び同条第３項の規定による公表をすること。

十四　法第33条第２項の規定により必要な措置をとるべきことを指示し、及び同条第３項の規定による公表をすること。

十五　法第34条第１項の規定により勧誘を行うこと若しくは勧誘者に勧誘を行わせることの停止又は特定賃貸借契約に関する業務の全部若しくは一部の停止を命じ、及び同条第３項の規定による公表をすること。

十六　法第34条第２項の規定により勧誘を行うことの停止を命じ、及び同条第３項の規定による公表をすること。

十七　法第35条第１項の規定による申出を受け、並びに同条第２項の規定により必要な調査を行い、及び同項の規定による措置をとること。

十八　法第36条第１項の規定により必要な報告を求め、又は立入検査させ、若しくは関係者に質問させること。

2　前項第七号、第九号、第十一号及び第十二号に掲げる権限で賃貸住宅管理業者の従たる営業所又は事務所に関するものについては、前項に規定する地方整備局長及び北海道開発局長のほか、当該従たる営業所又は事務所の所在地を管轄する地方整備局長及び北海道開発局長も当該権限を行うことができる。

附　則（令和２年国土交通省令第83号）抄

（施行期日）

第１条　この省令は、法附則第１条第二号に掲げる規定の施行の日（令和２年12月15日）から施行する。

（以下、略）

附　則（令和３年国土交通省令第34号）抄

（施行期日）

第１条　この省令は、賃貸住宅の管理業務等の適正化に関する法律（次条において「法」という。）の施行の日（令和３年６月15日）から施行する。

（経過措置）

第２条　法第12条第４項の知識及び能力に関する国土交通大臣が定める要件に該当する者で、この省令の施行の日から１年を経過する日までに国土交通大臣が指定する講習を修了したものは、登録証明事業による証明を受けている者とみなす。

第３条　この省令の施行前にその課程を修了した講習であって、前条又はこの省令による改正後の賃貸住宅の管理業務等の適正化に関する法律施行規則第14条第二号の講習に相当するものとして国土交通大臣が定めるものは、それぞれ前条又は同号の講習とみなす。

（以下、略）

（以下、別添資料は省略）

賃貸住宅の管理業務等の適正化に関する法律の解釈・運用の考え方

（令和２年10月16日国土交通省公表）
最終更新：令和３年４月23日

第２条第１項関係

１　賃貸住宅について

（１）「賃貸住宅」について

「賃貸住宅」、すなわち賃貸の用に供する住宅とは、賃貸借契約を締結し賃借することを目的とした、人の居住の用に供する家屋又は家屋の部分をいうものとする。なお、「住宅」は、その利用形態として「人の居住の用に供する」ことを要件とされていることから、通常事業の用に供されるオフィスや倉庫等はこの要件に該当せず、「住宅」に該当しない。

（２）家屋又は家屋の部分について

「家屋又は家屋の部分」（以下「家屋等」という。）とは、「家屋」については、アパート一棟や戸建てなど一棟をいい、「家屋の部分」については、マンションの一室といった家屋の一部をいうものとする。

（３）その他

賃貸人と賃借人（入居者）との間で賃貸借契約が締結されておらず、賃借人（入居者）を募集中の家屋等や募集前の家屋等であっても、それが賃貸借契約の締結が予定され、賃借することを目的とされる場合は、賃貸住宅に該当する。また、家屋等が建築中である場合も、竣工後に賃借人を募集する予定であり、居住の用に供することが明らかな場合は、賃貸住宅に該当する。

一棟の家屋について、一部が事務所として事業の用に供され、一部が住宅として居住の用に供されている等のように複数の用に供されている場合、当該家屋のうち、賃貸借契約が締結され居住の用に供されている住宅については、賃貸住宅に該当する。一方、マンションのように通常居住の用に供される一棟の家屋の一室について賃貸借契約を締結し、事務所としてのみ賃借されている場合、その一室は賃貸住宅に該当しない。

２「人の生活の本拠として使用する目的以外の目的に供されていると認められる住宅」について（規則第１条関係）

（１）「事業の用に供されているもの」について

「事業の用に供されているもの」とは、国家戦略特別区域法（平成25年法律第107号）第13条第１項の規定による認定に係る施設である住宅のうち同条第５項に規定する認定事業の用に供されているもの、住宅宿泊事業法（平成29年法律第65号）第３条第１項の規定による届出に係る住宅のうち同法第２条第３項に規定する住宅宿泊事業の用に供されているものをいうものとする。例えば、これら住宅が、現に人が宿泊している又は現に宿泊の予約や募集が行われている状態にあること等をいい、これら事業の用に供されていない場合には、賃貸の用に供されることも想定され、その場合本法の賃貸住宅に該当する。

（２）ウィークリーマンションについて

いわゆるウィークリーマンションについては、旅館業法（昭和23年法律第138号）第３条第１項の規定による許可を受け、旅館業として宿泊料を受けて人を宿泊させている場合、規則第１条の規定のとおり、本法の賃貸住宅には該当しない。一方、いわゆるマンスリーマンションなど、利用者の滞在期間が長期に及ぶなど生活の本拠として使用されることが予定されている、施設の衛生上の維持管理責任が利用者にあるなど、当該施設が旅館業法に基づく営業を行っていない場合には、本法の賃貸住宅に該当することとなる。

第２条第２項関係

１　「委託を受けて」について

「委託を受けて」とは、賃貸人から明示的に契約等の形式により委託を受けているか否かに関わらず、本来賃貸人が行うべき賃貸住宅の維持保全を、賃貸人からの依頼により賃貸人に代わって行う実態があれば、該当することとなる。

２　「賃貸住宅の維持保全」について（第１号関係）

「賃貸住宅の維持保全」とは、居室及び居室の使用と密接な関係にある住宅のその他の部分である、玄関・通路・階段等の共用部分、居室内外の電気設備・水道設備、エレベーター等の設備等について、点検・清掃等の維持を行い、これら点検等の結果を踏まえた必要な修繕を一貫して行うことをいう。例えば、定期清掃業者、警備業者、リフォーム工事業者等が、維持又は修繕の「いずれか一方のみ」を行う場合や、エレベーターの保守点検・修繕を行う事業者等が、賃貸住宅の「部分のみ」について維持から修繕までを一貫して行う場合、入居者からの苦情対応のみを行い維持及び修繕（維持・修繕業者への発注等を含む。）を行っていない場合は、賃貸住宅の維持保全には該当しない。

３　「維持保全に係る契約の締結の媒介、取次ぎ、代理」について（第１号関係）

「媒介」とは、他人の間に立って、他人を当事者とする法律行為の成立に尽力する事実行為をいい、例えば、賃貸人と維持・修繕業者の間に契約が成立するように、賃貸住宅管理業者が両者の間に立って各種事務を行う行為が該当する。

「取次ぎ」とは、自己の名をもって他人の計算において、法律行為を行うことを引き受ける行為をいい、例えば、賃貸住宅管理業者が自己の名をもって賃貸人のために維持・修繕業者に発注事務等を行う行為が該当する。

「代理」とは、本人から代理権を付与された者が、当該本人のために相手方との間で意思表示をし、又は意思表示を受けることによって、その法律効果が本人に直接帰属することをいい、例えば、賃貸人から代理権を付与された賃貸住宅管理業者が、賃貸人の代理人として維持・修繕業者と契約を締結する行為が該当する。

4 「家賃、敷金、共益費その他の金銭の管理を行う業務」について（第２号関係）

金銭の管理を行う業務については、賃貸住宅の賃貸人から委託を受けて、当該委託に係る賃貸住宅の維持保全を行うことと併せて行うものに限り、第２条第２項に規定する賃貸住宅管理業に該当することとなり、金銭の管理のみを行う業務については、賃貸住宅管理業には該当しない。

第２条第３項関係

賃貸住宅管理業者について

（1）「賃貸住宅管理業を営む」について

「賃貸住宅管理業を営む」とは、営利の意思を持って反復継続的に賃貸住宅管理業を行うことをいい、営利の意思の有無については、客観的に判断されることとなる。

（2）特定転貸事業者について

特定転貸事業者については、一般に、特定賃貸借契約又は当該特定賃貸借契約に付随する契約により、本来賃貸人が行うべき賃貸住宅の維持保全を、賃貸人からの依頼により賃貸人に代わって行っており、この場合における特定転貸事業者は賃貸住宅管理業を営んでいるものと解されることから、当該特定転貸事業者の事業の規模が、法第３条の「国土交通省令で定める規模」未満である場合を除き、当該特定転貸事業者は賃貸住宅管理業の登録を受けなければならない。なお、「国土交通省令で定める規模」については、第３条第１項関係１の記載を参照すること。

（3）いわゆるアセットマネジメント事業者について

いわゆるアセットマネジメント事業者については、オーナーや信託の受益者から受託した資産運用業務の一環として賃貸住宅管理業者に管理業務を行わせている場合、当該アセットマネジメント事業者は、賃貸住宅管理業者との関係ではいわばオーナーや信託の受益者と同視しうる立場にあるものと考えられることから、この場合における当該アセットマネジメント事業者は、管理業務を行う事業を営んでいるとは解されず、賃貸住宅管理業の登録を受ける必要はない。

なお、いわゆるアセットマネジメント事業者がオーナーや信託の受益者から受託した資産運用業務を行う際に、賃貸住宅の維持保全に係る契約の締結について、オーナーや信託の受益者に代わって契約内容の可否を判断することや、オーナーや信託の受益者の代理人として契約を締結することは、「賃貸住宅の維持保全に係る契約の締結の媒介、取次ぎ又は代理を行う業務」とはみなされず、当該アセットマネジメント事業者が管理業務を行っているものとは解さない。

第２条第４項関係

１　「特定賃貸借契約」について

「特定賃貸借契約」とは、賃貸人と賃借人との間で締結される賃貸住宅の賃貸借契約であって、賃借人が、当該賃貸住宅を転貸する事業を営むことを目的として締結されるものをいい、ここで、事業を営むとは、営利の意思を持って反復継続的に転貸することをいうものとする。なお、営利の意思の有無については、客観的に判断されることとなる。

このため、個人が賃借した賃貸住宅について、事情により、一時的に第三者に転貸するような場合は、特定賃貸借契約に該当しない。

２　「人的関係、資本関係その他の関係において賃貸人と密接な関係を有する者」について

（１）「親族」について（規則第２条第１号イ関係）

「親族」とは、民法（明治29年法律第89号）第725条に定める６親等内の血族、配偶者及び３親等内の姻族をいう。

（２）「役員」について（規則第２条第１号ロ関係）

役員とは、次に掲げる者をいう。

①株式会社においては、取締役、執行役、会計参与（会計参与が法人であるときは、その職務を行うべき社員）及び監査役

②合名会社、合資会社及び合同会社においては、定款をもって業務を執行する社員がいる場合には当該社員。その他の場合には全ての社員

③財団法人及び社団法人においては、理事及び監事

④特殊法人等においては、総裁、理事長、副総裁、副理事長、専務理事、理事、監事等法令により役員として定められている者

（３）「関係会社」について（規則第２条第３号～第７号関係）

規則第２条第３号～第７号規定の「関係会社」は、賃貸人が次に掲げる場合には、それぞれ次に掲げる者の関係会社をいうものとし、各号規定の賃貸人の関係会社を指すものではないことに留意すること。

・登録投資法人：当該登録投資法人の資産運用会社

・特定目的会社：当該特定目的会社から特定資産の管理及び処分に係る業務の委託を受けた者

・その構成員の間で不動産特定共同事業法（平成６年法律第77号）第２条第３項第１号の不動産特定共同事業契約が締結されている民法上の組合：当該組合の業務執行者

・特例事業者：当該特例事業者から委託を受けて不動産取引に係る業務を行う不動産特定共同事業者又は小規模不動産特定共同事業者

・賃貸住宅に係る信託受託者
：当該信託の委託者又は受益者（以下「委託者等」という。）、委託者等が登録投資法人である場合における当該登録投資法人の資産運用会社、委託者等が特定目的会社である場合における当該特定目的会社の委託を受けて特定資産の管理及び処分に係る業務の委託を受けた者

このため、例えば、登録投資法人が賃貸人である場合には、当該登録投資法人の資産運用会社の関係会社を賃借人とする賃貸借契約は、特定賃貸借契約に該当しない。また、登録投資法人が信託受益権を保有し、当該信託受益権の受託者である信託銀行が賃貸人である場合には、当該登録法人の資産運用会社の関係会社を賃借人とする賃貸借契約は、特定賃貸借契約に該当しない。

第２条第５項関係

「賃貸住宅を第三者に転貸する事業を営む者」について

（１）「特定転貸事業者」について

「特定転貸事業者」とは、特定賃貸借契約に基づき賃借した賃貸住宅を第三者に転貸する事業を営む者をいい、ここで、事業を営むとは、営利の意思を持って反復継続的に転貸することをいうものとする。なお、営利の意思の有無については、客観的に判断されることとなる。

（2）借上社宅について

いわゆる借上社宅については、例えば、社宅代行業者（転貸人）が企業（転借人）との間で賃貸借契約を締結し、当該企業が、転貸人から賃借した賃貸住宅にその従業員等を入居させる場合、社内規定等に基づき従業員等に利用させることが一般的であり、この場合における当該企業は「転貸する事業を営む者」に該当せず、特定転貸事業者に該当しない。また、当該企業と従業員等との間で賃貸借契約が締結されている場合であっても、相場よりも低廉な金額を利用料として徴収する場合には、従業員等への転貸により利益を上げることを目的とするものではないことから、この場合における当該企業も同様に「転貸する事業を営む者」には該当せず、特定転貸事業者には該当しない。

なお、この場合における社宅代行業者は、当該賃貸住宅の所有者（賃貸人）に支払う家賃と当該企業から支払われる家賃が同額であっても、当該企業から手数料等何らかの名目で収益を得ることが一般的であるため、営利の意思を持っているということができ、「転貸する事業を営む者」に該当することから、特定転貸事業者に該当する。

第３条第１項関係

１　「国土交通省令で定める規模」について（規則第３条関係）

登録が義務付けられる規模は規則第３条において200戸と定めており、管理戸数が一時的にでも200戸を超えた場合、その時点で登録を受けていなければ賃貸住宅管理業を営むことはできないことから、一時的にでも200戸を超える見込みがあれば、登録を受けることが適当である。この点、管理戸数が200戸を超えない小規模な賃貸住宅管理業者であっても、法に沿ったルールを遵守することが、管理業者とオーナーとの間のトラブルの未然防止に繋がるため、賃貸住宅管理業の登録を受けることを推奨する。

なお、賃貸住宅管理業の登録を受けた場合は、管理戸数が200戸を超えない場合であっても、他の登録業者と同様に、法第２章の賃貸住宅管理業に関する規制に服することとなり、これに違反した場合、業務停止等の監督処分や罰則の対象になるが、一方で、登録を受けることにより、社会的信用の向上につながることが見込まれる。

２　管理戸数の確認等について

登録申請事務を処理する地方整備局、北海道開発局又は沖縄総合事務局（以下「地方整備局等」という。）は、管理戸数について、賃貸住宅管理業者が登録申請又は更新申請をする際に提出を求める書類（別記様式第４号）において確認を行うものとする。

戸数の数え方については、入居者との間で締結されることが想定される賃貸借契約の数をベースとして数えるものとする。例えば、１棟の家屋のうち、台所・浴室・便所等を入居者が共同で利用する、いわゆる「シェアハウス」を１棟管理するケースにおいて、当該シェアハウスが10部屋から構成されており、そのうち４部屋を入居者が使用し、残りの６部屋が空室になっている場合でも、当該シェアハウスを管理する賃貸住宅管理業者の管理戸数は、10戸と数えるものとする。

３　登録手数料について

（１）手数料の額について

法第３条第１項に基づき、賃貸住宅管理業の登録申請をする場合は、登録免許税法（昭和42年法律第35号）に基づき、申請件数１件あたり９万円を納付するものとする。

（２）納税地について

賃貸住宅管理業の登録申請をする場合は、（１）の額を次の納税地に納付するものとする。

① 北海道開発局に登録申請をする場合は、「北海道札幌市北区北三十一条西７－３－１ 札幌国税局札幌北税務署」

② 東北地方整備局に登録申請をする場合は、「宮城県仙台市青葉区上杉１－１－１ 仙台国税局仙台北税務署」

③ 関東地方整備局に登録申請をする場合は、「埼玉県さいたま市中央区新都心１－１ 関東信越国税局浦和税務署」

④ 北陸地方整備局に登録申請をする場合は、「新潟県新潟市中央区西大畑町5191 関東信越国税局新潟税務署」

⑤ 中部地方整備局に登録申請をする場合は、「愛知県名古屋市中区三の丸３－３－２ 名古屋国税局名古屋中税務署」

⑥ 近畿地方整備局に登録申請をする場合は、「大阪府大阪市中央区大手前１－５－63 大阪国税局東税務署」

⑦ 中国地方整備局に登録申請をする場合は、「広島県広島市中区上八丁堀３－19 広島国税局広島東税務署」

⑧ 四国地方整備局に登録申請をする場合は、「香川県高松市天神前２－10 高松国税局高松税務署」

⑨ 九州地方整備局に登録申請をする場合は、「福岡県福岡市東区馬出１－８－１ 福岡国税局博多税務署」

⑩ 沖縄総合事務局に登録申請をする場合は、「沖縄県那覇市旭町９ 沖縄

国税事務所那覇税務署」

なお、登録免許税は、前記の納税地のほか、日本銀行及び国税の収納を行うその代理店並びに郵便局において納付することができるが、この場合においては、納付書の宛先は上記の各税務署となる。

第3条第5項関係

更新手数料等について

「政令で定める額の手数料」とは、令第1条により、次に掲げる手続の方法に応じそれぞれ次に掲げる額によるものとする。

・書面による場合：18,700円

・オンラインによる場合：18,000円

なお、更新手数料の納付先は、更新の申請を行う地方整備局等とする。

第4条第1項関係

1　賃貸住宅管理業の登録の申請について

（1）登録申請の方法について

登録の申請は、賃貸住宅管理業登録等電子申請システムを利用して行うことを原則とする。

（2）登録の申請書等の様式の記載についての留意事項について

①賃貸住宅管理業者登録申請書（別記様式第1号）

申請者が法人である場合は、登録申請者の「商号又は名称」には、当該事項を記入し、「氏名」には、当該法人の代表者の氏名を記入するものとする。申請者が個人である場合は、「商号又は名称」がある場合は、当該事項を記入し、「氏名」には、申請者の氏名を記入するものとする。

申請者又は申請者の法定代理人が法人である場合は、「商号、名称又は氏名及び住所」、「法定代理人に関する事項」、「法定代理人の代表者に関する事項（法人である場合）」、「法定代理人の役員に関する事項（法人である場合）」、「役員に関する事項（法人である場合）」について、登記事項証明書に記載された情報を記入するものとする。

「代表者又は個人に関する事項」、「法定代理人に関する事項」、「法定代理人の代表者に関する事項(法人である場合)」、「法定代理人の役員に関する事項（法人である場合）」「役員に関する事項」の「氏名」及び「住所」については、住民票に記載された氏名及び住所を記入するものとする。

「法定代理人の役員に関する事項（法人である場合）」については、法定代理人の役員全員について記載するものとする。

「役員に関する事項（法人である場合）」については、法人の役員全員について記載するものとする。

②業務等の状況に関する書面（別記様式第４号）

「業務の状況」及び「財産の分別管理の状況」については、それぞれ申請日時点における状況を記入することとする。

「業務の状況」のうち、「契約金額」については、管理受託契約に係る金額を記載することとする。（特定賃貸借契約に係る契約金額の記入は不要。）

③業務管理者の配置状況（別記様式第５号）

「有する資格」については、規則第14条各号に規定する要件のうち該当するものにチェックすることとする。賃貸住宅の管理業務等の適正化に関する法律施行規則の一部を改正する省令（令和３年国土交通省令第34号）附則第２条の国土交通大臣が指定する講習を修了した者については、「第十四条第一号」にチェックすることとする。

「証明又は登録番号」については、規則第14条第１号に該当する者については登録証明事業による証明番号を記入し、括弧内に登録証明事業の登録番号を記入することとする。同条第２号に該当する者については宅地建物取引士の登録番号を記入し、括弧内に登録を受けた都道府県名等を記入することとする。

④誓約書（別記様式第６号）

「商号又は名称」には、当該事項を記入し、「代表者の氏名」には、法人の代表者の氏名を記入することとする。

⑤誓約書（別記様式第８号）

「氏名」には、申請者の氏名を記入することとする。申請者が未成年である場合において、法定代理人が法人である場合には、「商号又は名称」には、当該事項を記入し、「氏名」には、法人の代表者の氏名を記入することとする。

⑥登録事項変更届出書（別記様式第９号）

上記①賃貸住宅管理業者登録申請書（別記様式第１号）の記載に係る留意事項に従って記載すること。

⑦廃業等届出書（別記様式第10号）

「氏名」については、届出者の氏名を記入することとする。

「商号、名称又は氏名」については、賃貸住宅管理業者登録申請書（別記様式第１号）に記入したとおりに記入する。賃貸住宅管理業者登録申請書（別記様式第１号）の提出後に「商号、名称又は氏名」に変更のあった者については、最後に提出した登録事項変更届出書（別記様式第９号）に記入したとおりに記入する。

⑧標識（別記様式第12号）

「商号、名称又は氏名」及び「主たる営業所又は事務所の所在地」については、賃貸住宅管理業者登録申請書（別記様式第１号）に記入したとおりに記入する。賃貸住宅管理業者登録申請書（別記様式第１号）の提出後に「商号、名称又は氏名」又は「主たる営業所又は事務所の所在地」に変更のあった者については、最後に提出した登録事項変更届出書（別記様式第９号）に記入したとおりに記入する。

２　「営業所又は事務所」について（第４号関係）

「営業所又は事務所」とは、管理受託契約の締結、維持保全の手配、又は家賃、敷金、共益費その他の金銭の管理の業務（法第２条第２項第２号に規定する業務を行う場合に限る。）が行われ、継続的に賃貸住宅管理業の営業の拠点となる施設として実態を有するものが該当する。

電話の取次ぎのみを行う施設、維持保全業務に必要な物品等の置き場などの施設は、営業所又は事務所には該当しない。

なお、個人の場合は、当該事業者の営業の本拠が該当する。

第４条第２項関係

１　賃貸住宅管理業の登録申請の各添付書類について

添付書類において必要な官公署が証明する書類は、申請日前３月以内に発行されたものであるものとする。

規則第７条第１項第１号イに規定する「定款又は寄附行為」は、商号、事業目的、役員数、任期及び主たる営業所又は事務所の所在地が登記事項証明書の内容と一致しているものであって、現在効力を有するものとする。

規則第７条第１項第１号ロ及び第２号ニに規定する「登記事項証明書」は、履歴事項全部証明書とする。

規則第７条第１項第１号ニに規定する「役員が破産手続開始の決定を受けて復権を得ない者に該当しない旨の市町村の長の証明書」は、外国籍の役員においては、日本国政府の承認した外国政府又は権限のある国際機関の発行した書類その他これに準じるもので、破産手続開始の決定を受けて復権を得ない者と同様に取り扱われている者に該当しない旨を証明する書類とする。当該書類が存在しない場合は、「これに代わる書面」として、破産手続開始の決定を受けて復権を得ない者に相当するものに該当しない者であることを公証人又は公的機関等が証明した書類を提出することとする。

規則第７条第１項第１号トに規定する「最近の事業年度における貸借対照表及び損益計算書」は、最も新しい確定した決算書を添付することとする。新規設立の法人で、最初の決算期を迎えていない場合は、開業貸借対照表（会社の設立時や会社の開業時に作成される貸借対照表のことをいう。）を添付するのみで足り、損益計算書及び規則第７条第１項第１号ハに規定する「法人税の直前一年の各年度における納付すべき額及び納付済額を証する書面」の添付は省略することができる。

上記のほか、規則第７条第３項に規定する「必要と認める書類」として、登録申請者が管理受託契約を締結している賃貸住宅の名称、所在地等を記載した台帳を添付するものとする。

２　登録申請書に添付しなければならない書類の一部を省略できる場合について（規則第７条第４項関係）

宅地建物取引業法（昭和27年法律第176号）第２条第３号に規定する宅地建物取引業者及びマンションの管理の適正化の推進に関する法律（平成12年法律第149号）第２条第８号に規定するマンション管理業者が登録申請する場合で法人の場合にあっては、規則第７条第１項第１号イ及びロ並びにニからへまでに掲げる書類、個人の場合にあっては、規則第７条第１項第２号ロからニまでに掲げる書類をそれぞれ省略することができる。

賃貸住宅管理業者登録規程等を廃止する告示（令和３年国土交通省告示第81号）による廃止前の賃貸住宅管理業者登録規程（平成23年国土交通省告示第998号）（以下「廃止前賃貸住宅管理業者登録規程」という。）第２条第４項に規定する賃貸住宅管理業者が登録申請する場合で法人の場合にあっては、規則第７条第１項第１号イ、ロ及びニに掲げる書類、個人の場合にあっては、規則第７条第１項第２号ロ及びニに掲げる書類をそれぞれ省略することができる。

第５条関係

１　申請に対する処分に係る標準処理期間について

法第４条第１項に基づく登録の申請に対する処分に係る標準処理期間については、原則として、申請の提出先とされている地方整備局長、北海道開発局長又は沖縄総合事務局長（以下「地方整備局長等」という。）に当該申請が到達した日の翌日から起算して当該申請に対する処分の日までの期間を90日とする。

なお、適正な申請を前提に定めるものであるから、形式上の要件に適合しない申請の補正に要する期間はこれに含まれない。また、適正な申請に対する処理についても、審査のため、相手方に必要な資料の提供等を求める場合にあっては、相手方がその求めに応ずるまでの期間はこれに含まれないものとする。

2　登録番号の取扱いについて

（1）登録番号は、地方整備局等単位ではなく全国を通して、登録をした順に付与することとする。

（2）登録番号の括弧書きには、登録の更新の回数に１を加えた数を記入するものとする。

（3）登録が効力を失った場合の登録番号は欠番とし、補充は行わないものとする。

（4）令和２年６月30日までに廃止前賃貸住宅管理業者登録規程に基づく登録を受けていた者（令和２年６月30日までに廃業等の届出を行った、又は、登録の有効期限を迎え登録の更新をしなかった者を除く。）については、登録番号の括弧書きには、更新の回数に２を加えた数を記入するものとする。また、令和２年７月１日以降に廃止前賃貸住宅管理業者登録規程に基づく登録の有効期限を迎え、法の規定に基づく登録の申請をするまでに廃止前賃貸住宅管理業者登録規程に基づく登録の更新を行わなかった者についても、同様とする。

3　登録における申請者への通知について

登録における申請者への通知について、賃貸住宅管理業登録等電子申請システムを利用する申請者に対しては、当該システムにて登録番号等の通知を行うものとする。なお、当該システムを利用しない申請者又は当該システムを利用した申請者で通知の送付を希望する者に対しては、別途定める様式を用いて郵送等の方法により通知を行うものとするが、申請時において、申請者自身で用意した封筒に住所・宛名を記載し、所要の切手を貼付したものを提出するものとする。

第６条第10号関係
「賃貸住宅管理業を遂行するために必要と認められる財産的基礎を有しない者」について（規則第10条関係）

「財産及び損益の状況が良好であること」とは、登録申請日を含む事業年度の前事業年度において、負債の合計額が資産の合計額を超えておらず、かつ、支払不能に陥っていない状態をいうものとする。

ただし、負債の合計額が資産の合計額を超えている場合であっても、例えば、登録申請日を含む事業年度の直前２年の各事業年度において当期純利益が生じている場合、十分な資力を有する代表者からの「代表者借入金」を控除した負債の合計額が資産の合計額を超えていない場合など、上記の「負債の合計額が資産の合計額を超えて」いないことと同等又は同等となることが相応に見込まれる場合には、「財産及び損益の状況が良好である」と認めて差し支えない。

「支払不能に陥っていないこと」とは、債務者が支払能力の欠乏のため弁済期にある全ての債務について継続的に弁済することができない客観的状態のことをいう。なお、支払能力の欠乏とは、財産、信用、あるいは労務による収入のいずれをとっても債務を支払う能力がないことを意味する。

第6条第11号関係

「業務管理者を確実に選任すると認められない者」について

別記様式第５号に基づき、登録申請をする事業者の営業所又は事務所の数に足るだけの規則第14条各号に規定する要件を満たす業務管理者となり得る者が確認できない場合が該当する。

第7条関係

1　届出方法について

届出は、賃貸住宅管理業登録等電子申請システムを利用して行うことを原則とする。

2　変更の届出の処理について

変更事項が、地方整備局長等の管轄区域を超える主たる営業所又は事務所の変更である場合には、次により取り扱うものとする。

（１）変更の届出を受けた変更後の主たる営業所又は事務所の所在地を管轄する地方整備局長等は、賃貸住宅管理業者登録簿に届出者に係る登載事項を追加した旨を変更前の主たる営業所又は事務所の所在地を管轄する地方整備局長等に通知するものとする。

（２）当該通知を受けた地方整備局長等は、賃貸住宅管理業者登録簿から当該届出者に係る登載事項を削除するとともに、必要な書類を変更後の主たる営業所又は事務所の所在地を管轄する地方整備局長等に送付するものとする。

3　登録事項変更届出書への添付書類について

（１）法人の役員における変更事項について

変更に係る事項が法人の役員の氏名であるときには、新しく役員に就任する場合も含むものとする。

（2）変更に係る事項が法人の場合に必要な添付書類について

商号、名称及び住所の変更の場合には、規則第７条第１項第１号ロの書類を添付する必要がある。

法人の役員の就任の場合には、規則第７条第１項第１号ロ、ニ及びホに掲げる書類及び当該役員が法第６条第１項第８号に該当しないことを誓約する書面を添付する必要がある。退任の場合には、規則第７条第１項第１号ロに掲げる書類の添付のみで足りる。

法人の役員の氏名が変更される場合において、変更後の氏名が商業登記簿に記録されているときは、規則第７条第１項第１号ロ、ニ及びホに掲げる書類及び当該役員が法第６条第１項第８号に該当しないことを誓約する書面を添付する必要がある。ただし、変更後の氏名で商業登記簿に記載されていないときは、変更届出そのものを行う必要がない。

現在の取締役が監査役に就任するなど社内で他の役職に就任する場合は、規則第７条第１項第１号ニに掲げる書類の添付を省略することができる。

主たる営業所又は事務所における所在地の変更及び従たる営業所又は事務所における新設、廃止及び所在地の変更の場合においては、規則第７条第１項第１号ロ及びリに掲げる書類を添付する必要がある。

（3）変更に係る事項が個人の場合に必要な添付書類について

個人の氏名が変更される場合には、戸籍謄（抄）本を添付することとする。

法定代理人が法人である場合には規則第７条第１項第２号ニ及びト、法定代理人が個人である場合には規則第７条第１項第２号ロ、ハ及びトに掲げる書類を添付することとする。

法定代理人（法人）の役員の就任の場合には、規則第７条第１項第２号ロからニまでに掲げる書類及び当該役員が法第６条第１項第８号に該当しないことを誓約する書面を添付する必要がある。退任の場合には、規則第７条第１項第２号ニに掲げる書類の添付のみで足りる。

法定代理人（法人）の役員の氏名が変更される場合において、変更後の氏名で商業登記簿に記載されているときは、規則第７条第１項第２号ロからニまでに掲げる書類及び当該役員が法第６条第１項第８号に該当しないことを誓約する書面を添付する必要がある。ただし、変更後の氏名で商業登記簿に記載されていないときは、変更届出そのものを行う必要がない。

主たる営業所又は事務所における所在地の変更及び従たる営業所又は事務所における新設、廃止及び所在地の変更の場合においては、規則第７条第１項第２号へに掲げる書類（規則第７条第１項第１号チに掲げる書類を除く）を添付する必要がある。

（４）相続人等による変更における取り扱いについて

個人で地方整備局長等の登録を受けた者の相続人等が引き続き賃貸住宅管理業を営むためには、変更届出による変更は認められず、新たに登録の申請を行う必要がある。

第９条関係

廃業等の届出について

一時的な休業の場合は、本条に基づく廃業届を提出する必要はない。なお、１年以上業務を行っていないときは、法第23条第２項の規定により、登録取消しの対象となる。

第10条関係

業務処理の原則について

賃貸住宅管理業者は、賃貸住宅管理業の専門家として、専門的知識をもって適切に管理業務を行うとともに、賃貸住宅の賃貸人が安心して管理業務を委託することができる環境を整備することが必要である。このため、賃貸住宅管理業者は、常に賃貸住宅のオーナーや入居者等の視点に立ち、業務に誠実に従事することで、紛争等を防止するとともに、賃貸借契約の更新に係る業務、契約の管理に関する業務、入居者への対応に関する業務のうち法第２条第２項第１号の「維持保全」には含まれないものなど、法第２条第２項に定める業務以外の賃貸住宅の管理に関する業務を含め、賃貸住宅管理業の円滑な業務の遂行を図る必要があるものとする。

第12条関係

１　営業所又は事務所ごとに配置すべき業務管理者の人数について

賃貸住宅管理業に係る賃貸住宅の戸数、賃貸住宅管理業を遂行する従業員の数は営業所又は事務所ごとに異なるため、賃貸住宅管理業者は、入居者の居住の安定の確保等の観点から、当該営業所又は事務所においてその従業員が行う管理業務等の質を担保するために必要な指導、管理、及び監督をし得るだけの数の業務管理者を配置することが望ましい。

２　業務管理者の専任性について

業務管理者が宅地建物取引士も兼務する等他の業務を兼務することが法違反となるものではないが、入居者の居住の安定の確保等の観点から賃貸住宅管理業者の従業員が行う管理業務等について必要な指導、管理、及び監督の業務に従事できる必要がある。

なお、宅地建物取引士が業務管理者を兼ねる場合における宅地建物取引業法に規定する宅地建物取引士の専任性要件との関係については、宅地建物取引業法の解釈・運用の考え方を参照のこと。

3 「国土交通大臣がその実務の経験を有する者と同等以上の能力を有すると認めた者」について（規則第14条関係）

「国土交通大臣がその実務の経験を有する者と同等以上の能力を有すると認めた者」とは、国、地方公共団体又は国若しくは地方公共団体の出資により設立された法人において管理業務に従事した期間が通算して２年以上である者、又は、規則第19条第６号の規定に基づき、管理業務に関し２年以上の実務の経験を有することと同等以上の能力を有することの確認を受けた者をいうものとする。

4 「これと同等以上の能力を有すること」について（規則第19条第６号関係）

「これと同等以上の能力を有すること」とは、管理業務に関する２年以上の実務の経験に代わる講習を修了していることをいうものとする。

第13条関係

1 管理受託契約締結前の重要事項の説明について

法第13条に基づく説明（以下「管理受託契約重要事項説明」という。）は、業務管理者によって行われることは必ずしも必要ないが、業務管理者の管理及び監督の下に行われる必要があり、また、業務管理者又は一定の実務経験を有する者など専門的な知識及び経験を有する者によって行われることが望ましい。なお、管理受託契約重要事項説明は、賃貸人から委託を受けようとする賃貸住宅管理業者自らが行う必要があることに留意すること。

管理受託契約重要事項説明については、賃貸人が契約内容を十分に理解した上で契約を締結できるよう、説明から契約締結までに１週間程度の期間をおくことが望ましい。説明から契約締結までの期間を短くせざるを得ない場合には、事前に管理受託契約重要事項説明書等を送付し、その送付から一定期間後に、説明を実施するなどして、管理受託契約を委託しようとする者が契約締結の判断を行うまでに十分な時間をとることが望ましい。

賃貸住宅管理業者は、賃貸人が管理受託契約重要事項説明の対象となる場合は、その者が管理受託契約について一定の知識や経験があったとしても、下記２（１）～(11) に掲げる事項を書面に記載し、十分な説明をすることが必要である。その上で、説明の相手方の知識、経験、財産の状況、賃貸住宅経営の目的やリスク管理判断能力等に応じた説明を行うことが望ましいことから、説明の相手方の属性やこれまでの賃貸住宅経営の実績に留意すること。

契約期間中に下記２（１）～(11）に掲げる事項に変更があった場合には、少なくとも変更のあった事項について、当初契約の締結前の管理受託契約重要事項説明と同様の方法により、賃貸人に対して書面の交付等を行った上で説明すること。

なお、説明に際しては、別添１の「管理受託契約重要事項説明書」に準拠した書面を用いることが望ましい。

本規定については、法施行前に締結された管理受託契約で、法施行後に変更されたものについても適用されるものであることに十分留意する必要がある。

２「管理受託契約の内容及びその履行に関する事項であって国土交通省令で定めるもの」について（規則第31条関係）

「管理受託契約の内容及びその履行に関する事項であって国土交通省令で定めるもの」として賃貸住宅管理業者が管理受託契約重要事項説明書に記載する事項は以下とする。

（１）管理受託契約を締結する賃貸住宅管理業者の商号、名称または氏名並びに登録年月日及び登録番号（第１号関係）

（２）管理業務の対象となる賃貸住宅（第２号関係）

管理業務の対象となる賃貸住宅の所在地、物件の名称、構造、面積、住戸部分（部屋番号）その他の部分（廊下、階段、エントランス等）、建物設備（ガス、上水道、下水道、エレベーター等）、附属設備等（駐車場、自転車置き場等）等について記載し、説明すること。

（３）管理業務の内容及び実施方法（第３号関係）

賃貸住宅管理業者が行う法第２条第２項の管理業務の内容について、回数や頻度を明示して可能な限り具体的に記載し、説明すること。

管理業務と併せて、入居者からの苦情や問い合わせへの対応を行う場合は、その内容についても可能な限り具体的に記載し、説明すること。

（４）報酬並びにその支払の時期及び方法（第４号関係）

（５）（４）の報酬に含まれていない管理業務に関する費用であって、賃貸住宅管理業者が通常必要とするもの（第５号関係）

賃貸住宅管理業者が管理業務を実施するのに伴い必要となる水道光熱費や、空室管理費等が考えられる。

（６）管理業務の一部の再委託に関する事項（第６号関係）

賃貸住宅管理業者は、管理業務の一部を第三者に再委託することができることを事前に説明するとともに、再委託することとなる業務の内容、再委託予定者を事前に明らかにすること。

（７）責任及び免責に関する事項（第７号関係）

管理受託契約の締結にあたり、賃貸人に賠償責任保険等への加入を求める場合や、当該保険によって保障される損害については賃貸住宅管理業者が責任を負わないこととする場合は、その旨を記載し、説明すること。

（８）法第21条の規定による委託者への報告に関する事項（第８号関係）

賃貸住宅管理業者が行う管理業務の実施状況等について、賃貸人へ報告する内容やその頻度について記載し、説明すること。

（９）契約期間に関する事項（第９号関係）

管理受託契約の始期、終期及び期間について説明する。

（10）賃貸住宅の入居者に対する（３）の内容の周知に関する事項（第10号関係）

賃貸住宅管理業者が行う（３）に記載する管理業務の内容及び実施方法について、どのような方法（対面での説明、書類の郵送、メール送付等）で入居者に対して周知するかについて記載し、説明すること。

（11）管理受託契約の更新及び解除に関する事項（第11号関係）

賃貸人と賃貸住宅管理業者間における契約の更新の方法について事前に説明すること。

賃貸人又は賃貸住宅管理業者が、契約に定める義務に関してその本旨に従った履行をしない場合には、その相手方は、相当の期間を定めて履行を催告し、その期間内に履行がないときは、解除することができる旨を事前に説明すること。

３　管理受託契約の更新等に際しての重要事項説明について

賃貸住宅管理業者が管理受託契約を当初契約と異なる内容で更新する場合、改めて管理受託契約重要事項説明書の交付及び管理受託契約重要事項説明をするものとする。

ここで「当初契約と異なる内容」とは、契約内容のうち、少なくとも、管理受託契約重要事項説明の内容が当初契約と異なる場合は、当初契約と異なる内容による契約であると考えられる。なお、契約の同一性を保ったままで契約期間のみを延長することや、組織運営に変更のない商号又は名称等の変更等、形式的な変更と認められる場合はこれに該当せず、その場合、本条に基づく管理受託契約重要事項説明等は行わないこととして差し支えない。

このため、法施行前に締結された管理受託契約を法施行後に更新する場合であって、それが当初契約と異なる内容による契約に該当する場合、本条に基づく管理受託契約重要事項説明書の交付及び管理受託契約重要事項説明が必要である。

また、管理受託契約が締結されている賃貸住宅が、契約期間中に現賃貸人から売却され、賃貸人たる地位が新たな賃貸人に移転し、従前と同一内容によって当該管理受託契約が承継される場合であっても、賃貸住宅管理業者は、賃貸人たる地位が移転することを認識した後、遅滞なく、新たな賃貸人に管理受託契約重要事項説明書の交付及び管理受託契約重要事項説明をするものとする。

4　管理受託契約重要事項説明にITを活用する場合について

（1）電磁的方法による提供について（規則第32条、第33条関係）

賃貸住宅管理業者は、賃貸人の承諾を得て、管理受託契約重要事項説明書に記載すべき事項を電磁的方法により提供することができるものとする。その場合は、次の事項に留意すること。

・電磁的方法により管理受託契約重要事項説明書を提供しようとする場合は、相手方がこれを確実に受け取れるように、用いる方法（電子メール、WEBでのダウンロード、CD-ROM等）やファイルへの記録方法（使用ソフトウェアの形式やバージョン等）を示した上で、電子メール、WEBによる方法、CD-ROM等相手方が承諾したことが記録に残る方法で承諾を得ること。

・管理受託契約重要事項説明書を電磁的方法で提供する場合、出力して書面を作成でき、改変が行われていないか確認できることが必要であること。

（2）管理受託契約重要事項説明にITを活用する場合の取扱いについて

管理受託契約重要事項説明にテレビ会議等のITを活用するに当たっては、次に掲げるすべての事項を満たしている場合に限り、対面による説明と同様に取扱うものとする。

なお、説明の相手方に事前に管理受託契約重要事項説明書等を読んでおくことを推奨するとともに、管理受託契約重要事項説明書等の送付から一定期間後に、ITを活用した管理受託契約重要事項説明を実施することが望ましい。

・説明者及び重要事項の説明を受けようとする者が、図面等の書類及び説明の内容について十分に理解できる程度に映像が視認でき、かつ、双方が発する音声を十分に聞き取ることができるとともに、双

方向でやりとりできる環境において実施していること
・管理受託契約重要事項説明を受けようとする者が承諾した場合を除き、管理受託契約重要事項説明書及び添付書類をあらかじめ送付していること
・重要事項の説明を受けようとする者が、管理受託契約重要事項説明書及び添付書類を確認しながら説明を受けることができる状態にあること並びに映像及び音声の状況について、賃貸住宅管理業者が重要事項の説明を開始する前に確認していること

第14条関係

1　管理受託契約締結時書面について

法第14条第１項各号規定の事項及び規則第35条各号規定の事項が記載された契約書であれば、当該契約書をもってこの書面とすることができるものとする。

また、賃貸住宅管理業者は管理受託契約締結時書面についても、第13条関係４（１）により、電磁的方法による提供ができるものとする。

2　管理受託契約の更新等に際しての管理受託契約締結時書面の交付について

賃貸住宅管理業者が管理受託契約を当初契約と異なる内容で更新する場合、管理受託契約締結時書面の交付をするものとする。

ここで「当初契約と異なる内容」とは、契約内容のうち、少なくとも、管理受託契約重要事項説明の内容が当初契約と異なる場合は、当初契約と異なる内容による契約であると考えられる。なお、契約の同一性を保ったままで契約期間のみを延長することや、組織運営に変更のない商号又は名称等の変更等、形式的な変更と認められる場合はこれに該当しない。

第15条関係

1　一部の再委託について

管理受託契約に管理業務の一部の再委託に関する定めがあるときは、一部の再委託を行うことができるが、自らで再委託先の指導監督を行わず、全てについて他者に再委託すること、又は、管理業務を複数の者に分割して再委託して自ら管理業務を一切行わないことは、本条に違反する。

2　再委託における責任について

再委託先は賃貸住宅管理業者である必要はないが、賃貸住宅の賃貸人と管理受託契約を締結した賃貸住宅管理業者が再委託先の業務の実施について責任を負うこととなる。このため、法第６条各号（第11号を除く。）の登録拒

否要件に該当しない事業者に再委託することが望ましく、また、再委託期間中は、賃貸住宅管理業者が責任をもって再委託先の指導監督を行うことが必要である。なお、契約によらずに管理業務を自らの名義で他者に行わせる場合には、名義貸しに該当する場合があるため、再委託は契約を締結して行うことが必要である。

第16条関係

「整然と管理する方法として国土交通省令で定める方法」について（規則第36条関係）

管理受託契約に基づく管理業務において受領する家賃、敷金、共益費その他の金銭（以下「家賃等」という。）を管理する口座と賃貸住宅管理業者の固有財産を管理する口座を別とした上で、管理受託契約毎に金銭の出入を区別した帳簿を作成する等により勘定上も分別管理する必要がある。

なお、家賃等を管理する口座と賃貸住宅管理業者の固有財産を管理する口座の分別については、少なくとも家賃等を管理する口座を同一口座として賃貸住宅管理業者の固有財産を管理する口座と分別すれば足りる。

また、家賃等を管理する口座にその月分の家賃をいったん全額預入し、当該口座から賃貸住宅管理業者の固有財産を管理する口座に管理報酬分の金額を移し替える等、家賃等を管理する口座と賃貸住宅管理業者の固有財産を管理する口座のいずれか一方に家賃等及び賃貸住宅管理業者の固有財産が同時に預入されている状態が生じることは差し支えないが、この場合においては、家賃等又は賃貸住宅管理業者の固有財産を速やかに家賃等を管理する口座又は賃貸住宅管理業者の固有財産を管理する口座に移し替えることとする。ただし、賃貸人に家賃等を確実に引き渡すことを目的として、適切な範囲において、管理業者の固有財産のうちの一定額を家賃等を管理する口座に残しておくことは差し支えない。

第17条関係

従業者証明書の携帯等について

従業者であることを表示する方法は証明書による方法に統一することとする。この従業者証明書を携帯させるべき者の範囲は、賃貸住宅管理業者の責任の下に、当該賃貸住宅管理業者が営む賃貸住宅管理業に従事する者とする。なお、賃貸住宅管理業者と直接の雇用関係にある者であっても、内部管理事務に限って従事する者は、従業者証明書の携帯の義務はない。また、単に一時的に業務に従事するものに携帯させる証明書の有効期間については、他の者と異なり、業務に従事する期間に限って発行することとする。

第18条関係

帳簿の記載事項について

（1）「契約の対象となる賃貸住宅」について（規則第38条第3号関係）

管理受託契約の対象となる賃貸住宅の所在地及び物件の名称、部屋番号、委託の対象となる部分及び附属設備をいう。

（2）「受託した管理業務の内容」について（規則第38条第4号関係）

本号で規定する「管理業務」については、法第2条第2項に基づく管理業務に限らず、賃貸人と賃貸住宅管理業者が締結する管理受託契約において規定する委託業務の内容も含めて記載することが望ましい。

（3）「報酬の額」について（規則第38第5号条関係）

管理業務に対する報酬だけでなく、管理業務に要する費用等（賃貸住宅管理業者が当該業務を実施するのに伴い必要となる水道光熱費、当該業務の実施のために要した賃貸住宅に設置・配置する備品その他賃貸住宅を事業の用に供するために必要な物品等の購入に要した費用）についても、賃貸住宅管理業者が一時的に支払い、後にその費用の支払いを賃貸人から受ける場合は、その費用も含むものとする。

（4）「管理受託契約における特約その他参考となる事項」について（規則第38条第6号関係）

賃貸人と賃貸住宅管理業者が締結する管理受託契約において、国土交通省が定める標準管理受託契約書に定めのない事項など、参考となる事項については、賃貸住宅管理業者の判断により記載する。

第20条関係

1 「管理業務の実施状況その他の国土交通省令で定める事項」について（規則第40条第1項関係）

「管理業務の実施状況その他の国土交通省令で定める事項」として管理業務報告書に記載する事項は以下等とする。

なお、以下の事項以外の事項についても、賃貸人の求めに応じて報告することが望ましい。

（1）「管理業務の実施状況」について（第2号関係）

本号で規定する「管理業務」については、法第2条第2項に基づく管理業務に限らず、賃貸人と賃貸住宅管理業者が締結する管理受託契約における委託業務の全てについて報告することが望ましい。

（2）「管理業務の対象となる賃貸住宅の入居者からの苦情の発生状況及び対応状況」について（第3号関係）

苦情の発生した日時、苦情を申し出た者の属性、苦情内容、苦情への対応状況等について、把握可能な限り記録し、報告する必要がある。

単純な問い合わせについて、記録及び報告の義務はないが、苦情を伴う問合せについては、記録し、対処状況も含めて報告する必要がある。

なお、法施行前に締結された管理受託契約については、法施行後に当該管理受託契約が更新された場合、形式的な変更と認められる場合であっても、更新された後においては、賃貸人に対して本規定に基づく報告を行うべきである。また、当該管理受託契約が更新される前においても、可能な限り早期に報告を行うことが望ましい。

2　報告の頻度について

管理受託契約を締結した日から1年を超えない期間ごとに、及び管理受託契約の期間の満了後遅滞なく、報告を行う必要があり、報告する事項によっては、それ以上の頻度で報告を行うことが望ましい。

3　電磁的方法による提供について

賃貸住宅管理業者が、賃貸人の承諾を得て、管理業務報告書に記載すべき事項を電磁的方法により提供する場合は、第13条関係4（1）の記載と同様の取り扱いとする。

なお、管理業務報告書に記載すべき事項を電磁的方法により提供する場合は、賃貸人とのトラブルを未然に防止する観点からも、当該提供を行う賃貸住宅管理業者において、管理業務報告書のデータを適切に保存するよう努めるものとする。

第21条第2項関係

秘密保持義務が課される「従業者」について

「従業者」とは賃貸住宅管理業者の指揮命令に服しその業務に従事する者をいい、再委託契約に基づき管理業務の一部の再委託を受ける者等賃貸住宅管理業者と直接の雇用関係にない者であっても含まれるものとする。

第28条関係

1　「勧誘者」について

「勧誘者」とは、特定転貸事業者が特定賃貸借契約の締結についての勧誘を行わせる者をいい、特定の特定転貸事業者と特定の関係性を有する者であって、当該特定転貸事業者の特定賃貸借契約の締結に向けた勧誘を行う者をいうものとする。

ここで、特定の特定転貸事業者と特定の関係性を有する者とは、特定転貸事業者から委託を受けて勧誘を行う者が該当するほか、明示的に勧誘を委託されてはいないが、特定転貸事業者から勧誘を行うよう依頼をされている者や、勧誘を任されている者は該当し、依頼の形式は問わず、資本関係も問わないものとする。特定の関係性を有する者であるかどうかは、客観的に判断すべきものであり、たとえ勧誘者が、自分は自発的に勧誘を行っており、特定転貸事業者が勧誘を行わせている者でないと主張したとしても、勧誘者に係る規制の適用を免れるものではない。また、勧誘者が勧誘行為を第三者に再委託した場合は、当該第三者も勧誘者に該当する。

また、ここでいう「勧誘」とは、特定賃貸借契約の相手方となろうとする者の特定賃貸借契約を締結する意思の形成に影響を与える程度の勧め方をいい、個別事案ごとに客観的に判断されるものとする。

例えば、特定の特定転貸事業者との特定賃貸借契約を締結することを直接勧める場合のほか、特定の特定転貸事業者との特定賃貸借契約のメリットを強調して締結の意欲を高めるなど、客観的に見て特定賃貸借契約の相手方となろうとする者の意思の形成に影響を与えていると考えられる場合も勧誘に含まれるが、契約の内容や条件等に触れずに単に事業者を紹介する行為は、これに含まれないと考えられる。

2 「誇大広告等」について

「誇大広告等」とは、実際よりも優良であると見せかけて相手を誤認させる誇大広告に加え、虚偽の表示により相手を欺く虚偽広告も含まれ、広告の媒体は、新聞、雑誌、テレビ、インターネット等種類を問わないものとする。

3 誇大広告等をしてはならない事項について

著しく事実に相違する表示をし、又は実際のものよりも著しく優良であり若しくは有利であると誤認させる表示をしてはならない事項として規則第43条で規定する事項とは、次に掲げる事項をいうものとする。

（1）「特定賃貸借契約の相手方に支払う家賃の額、支払期日及び支払方法等の賃貸の条件並びにその変更に関する事項」について（規則第43条第１号関係）

「特定賃貸借契約の相手方に支払う家賃の額、支払期日及び支払方法等の賃貸の条件並びにその変更に関する事項」とは、特定転貸事業者が賃貸人に支払うべき家賃の額、支払期日及びその支払い方法、当該額の見直しがある場合はその見直しの時期、借地借家法第32条に基づく家賃の減額請求権及び利回りをいうものとする。

資料編

（２）「賃貸住宅の維持保全の実施方法」について（規則第43条第２号関係）

「賃貸住宅の維持保全の実施方法」とは、特定転貸事業者が行う賃貸住宅の維持保全の内容、頻度、実施期間等をいうものとする。

（３）「賃貸住宅の維持保全に要する費用の分担に関する事項」について（規則第43条第３号関係）

「賃貸住宅の維持保全に要する費用の分担に関する事項」とは、維持保全の費用を負担する者及び当該費用に関する特定転貸事業者と賃貸人の負担割合をいうものとする。

（４）「特定賃貸借契約の解除に関する事項」について（規則第43条第４号関係）

「特定賃貸借契約の解除に関する事項」とは、契約期間、契約の更新時期及び借地借家法第28条に基づく更新拒絶等の要件をいうものとする。

４　「著しく事実に相違する表示」について

「事実に相違する」とは、広告に記載されている内容が実際の特定賃貸借契約の内容と異なることをいうものとする。

「著しく」とは、個々の広告の表示に即して判断されるべきものであるが、特定賃貸借契約の相手方となろうとする者が、広告に記載されていることと事実との相違を知っていれば通常、その特定賃貸借契約に誘引されないと判断される程度のことをいい、単に事実と当該表示との相違することの度合いが大きいことのみで判断されるものではないことに留意すること。

「著しく事実に相違する表示」であるか否かの判断に当たっては、広告に記載された一つ一つの文言等のみではなく、表示内容全体から特定賃貸借契約の相手方となろうとする者が受ける印象・認識により総合的に判断するものとする。

５　「実際のものよりも著しく優良であり、若しくは著しく有利であると人を誤認させるような表示」について

「実際のものよりも著しく優良であり、若しくは有利であると人を誤認させるような表示」に該当するかは、特定賃貸借契約の内容等についての専門的知識や情報を有していない者を誤認させる程度か、広告に記載された一つ一つの文言等のみでなく、表示内容全体から当該者が受ける印象・認識により総合的に判断するものとする。

第29条関係

１　「特定賃貸借契約の締結の勧誘をするに際し」について

特定賃貸借契約の相手方となろうとする者がいまだ契約締結の意思決定を

していないときに、特定転貸事業者又は勧誘者が、当該者と特定賃貸借契約を締結することを目的として、又は当該者に契約を締結させる意図の下に働きかけることをいうものとする。なお、当該者の判断に影響を及ぼすこととなる重要なものについて事実の不告知・不実告知があれば足り、実際に契約が締結されたか否かは問わない。

2 「解除を妨げるため」について

特定賃貸借契約の相手方の特定賃貸借契約を解除する意思を翻させたり、断念させたりするほか、契約の解除の期限を徒過するよう仕向けたり、協力しない等、その実現を阻止する目的又は意図の下に行うことをいうものとする。なお、実際に特定賃貸借契約の相手方が契約解除を妨げられたか否かは問わない。

3 「特定賃貸借契約の相手方又は相手方となろうとする者の判断に影響を及ぼすこととなる重要なもの」について

特定転貸事業者が特定賃貸借契約の相手方に支払う家賃の額等の賃貸の条件やその変更に関する事項、特定転貸事業者が行う賃貸住宅の維持保全の内容及び実施方法、契約期間に発生する維持保全、長期修繕等の費用負担に関する事項、契約の更新又は解除に関する事項等、当該事項を告げない、又は事実と違うことを告げることで、特定賃貸借契約の相手方又は相手方となろうとする者（以下「相手方等」という。）の不利益に直結するものをいうものとする。

4 「故意に事実を告げず、又は不実のことを告げる行為」について

「故意に事実を告げず」とは、事実を認識しているにもかかわらず、あえてこれを告げない行為をいうものとする。「故意に不実のことを告げる行為」とは、事実でないことを認識していながらあえて事実に反することを告げる行為をいうものとする。

ここで、「故意」については、内心の心理状態を示す主観的要件であるが、客観的事実によって推認されることとなるほか、特定転貸事業者であれば当然に知っていると思われる事項を告げないような場合については、故意の存在が推認されることになると考えられる。

5 「特定賃貸借契約の相手方又は相手方となろうとする者の保護に欠けるもの」について

（1）「特定賃貸借契約を締結若しくは更新させ、又は特定賃貸借契約の申込みの撤回若しくは解除を妨げるため、特定賃貸借契約の相手方又は相手方となろうとする者を威迫する行為」について（規則第44条第1号関係）

「威迫する行為」とは、脅迫とは異なり、相手方等に恐怖心を生じさせるまでは要しないが、相手方等に不安の念を抱かせる行為をいうものとする。

（2）「特定賃貸借契約の締結又は更新について相手方等に迷惑を覚えさせるような時間に電話又は訪問により勧誘する行為」について（規則第44条第2号関係）

「迷惑を覚えさせるような時間」とは、相手方等の職業や生活習慣等に応じ、個別に判断するものとする。一般的には、相手方等に承諾を得ている場合を除き、特段の理由が無く、午後9時から午前8時までの時間帯に電話勧誘又は訪問勧誘を行うことは、本号が規定する勧誘に該当する。

（3）「特定賃貸借契約の締結又は更新について深夜又は長時間の勧誘その他の私生活又は業務の平穏を害するような方法により相手方等を困惑させる行為」について（規則第44条第3号関係）

「その者を困惑させる行為」とは、個別事案ごとに判断されるものであるが、深夜勧誘や長時間勧誘のほか、例えば、相手方等が勤務時間中であることを知りながら執ような勧誘を行って相手方等を困惑させることや面会を強要して相手方等を困惑させる行為などが該当する。

（4）「特定賃貸借契約の締結又は更新をしない旨の意思を表示した相手方等に対して執ように勧誘する行為」について（規則第44条第4号関係）

「契約の締結又は更新をしない旨の意思」は、口頭であるか、書面であるかを問わず、契約の締結又は更新の意思がないことを明示的に示すものが該当する。また、相手方等が特定賃貸借契約を締結等しない旨の意思表示を行った場合には、引き続き勧誘を行うことのみならず、その後、改めて勧誘を行うことも「勧誘を継続すること」に該当するので禁止される。同一のサブリース業者の他の担当者による勧誘も同様に禁止される。

「執ように勧誘する行為」とは、電話勧誘又は訪問勧誘などの勧誘方法、自宅又は会社などの勧誘場所の如何にかかわらず、相手方等が特定賃貸借契約の締結又は更新をしない旨を意思表示した以降、又は勧誘行為そのものを拒否する旨の意思表示をした以降、再度勧誘することをいい、一度でも再勧誘を行えば本号違反となる。

第30条関係

1　特定賃貸借契約締結前の重要事項の説明について

第30条に基づく説明（以下「特定賃貸借契約重要事項説明」という。）は、一定の実務経験を有する者や賃貸不動産経営管理士（一般社団法人賃貸不動産経営管理士協議会の賃貸不動産経営管理士資格制度運営規程に基づく登録を受けている者）など、専門的な知識及び経験を有する者によって行われることが望ましい。なお、特定賃貸借契約重要事項説明は、特定転貸事業者自らが行う必要があることに留意すること。

特定賃貸借契約重要事項説明については、特定賃貸借契約の相手方となろうとする者が契約内容とリスク事項を十分に理解した上で契約を締結できるよう、説明から契約締結までに１週間程度の期間をおくことが望ましい。説明から契約締結までの期間を短くせざるを得ない場合には、事前に特定賃貸借契約重要事項説明書等を送付し、その送付から一定期間後に、説明を実施するなどして、特定賃貸借契約の相手方となろうとする者が契約締結の判断を行うまでに十分な時間をとることが望ましい。

特定転貸事業者は、相手方が特定賃貸借契約重要事項説明の対象となる場合は、その者が特定賃貸借契約について一定の知識や経験があったとしても、下記２（１）～(14）に掲げる事項を書面に記載し、十分な説明をすることが必要である。その上で、説明の相手方の知識、経験、財産の状況、賃貸住宅経営の目的やリスク管理判断能力等に応じた説明を行うことが望ましいことから、説明の相手方の属性やこれまでの賃貸住宅経営の実績に留意すること。

契約期間中に下記２（１）～(14）に掲げる事項に変更があった場合には、少なくとも変更のあった事項について、当初契約の締結前の特定賃貸借契約重要事項説明と同様の方法により、賃貸人に対して書面の交付等を行った上で説明すること。

なお、説明に際しては、別添２の「特定賃貸借契約重要事項説明書」に準拠した書面を用いることが望ましい。

また、特定転貸事業者については、一般に、特定賃貸借契約又は当該特定賃貸借契約に付随する契約により、本来賃貸人が行うべき賃貸住宅の維持保全を、賃貸人からの依頼により賃貸人に代わって行っており、この場合における特定転貸事業者は当該賃貸人との間で管理受託契約を締結しているものと解されるが、当該特定転貸事業者は、当該管理受託契約の内容を特定賃貸借契約重要事項説明書に記載し、当該特定賃貸借契約重要事項説明書を用いて特定賃貸借契約重要事項説明の場において管理受託契約重要事項説明を行うことができる。この場合、当該特定賃貸借契約重要事項説明書には、第13条関係２（１）～(11）に掲げる事項を記載し、これらの事項について第13

条関係1の管理受託契約重要事項説明と同様の方法により説明を行う必要があり、説明については、業務管理者の管理及び監督の下に行われる必要があり、また、業務管理者又は一定の実務経験を有する者など専門的な知識及び経験を有する者によって行われることが望ましい。

本規定については、法施行前に締結された特定賃貸借契約で、法施行後に変更されたものについても適用されるものであることに十分留意する必要がある。

2 「特定賃貸借契約の内容及びその履行に関する事項であって国土交通省令で定めるもの」について（規則第46条関係）

「特定賃貸借契約の内容及びその履行に関する事項であって国土交通省令で定めるもの」として特定転貸事業者が特定賃貸借契約重要事項説明書に記載し、説明する事項は以下とする。

（1）特定賃貸借契約を締結する特定転貸事業者の商号、名称又は氏名及び住所（第1号関係）

（2）特定賃貸借契約の対象となる賃貸住宅（第2号関係）

特定賃貸借契約の対象となる賃貸住宅の所在地、物件の名称、構造、面積、住戸部分（部屋番号、住戸内の設備等）、その他の部分（廊下、階段、エントランス等）、建物設備（ガス、上水道、下水道、エレベーター等）、附属設備等（駐車場、自転車置き場等）等について記載し、説明すること。

（3）特定賃貸借契約の相手方に支払う家賃の額、支払期日及び支払方法等の賃貸の条件並びにその変更に関する事項（第3号関係）

特定転貸事業者が賃貸人に支払う家賃の額、家賃の設定根拠、支払期限、支払い方法、家賃改定日等について記載し、説明すること（家賃の他、敷金がある場合も同様とする。）。なお、家賃の設定根拠については、近傍同種の家賃相場を示すなどして記載の上、説明すること。

契約期間が長期である場合などにおいて、賃貸人が当初の家賃が契約期間中変更されることがないと誤認しないよう、家賃改定のタイミングについて説明し、当初の家賃が減額される場合があることを記載し、説明すること。また、契約において、家賃改定日が定められていても、その日以外でも、(14)に記載のとおり、借地借家法に基づく減額請求が可能であることについて記載し、説明すること。

入居者の新規募集や入居者退去後の募集に一定の時間がかかるといった理由から、特定転貸事業者が賃貸人に支払う家賃の支払いの免責期間を設定する場合は、その旨を記載し、説明すること。

（4）特定転貸事業者が行う賃貸住宅の維持保全の実施方法（第４号関係）

特定転貸事業者が行う法第２条第２項規定の維持保全の内容について、回数や頻度を明示して可能な限り具体的に記載し、説明すること。

賃貸住宅の維持保全と併せて、入居者からの苦情や問い合わせへの対応を行う場合は、その内容についても可能な限り具体的に記載し、説明すること。

なお、維持又は修繕のいずれか一方のみを行う場合や入居者からの苦情対応のみを行い維持及び修繕（維持・修繕業者への発注等を含む。）を行っていない場合であっても、その内容を記載し、説明することが望ましい。

（5）特定転貸事業者が行う賃貸住宅の維持保全に要する費用の分担に関する事項（第５号関係）

特定転貸事業者が行う維持保全の具体的な内容や設備毎に、賃貸人と特定転貸事業者のどちらが、それぞれの維持や修繕に要する費用を負担するかについて記載し、説明すること。その際、賃貸人が費用を負担する事項について誤認しないよう、例えば、設備毎に費用負担者が変わる場合や、賃貸人負担となる経年劣化や通常損耗の修繕費用など、どのような費用が賃貸人負担になるかについて具体的に記載し、説明すること。

また、修繕等の際に、特定転貸事業者が指定する業者が施工するといった条件を定める場合は、必ずその旨を記載し、説明すること。

（6）特定賃貸借契約の相手方に対する維持保全の実施状況の報告に関する事項（第６号関係）

特定転貸事業者が行う維持保全の実施状況について、賃貸人へ報告する内容やその頻度について記載し、説明すること

（7）損害賠償額の予定又は違約金に関する事項（第７号関係）

引渡日に物件を引き渡さない場合や家賃が支払われない場合等の債務不履行や契約の解約の場合等の損害賠償額の予定又は違約金を定める場合はその内容を記載し、説明すること。

（8）責任及び免責に関する事項（第８号関係）

天災等による損害等、特定転貸業者が責任を負わないこととする場合は、その旨を記載し、説明すること。

賃貸人が賠償責任保険等への加入をすることや、その保険に対応する損害については特定転貸事業者が責任を負わないこととする場合は、その旨を記載し、説明すること。

（９）契約期間に関する事項（第９号関係）

契約の始期、終期、期間及び契約の類型（普通借家契約、定期借家契約）を記載し、説明すること。また、契約期間は、家賃が固定される期間ではないことを記載し、説明すること。

(10) 転借人の資格その他の転貸の条件に関する事項（第10号関係）

反社会的勢力への転貸の禁止や、学生限定等の転貸の条件を定める場合は、その内容について記載し、説明すること。

(11) 転借人に対する（４）の内容の周知に関する事項（第11号関係）

特定転貸事業者が行う（４）に記載する維持保全の内容についてどのような方法（対面での説明、書類の郵送、メール送付等）で周知するかについて記載し、説明すること。

(12) 特定賃貸借契約の更新及び解除に関する事項（第12号関係）

賃貸人と特定転貸事業者間における契約の更新の方法（両者の協議の上、更新することができる等）、契約の解除の場合の定めを設ける場合はその内容及び（７）について記載し、説明すること。

賃貸人又は特定転貸事業者が契約に定める義務に関してその本旨に従った履行をしない場合には、その相手方は、相当の期間を定めて履行を催告し、その期間内に履行がないときは契約を解除することができる旨を記載し、説明すること。

契約の更新拒絶等に関する借地借家法の規定の概要については、(14)の内容を記載し、説明すること。

(13) 特定賃貸借契約が終了した場合における特定転貸事業者の権利義務の承継に関する事項（第13号関係）

特定賃貸借契約が終了した場合、賃貸人が特定転貸事業者の転貸人の地位を承継することとする定めを設け、その旨を記載し、説明すること。特に、転貸人の地位を承継した場合に、正当な事由なく入居者の契約更新を拒むことはできないこと、特定転貸事業者の敷金返還債務を承継すること等について賃貸人が認識できるようにすること。

(14) 借地借家法（平成30年法律第90号）その他特定賃貸借契約に係る法令に関する事項の概要（第14号関係）

①借地借家法第32条第１項（借賃増減請求権）について

特定賃貸借契約を締結する場合、借地借家法第32条第１項（借賃増減請求権）が適用されるため、特定転貸事業者が賃貸人に支払う家賃が、変更前の家賃額決定の要素とした事情等を総合的に考慮した上で、

・土地又は建物に対する租税その他の負担の増減により不相当となっ

たとき
・土地又は建物の価格の上昇又は低下その他の経済事情の変動により不相当となったとき
・近傍同種の建物の借賃に比較して不相当となったとき

は、契約の条件にかかわらず、特定転貸事業者は家賃を相当な家賃に減額を請求することができること及び空室の増加や特定転貸事業者の経営状況の悪化等が生じたとしても、上記のいずれかの要件を充足しない限りは、同条に基づく減額請求はできないことを記載し、説明すること。

特に、契約において、家賃改定日が定められている場合や、一定期間特定転貸事業者から家賃の減額はできないものとする等の内容が契約に盛り込まれていた場合であっても、同条に基づき、特定転貸事業者からの家賃の減額請求はできることを記載して説明し、賃貸人が、これらの規定により、特定転貸業者からの家賃減額はなされないと誤認しないようにすること。

さらに、借地借家法に基づき、特定転貸事業者は減額請求をすることができるが、賃貸人は必ずその請求を受け入れなければならないわけでなく、賃貸人と特定転貸事業者との間で、変更前の家賃決定の要素とした事情を総合的に考慮した上で、協議により相当家賃額が決定されることを記載し、説明すること。なお、家賃改定額について合意に至らない場合は、最終的に訴訟によることとなる。

②借地借家法第28条（更新拒絶等の要件）について

普通借家契約として特定賃貸借契約を締結する場合、借地借家法第28条（更新拒絶等の要件）が適用されるため、賃貸人から更新を拒絶する場合には、次に掲げる事項を考慮して、正当の事由があると認められる場合でなければすることができない旨を記載し、説明すること。

・賃貸人及び特定転貸事業者（転借人（入居者）を含む）が建物の使用を必要とする事情
・建物の賃貸借に関する従前の経過
・建物の利用状況及び建物の現況並びに賃貸人が建物の明渡しの条件として又は建物の明渡しと引換えに特定転貸事業者（転借人（入居者）を含む）に対して財産上の給付をする旨の申出をした場合におけるその申出

特に、契約において、賃貸人と特定転貸事業者の協議の上、更新することができる等の更新の方法について定められている場合に、賃貸人が、自分が更新に同意しなければ、特定転貸事業者が更新の意思を示していても、契約を更新しないことができると誤認しないようにすること。

③借地借家法第38条（定期建物賃貸借）について

定期借家契約として特定賃貸借契約を締結する場合、家賃は減額できないとの特約を定めることにより、借地借家法第32条の適用はなく、特定転貸事業者から家賃の減額請求はできないこと、契約期間の満了により、契約を終了することができること、賃貸人からの途中解約は原則としてできないことを記載し、説明すること。

3　特定賃貸借契約の更新等に際しての重要事項説明について

特定転貸事業者が特定賃貸借契約を当初契約と異なる内容で更新する場合、改めて特定賃貸借契約重要事項説明書の交付及び特定賃貸借契約重要事項説明をするものとする。

ここで「当初契約と異なる内容」とは、契約内容のうち、少なくとも、特定賃貸借契約重要事項説明の内容が当初契約と異なる場合は、当初契約と異なる内容による契約であると考えられる。なお、契約の同一性を保ったままで契約期間のみを延長することや、組織運営に変更のない商号又は名称等の変更等、形式的な変更と認められる場合はこれに該当せず、その場合、本条に基づく特定賃貸借契約重要事項説明等は行わないこととして差し支えない。

このため、法施行前に締結された特定賃貸借契約を法施行後に更新する場合であって、それが当初契約と異なる内容による契約に該当する場合、本条に基づく特定賃貸借契約重要事項説明書の交付及び特定賃貸借契約重要事項説明が必要である。

また、特定賃貸借契約が締結されている家屋等が、契約期間中現賃貸人から売却され、賃貸人たる地位が新たな賃貸人に移転し、従前と同一内容によって当該特定賃貸借契約が承継される場合であっても、特定転貸事業者は、賃貸人たる地位が移転することを認識した後、遅滞なく、新たな賃貸人に特定賃貸借契約重要事項説明書の交付及び特定賃貸借契約重要事項説明をするものとする。

4　特定賃貸借契約重要事項説明にITを活用する場合について

（1）電磁的方法による提供について（規則第32条、第33条関係）

特定転貸事業者が、特定賃貸借契約の相手方となろうとする者の承諾を得て、特定賃貸借契約重要事項説明書に記載すべき事項を電磁的方法により提供する場合は、第13条関係4（1）の記載と同様の取り扱いとする。

（2）特定賃貸借契約重要事項説明にITを活用する場合の取扱いについて

特定賃貸借契約重要事項説明にテレビ会議等のITを活用する場合は、第13条関係4（2）の記載と同様の取り扱いとする。

第31条関係第1項関係

1　特定賃貸借契約締結時書面について

法第31条第1項各号規定の事項、及び規則第48条各号規定の事項が記載された契約書であれば、当該契約書をもってこの書面とすることができるものとする。

なお、特定転貸事業者については、一般に、特定賃貸借契約又は当該特定賃貸借契約に付随する契約により、本来賃貸人が行うべき賃貸住宅の維持保全を、賃貸人からの依頼により賃貸人に代わって行っており、この場合における特定転貸事業者は当該賃貸人との間で管理受託契約を締結しているものと解されるが、当該特定転貸事業者は、当該管理受託契約の内容を特定賃貸借契約締結時書面に記載することができる。この場合、当該特定賃貸借契約締結時書面には、法第14条第1項各号規定の事項及び規則第35条各号規定の事項を記載する必要がある。

また、特定転貸事業者は特定賃貸借契約締結時書面についても、第30条関係4（1）により、電磁的方法による提供ができるものとする。

2　特定賃貸借契約の更新に際しての締結時書面の交付について

特定転貸事業者が特定賃貸借契約を当初契約と異なる内容で更新する場合、締結時書面の交付をするものとする。

ここで、「当初契約と異なる内容」とは、契約内容のうち、少なくとも法第31条第1項及び規則第48条各号が規定する事項が当初契約と異なる場合は、当初契約と異なる内容による契約であると考えられる。なお、契約の同一性を保ったままで契約期間のみを延長することや、組織運営に変更のない商号又は名称等の変更等、形式的な変更と認められる場合はこれに該当しない。

第32条関係

「特定転貸事業者の業務及び財産の状況を記載した書類」について

（1）「特定転貸事業者の業務及び財産の状況を記載した書類」とは、規則第49条において、業務状況調書、賃借対照表及び損益計算書、又はこれらに代わる書面とされ、このうち、業務状況調書は別添3によるものとする。

（2）「これらに代わる書面」とは、貸借対照表、損益計算書などが包含される有価証券報告書や外資系企業が作成する同旨の書面、又は商法上作成が義務付けられる商業帳簿等が考えられる。

第35条関係

国土交通大臣への申出制度について

本条に基づく申し出は、直接の利害関係者に限らず、また、個人、法人、団体を問わず、誰でも申出ができるものとする。

（1）申出書に記載する事項について（規則第50条関係）

国土交通大臣に対して申出をしようとする者は、別添4の申出書に、次の事項を記載の上、提出するものとする。

①申出人の氏名又は名称及び住所

②申出の趣旨

取引の公正やオーナー等の利益が害されるおそれがあると認められる事実等について、具体的に記載することが望ましい。

③その他参考となる事項

個別のケースにより異なるが、例えば、被害状況の詳細、広告に用いられた広告媒体、同様の被害を受けた者の証言等を記載することが考えられる。

（2）申出の方法について

申出の方法は、別添4を添付の上、原則、電子メールを送付する方法によることとする。

別添１

管理受託契約 重要事項説明書

（第一面）

令和　年　月　日

殿（甲）

第一面に記載した賃貸住宅の管理受託契約の内容等について、賃貸住宅の管理業務の適正化に関する法律第13条の規定に基づき、次のとおり説明します。

(1)管理受託契約を締結する賃貸住宅管理業者の商号等

賃貸住宅管理業者（乙）	商号（名称）	
	代表者	
	住所	
	連絡先	
	登録年月日	
	登録番号	

説明をする者	氏名	
	事務所住所	
	連絡先	
	資格	

業務管理者	氏名	
	事務所住所	
	連絡先	
	証明番号又は登録番号	

（第二面）

(2)管理業務の対象となる賃貸住宅

<table>
<tr><td rowspan="6">建物の
名称・
所在地等</td><td>名　称</td><td colspan="2"></td></tr>
<tr><td>所在地</td><td colspan="2"></td></tr>
<tr><td>構造等</td><td colspan="2">造　階建　戸</td></tr>
<tr><td rowspan="3">面　積</td><td>敷地面積</td><td>㎡</td></tr>
<tr><td>建築面積</td><td>㎡</td></tr>
<tr><td>延べ面積</td><td>㎡</td></tr>
<tr><td colspan="2">住戸部分</td><td colspan="2">別紙「住戸明細表」に記載の通り</td></tr>
<tr><td colspan="2">その他の部分</td><td colspan="2">廊下、階段、エントランス</td></tr>
<tr><td colspan="2">建物設備</td><td>ガ　　ス
上　水　道
下　水　道
共聴アンテナ</td><td></td></tr>
<tr><td colspan="2">附属施設等</td><td>駐　車　場
自転車置場</td><td></td></tr>
</table>

（第三面）

(3)管理業務の内容及び実施方法・管理業務の一部の再委託に関する事項

実施箇所等		内容・頻度等	乙	委託	委託先
点検・清掃等			□	□	
			□	□	
			□	□	
			□	□	
			□	□	
			□	□	
			□	□	
			□	□	
修繕等			□	□	
家賃等の徴収等			□	□	
			□	□	
			□	□	
			□	□	
			□	□	
			□	□	
			□	□	
その他			□	□	

資料編

（第四面）

(4)甲が乙に支払う報酬並びにその支払の時期及び方法

金額		支払期限	支払方法
管理報酬	家賃及び共益費（管理費）の　% （別途、消費税） 円	当月分・翌月分を 毎月　日まで 甲への家賃等引渡し時	振込　／　持参

※賃借人からの家賃等から管理報酬を相殺し、甲に送金する場合はその旨を説明し記載すること

(5)乙が甲に引き渡す敷金及び家賃等の時期及び方法

金額		支払時期	支払方法
家賃	円	当月分・翌月分を 毎月　　日まで	振込　／　持参
敷金	家賃　　ヶ月相当分 円		振込　／　持参

(6)報酬に含まれていない管理業務に関する費用であって、乙が通常必要とするもの

(7)財産の分別管理に関する事項

(8)定期報告に関する事項

※頭書(3)に記載する管理業務の実施状況を定期的に報告することとします。また、甲は必要があると認められるときは、乙に対して管理業務の実施状況に関して報告を求めることができることとします。

（第五面）

(9)責任及び免責に関する事項

(10)契約期間に関する事項

契約期間	（始期）令和　年　月　日から （終期）令和　年　月　日まで	年　月間

(11)入居者への対応に関する事項

入居者へ周知する内容	入居者への周知方法

(12)契約の更新又は解除に関する事項

別紙

住戸明細表

（1）賃貸借の目的物

建物名称	
建物所在地	

（2）住戸内の設備

設　備	有無	備　　考
エアコン一基	有・無	
バルコニー(1階は除く)	有・無	
オートロック	有・無	
システムキッチン	有・無	
フローリング床	有・無	
床暖房	有・無	
追焚き機能付風呂	有・無	
浴室乾燥機	有・無	
独立洗面所	有・無	
クローゼット又は1間収納	有・無	
大型下足入れ	有・無	
電話2回線以上	有・無	
宅配ボックス	有・無	
	有・無	
	有・無	
	有・無	

（3）住戸内訳

部屋番号	面積	間取り	家賃	備　　考
	壁芯・内法　㎡		円	
	壁芯・内法　㎡		円	
	壁芯・内法　㎡		円	
	壁芯・内法　㎡		円	
	壁芯・内法　㎡		円	
	壁芯・内法　㎡		円	
	壁芯・内法　㎡		円	
	壁芯・内法　㎡		円	
	壁芯・内法　㎡		円	

別添2

特定賃貸借契約 重要事項説明書

（第一面）

令和　年　月　日

殿　（甲）

第二面に記載した賃貸住宅の特定賃貸借契約の内容等について、賃貸住宅の管理業務等の適正化に関する法律第30条の規定に基づき、次のとおり説明します。

この書面には、特定賃貸借契約を締結する上でのリスクや留意点が記載されています。あらかじめよくお読みいただき、ご不明な点はご確認ください。

資料編

（第二面）

(1)特定賃貸借契約を締結する特定転貸事業者の商号等

借主（乙）	商号（名称）	
	代表者	
	住所	
	連絡先	
	登録年月日	
	登録番号	

説明をする者	氏名	
	事務所住所	
	連絡先	
	資格	

業務管理者	氏名	
	事務所住所	
	連絡先	
	証明番号又は登録番号	

（第三面）

(2)特定賃貸借契約の対象となる賃貸住宅

<table>
<tr><td rowspan="4">建物の名称・所在地等</td><td>名　称</td><td colspan="2"></td></tr>
<tr><td>所在地</td><td colspan="2"></td></tr>
<tr><td>構造等</td><td colspan="2">造　階建　戸</td></tr>
<tr><td>面　積</td><td>敷地面積
建築面積
延べ面積</td><td>㎡
㎡
㎡</td></tr>
<tr><td colspan="2">住戸部分</td><td colspan="2">別紙「住戸明細表」に記載の通り</td></tr>
<tr><td colspan="2">その他の部分</td><td colspan="2">廊下、階段、エントランス</td></tr>
<tr><td colspan="2">建物設備</td><td>ガ　ス
上水道
下水道
共聴アンテナ</td><td></td></tr>
<tr><td colspan="2">附属施設等</td><td>駐車場
自転車置場</td><td></td></tr>
</table>

資料編

（第四面）

(3)契約期間に関する事項

契約期間	（始期）令和　年　月　日から （終期）令和　年　月　日まで	年　月　間	一般借家契約 定期借家契約

・本契約では、契約期間中においても、当社から解約の申し入れをすることにより、解約をすることができます。

・本契約には、借地借家法第 28 条（更新拒絶等の要件）が適用されるため、お客様からの解約の申し入れは、

①お客様及び当社（転借人（入居者）を含む）が建物の使用を必要とする事情

②建物の賃貸借に関する従前の経過

③建物の利用状況及び建物の現況並びにお客様が建物の明渡しの条件として又は建物の明渡しと引換えに当社（転借人（入居者）を含む）に対して財産上の給付をする旨の申出をした場合におけるその申出

を考慮して、正当の事由があると認められる場合でなければすることができません。

・契約期間中においても、家賃は変更になることがあります。

引渡日	令和年月日

(4)乙が甲に支払う家賃その他賃貸の条件に関する事項

金　額		支　払　期　限	支　払　方　法
家賃	円	当月分・翌月分を 毎月日まで	振込　／　持参
	家賃の設定根拠		
	初回の家賃改定日	本契約の始期から　年を経過した日の属する日の翌月１日	
	２回目以降の 家賃改定日	初回の家賃改定日経過後　　年毎	

・上記の家賃改定日における見直しにより、家賃が減額となる場合があります。

・本契約には、借地借家法第32条第１項（借賃増減請求権）が適用されるため、上記の家賃改定日以外の日であっても、当社からお客様に支払う家賃が、上記記載の家賃額決定の要素とした事情等を総合的に考慮した上で、

①土地又は建物に対する租税その他の負担の増減により不相当となったとき

②土地又は建物の価格の上昇又は低下その他の経済事情の変動により不相当となったとき

③近傍同種の建物の借賃に比較して不相当となったとき

は、本契約の条件にかかわらず、当社は家賃を相当な家賃に減額することを請求することができます。

・ただし、空室の増加や当社の経営状況の悪化等が生じたとしても、上記①～③のいずれかの要件を充足しない限りは、同条に基づく減額請求はできません。

（第五面）

・また、借地借家法に基づく、当社からの減額請求について、お客様は必ずその請求を受け入れなければならないわけでなく、当社との間で、変更前の家賃決定の要素とした事情を総合的に考慮した上で、協議により相当家賃額が決定されることとなります。

金　額		支　払　期　限	支　払　方　法
敷 金	家賃　　ヶ月相当分 円	月　日まで	振込　／　持参

・引渡しに係る借上げ家賃の支払い免責期間

引渡日から　ヶ月

・退出募集に係る借上げ家賃の支払免責期間

退出募集支払免責期間　ヶ月

(5)乙が行う賃貸住宅の維持保全の実施方法

実施箇所等		内容・頻度等	乙	委託	委託先
点検・清掃等					
修繕等					
その他					

（第六面）

(6)乙が行う賃貸住宅の維持保全の費用負担に関する事項

実施箇所等		費用負担者 甲	費用負担者 乙	内　容
点検・清掃等		□	□	
		□	□	
		□	□	
		□	□	
		□	□	
		□	□	
		□	□	
		□	□	
		□	□	
修繕等		□	□	
		□	□	
		□	□	
		□	□	
		□	□	
		□	□	
		□	□	
		□	□	
		□	□	
		□	□	
		□	□	
		□	□	
		□	□	
		□	□	
		□	□	
		□	□	
その他		□	□	
		□	□	
		□	□	
		□	□	
		□	□	
		□	□	

・乙の責めに帰すべき事由（転借人の責めに帰すべき事由を含む。）によって必要となった修繕については、上記の費用負担者の記載にかかわらず、甲はその費用を負担しない。

（第七面）

(7)維持保全の実施状況の報告に関する事項

(8)損害賠償額の予定又は違約金に関する事項

(9)責任及び免責に関する事項

(10)転借人の資格その他の転貸の条件に関する事項

条件項目	条件の有無	条件の内容
転貸借契約において定めるべき事項	有・無	・乙は、転貸借契約を締結するに際し、当該契約が転貸借契約であることを転借人に開示するとともに、転借人が反社会的勢力でないこと、（１１）のとおり乙が行う維持保全の内容を周知すること、本契約が終了した場合、甲は、転貸借契約における乙の転貸人の地位を承継することを契約条項とすること。
契約態様	有・無	
契約期間	有・無	
家賃	有・無	
共 益 費	有・無	
敷　　金	有・無	
転 借 人	有・無	
そ の 他	有・無	

(11)乙が行う賃貸住宅の維持保全の内容の転借人に対する周知に関する事項

転借人へ周知する内容	転借人への周知方法

（第八面）

(12)契約の更新又は解除に関する事項

(13)乙の権利義務の承継に関する事項

（第九面）

(14)借地借家法その他特定賃貸借契約に係る法令に関する事項の概要

a. 借地借家法第32条第１項（借賃増減請求権）について

b. 借地借家法第28条（更新拒絶等の要件）について

別紙

住戸明細表

（1）賃貸借の目的物

建物名称	
建物所在地	

（2）住戸内の設備

設　備	有無	備　　　考
エアコン一基	有・無	
バルコニー(1階は除く)	有・無	
オートロック	有・無	
システムキッチン	有・無	
フローリング床	有・無	
床暖房	有・無	
追焚き機能付風呂	有・無	
浴室乾燥機	有・無	
独立洗面所	有・無	
クローゼット又は1間収納	有・無	
大型下足入れ	有・無	
電話2回線以上	有・無	
宅配ボックス	有・無	
	有・無	
	有・無	
	有・無	

（3）住戸内訳

部屋番号	面積	間取り	家賃	備　　　考
	壁芯・内法　　　㎡		円	
	壁芯・内法　　　㎡		円	
	壁芯・内法　　　㎡		円	
	壁芯・内法　　　㎡		円	
	壁芯・内法　　　㎡		円	
	壁芯・内法　　　㎡		円	
	壁芯・内法　　　㎡		円	
	壁芯・内法　　　㎡		円	
	壁芯・内法　　　㎡		円	

別添３

別記様式第一号（第十条関係）　　（Ａ４）

業　務　状　況　調　書

特定賃貸借契約の実績

期間／内容	年　月　日から　年　月　日までの１年間
特定賃貸借契約の件数	
契約額（千円）	
契約の相手方の数	
契約棟数	
契約戸数	

備考

「期間」の欄には、事業年度を記入すること。

別添４

申　出　書

年　　月　　日

＿＿＿＿＿＿＿＿＿＿殿

氏名又は
名　　称

住　　所

電話番号

下記の通り、特定賃貸借契約の適正化を図るため必要があると認められますので、適当な措置をとられるよう、賃貸住宅の管理業務等の適正化に関する法律第３５条に基づき、申し出ます。

記

１．申出に係る事業者

所在地：

名　称：

２．申出の趣旨

３．その他参考となる事項

サブリース事業に係る適正な業務のためのガイドライン

（令和２年10月16日国土交通省公表）
最終更新：令和３年４月23日

目次

１．趣旨

賃貸住宅をめぐっては、少子高齢化や単身世帯の増加、外国人居住者の増加等の社会経済情勢の変化に伴い、国民の生活基盤としての賃貸住宅の役割の重要性が増している一方、賃貸住宅の賃貸人については、相続等に伴って事業を開始するなど、事業経験の浅い者が増加するとともに、管理受託やサブリースにより事業を実施する者が増加している。

このような中、サブリース事業については、サブリース業者が、建設業者や不動産販売業者等と連携して勧誘を行う際や、当該サブリース業者とのマスターリース契約の締結を促す広告を行う際に、オーナーとなろうとする者にサブリース方式での賃貸経営に係る潜在的なリスクを十分説明せず、マスターリース契約が適切に締結されないという事態が多発している。

具体的には、マスターリース契約に基づいてサブリース業者が支払うべき家賃に関するリスク（例：将来的に家賃の額が変更される可能性）、マスターリース契約の解除の条件（例：賃貸人からの解約には正当事由が必要）等を明らかにしないことで、オーナーとなろうとする者が内容の真偽や適否を判断することが難しく、契約内容等を理解せず誤認したままマスターリース契約を締結することで、家賃減額や契約解除等を巡るトラブルが発生しているという実態がある。

そのため、令和２年６月19日に公布された賃貸住宅の管理業務等の適正化に関する法律（令和２年法律第60号。以下「法」という。）においては、サブリース事業について、マスターリース契約の適正化のため必要な規制（法第28条（誇大広告等の禁止）、法第29条（不当な勧誘等の禁止）及び法第30条（特定賃貸借契約の締結前の書面の交付）等の規制）が設けられており、これらの規制については、令和２年12月15日より施行されている。

本ガイドラインは、賃貸住宅管理業法案に対する附帯決議（衆議院国土交通委員会：令和２年５月22日、参議院国土交通委員会：同６月９日）の趣旨を踏まえつつ、サブリース事業に係るこれらの規制の実効性を確保し、サブリース業者等とオーナーとのトラブルを防止するため、法において求められる事項や法に違反することとなり得る具体的な事例といった、業務を適正に行うために最低限求められる水準を明示しながら、これらの規定の内容を関係者に分かりやすく示すことを目的としている。

なお、本ガイドラインに挙げる事項や具体例は、法に違反することとなり得るもの等の一つの例示に過ぎないことから、サブリース業者・勧誘者が、賃貸住宅のオーナーとなろうとする者にとってより適正な広告・勧誘等を実施し、透明性が高く質の高い営業活動とサービス提供ができるよう、業界団体において、優良事例等に関する指針を作成するなどし、これらを活用した研修・講習等の機会を通じて、引き続き、サブリース事業に携わる従業員一人一人の業務レベルの一層の向上に取り組んでいくことを期待する。

あわせて、トラブルの防止や適正な契約締結の推進に向け、関係省庁、地方自治体及び業界団体を含む関係機関等が連携した相談体制の充実を図り、法の実効性を担保していくこととなるが、これらの複層的な取組を通じた事例の蓄積が、トラブルや争訟の発生時における賃貸住宅のオーナー等の立証責任の軽減にも寄与するものとなる。

また、法の各条文に関する解釈・運用の考え方については、本ガイドラインの他「賃貸住宅の管理業務等の適正化に関する法律の解釈・運用の考え方」を参照されたい。

2．規制の概要

法において、特定転貸事業者（以下「サブリース業者」という。）には、以下の行為規制が設けられている。このうち、①誇大広告等の禁止及び②不当な勧誘等の禁止については、勧誘者（サブリース業者が特定賃貸借契約（以下「マスターリース契約」という。）の締結についての勧誘を行わせる者）に対しても義務づけられている。なお、本ガイドラインは、①～④を対象としており、その他サブリース業者に関する規定については、「賃貸住宅の管理業務等の適正化に関する法律の解釈・運用の考え方」を参照されたい。

① 誇大広告等の禁止（法第28条）
② 不当な勧誘等の禁止（法第29条）
③ 契約締結前における契約内容の説明及び書面交付（法第30条）
④ 契約締結時における書面交付（法第31条）
⑤ 書類の閲覧（法第32条）

3．勧誘者

⑴ 規定の趣旨

サブリース事業においては、サブリース業者が、賃貸住宅の建設を請け負う建設業者、賃貸住宅やその土地等の売買の仲介を行う不動産業者等と連携し、オーナーとなろうとする者に対し勧誘を行うことが一般的に行われている。このようなサブリース業者以外の勧誘を行う者の一部が、建設業者や不動産業者としての自己の利益につなげるため、オーナーとなろうとする者に対して、サブリース業者と締結するマスターリース契約に関する内容やリスクを誤認させ、その結果、契約締結後にトラブルに発展する事態が生じている。特に、建設業者や不動産業者が介在し、十分な資産を有さない者が住宅建設や不動産購入のために多額の融資を受ける場合に、トラブルに発展することが多い。

このようなサブリース業者以外の勧誘を行う者の勧誘行為について、何の規制も課さなければ、サブリース業者は、第三者に勧誘を委ねることにより、勧誘規制を免れることができ、法の趣旨が全うされないこととなる。このため、法においては、サブリース業者がマスターリース契約の締結についての勧誘を行わせる者を「勧誘者」と位置づけ、勧誘者に対しても、誇大広告等の禁止（法第28条）及び不当な勧誘等の禁止（法第29条）を義務づけている。

⑵ **「勧誘者」の考え方**

勧誘者とは、「サブリース業者がマスターリース契約の締結についての勧誘を行わせる者」であり、①特定のサブリース業者と特定の関係性を有する者であって、②当該サブリース業者のマスターリース契約の締結に向けた勧誘を行う者である。

①特定のサブリース業者と特定の関係性を有する者とは、サブリース業者から委託を受けて勧誘を行う者が該当するほか、明示的に勧誘を委託されてはいないが、サブリース業者から勧誘を行うよう依頼をされている者や、勧誘を任されている者は該当し、依頼の形式は問わず、資本関係も問わない。例えば、

・特定のサブリース業者からマスターリース契約の勧誘を行うことについて委託を受けている者
・親会社、子会社、関連会社のサブリース業者のマスターリース契約について勧誘を行う者

のほか、

・特定のサブリース業者が顧客を勧誘する目的で作成した資料を用いてマスターリース契約の内容や条件等を説明し、当該契約の勧誘を行っている者
・特定のサブリース業者から、勧誘の謝礼として紹介料等の利益を得ている者
・特定のサブリース業者が、自社のマスターリース契約の勧誘の際に渡すことができるよう、自社名の入った名刺の利用を認めている者

等も特定の関係性を有する者に該当する。特定の関係性を有する者であるかどうかは、上記のような事情等に照らして客観的に判断すべきものであり、たとえ勧誘者が、自分は自発的に勧誘を行っており、サブリース業者が勧誘を行わせている者でないと主張したとしても、勧誘者に係る規制の適用を免れるものではない。また、相続税対策を謳ったサブリース事業等において、建設会社、不動産業者、金融機関等複数の主体が建設請負や不動産売買、融資等で関与する場合があるが、それぞれの主体が勧誘者にあたるかどうかは、主体毎に、特

定のサブリース業者と特定の関係性を有する者であるかどうかを客観的に判断することとなる。さらに、勧誘者が勧誘行為を第三者に再委託した場合は、当該第三者も勧誘者に該当する。

また、勧誘者とは、上述①の関係性を有するサブリース業者の②マスターリース契約の締結に向けた勧誘を行う者であるが、ここでいう勧誘とは、オーナーとなろうとする者がマスターリース契約を締結する意思の形成に影響を与える程度の勧め方をいい、個別事案ごとに客観的に判断されることに留意が必要である。特定のサブリース業者とのマスターリース契約を結ぶことを直接勧める場合のほか、特定のサブリース業者とのマスターリース契約のメリットを強調して締結の意欲を高めるなど、客観的に見てオーナーとなろうとする者の意思の形成に影響を与えていると考えられる場合も勧誘に含まれる。さらに、不特定多数の者に向けられたものであっても、特定のサブリース業者のマスターリース契約の内容や条件等を具体的に認識できるような内容であって、それが個別のオーナーとなろうとする者の意思形成に影響を与える場合は、勧誘に該当し得うる。一方で、契約の内容や条件等に触れずに、単に業者を紹介する者は該当しない。

勧誘者が法第28条又は法第29条の規定に違反した場合には、勧誘を行わせたサブリース業者自身も処分の対象となるため、サブリース業者は、勧誘者に適正な勧誘を行わせる必要がある。

(3) **具体例**

以下に、通常は勧誘者に該当すると考えられる場合を例示する。勧誘者に該当するかどうかについては、例示されていないものも含め、個別事案ごとに客観的に判断されることに留意する必要がある。

- 建設会社、不動産業者、金融機関等の法人やファイナンシャルプランナー、コンサルタント等の個人が、サブリース業者から勧誘の委託を受けて、当該事業者とのマスターリース契約の内容や条件等を前提とした資産運用の企画提案を行ったり、当該マスターリース契約を締結することを勧めたりする場合
- 建設業者や不動産業者が、自社の親会社、子会社、関連会社のサブリース業者のマスターリース契約の内容や条件等を説明したり、当該マスターリース契約を結ぶことを勧めたりする場合
- 建設業者が賃貸住宅のオーナーとなろうとする者に対し、当該者が保有する土地や購入しようとしている土地にアパート等の賃貸住宅の建設を行う企画提案をする際に、建設請負契約を結ぶ対象となる賃貸住宅に関して、顧客を勧誘する目的でサブリース業者が作成したマスターリース

契約の内容や条件等を説明する資料等を使って、賃貸事業計画を説明したり、当該マスターリース契約を結ぶことを勧めたりする場合
・不動産業者が賃貸住宅のオーナーとなろうとする者に対し、ワンルームマンションやアパート等の賃貸住宅やその土地等の購入を勧誘する際に、売買契約を結ぶ対象となる賃貸住宅に関して、顧客を勧誘する目的でサブリース業者が作成したマスターリース契約の内容や条件等を説明する資料等を使って、賃貸事業計画を説明したり、当該マスターリース契約を結ぶことを勧めたりする場合
・賃貸住宅のオーナーが賃貸住宅のオーナーとなろうとする者に対し、自己の物件についてマスターリース契約を結んでいるサブリース業者等特定のサブリース業者から、勧誘の対価として紹介料等の金銭を受け取り、当該サブリース業者とマスターリース契約を結ぶことを勧めたり、当該マスターリース契約の内容や条件等を説明したりする場合

4．誇大広告等の禁止（第28条関係）

賃貸住宅の管理業務等の適正化に関する法律
（誇大広告等の禁止）
第28条　特定転貸事業者又は勧誘者（特定転貸事業者が特定賃貸借契約の締結についての勧誘を行わせる者をいう。以下同じ。）（以下「特定転貸事業者等」という。）は、第二条第五項に規定する事業に係る特定賃貸借契約の条件について広告をするときは、特定賃貸借契約に基づき特定転貸事業者が支払うべき家賃、賃貸住宅の維持保全の実施方法、特定賃貸借契約の解除に関する事項その他の国土交通省令で定める事項について、著しく事実に相違する表示をし、又は実際のものよりも著しく優良であり、若しくは有利であると人を誤認させるような表示をしてはならない。

(1)　規定の趣旨

サブリース業者自身又は勧誘者が行うマスターリース契約の締結を促す広告において、オーナーとなろうとする者が賃貸事業の経験・専門知識が乏しいことを利用し、サブリース業者が支払うべき家賃やマスターリース契約の解除の条件等を明らかにせず、メリットのみを強調して、賃貸事業のリスクを小さく見せる表示等を行った場合、オーナーとなろうとする者は、広告の内容の真偽を判断することは困難であり、契約の内容等を誤認したままマスターリース契

約を締結することで、甚大な損害を被ることとなる。

このため、賃貸住宅管理業法においては、サブリース業者又は勧誘者（以下「サブリース業者等」という。）が、マスターリース契約に基づいてサブリース業者が支払うべき家賃、賃貸住宅の維持保全の実施方法、マスターリース契約の解除に関する事項等について、著しく事実に相違する表示又は実際のものよりも著しく優良あるいは有利であるような表示を行う行為について禁止している。

⑵　「誇大広告等」について

「誇大広告等」とは、実際より優良であると見せかけて相手を誤認させる「誇大広告」のほか、虚偽の表示により相手を欺く「虚偽広告」についても本条が適用される。

また、広告の媒体は、新聞の折込チラシ、配布用のチラシ、新聞、雑誌、テレビ、ラジオ又はインターネットのホームページ等種類を問わない。特に、営業所等が作成する配布用のチラシやインターネットのホームページ等において適切な表示がなされているかについて、社内において遵守状況の確認を行うことが重要である。

⑶　誇大広告等をしてはならない事項

法第28条及び賃貸住宅の管理業務等の適正化に関する法律施行規則（令和２年国土交通省令第83号。以下「省令」という。）第43条において、サブリース業者等は、マスターリース契約の条件について広告をするときは、以下の事項について、広告に記載されている内容が事実と著しく相違し、又は実際のものよりも著しく優良であり若しくは有利であるとオーナーとなろうとする者を誤認させるような表示をしてはならないと定めている。

サブリース業者等が行う広告は、オーナーとなろうとする者への賃貸経営の勧誘の導入部分に当たり、明瞭かつ正確な表示による情報提供が、適正な勧誘を確保するために重要である。そのためには、各事項について、それぞれ以下に挙げる点に特に留意が必要である。

①　サブリース業者がオーナーに支払うべき家賃の額、支払期日及び支払方法等の賃貸の条件並びにその変更に関する事項

・サブリース業者がオーナーに支払う家賃の額、支払期日、その支払方法、当該額の見直しがある場合はその見直し時期、借地借家法第32条に基づく家賃の減額請求権及び利回り

【留意事項】

・広告において「家賃保証」「空室保証」など、空室の状況にかかわらず一定期間、一定の家賃を支払うことを約束する旨等の表示を行う場合

は、「家賃保証」等の文言に隣接する箇所に、定期的な家賃の見直しがある場合にはその旨及び借地借家法第32条の規定により減額されることがあることを表示すること。表示に当たっては、文字の大きさのバランス、色、背景等から、オーナー等が一体として認識できるよう表示されているかに留意する。

・マスターリース契約に係る賃貸経営により、確実に利益を得られるかのように誤解させて、投資意欲を不当に刺激するような表示をしていないこと。特に、実際にはマスターリース契約において利回りを保証するわけではないにもかかわらず、「利回り○％」とのみ記載し、利回りの保証がされると誤解させるような表示をしていないこと。

② 賃貸住宅の維持保全の実施方法

・サブリース業者が行う賃貸住宅の維持保全の内容、頻度、実施期間等

【留意事項】

・実際には実施しない維持保全の内容の表示をしていないこと。

・実施しない場合があるにもかかわらず、当然にそれらの内容が実施されると誤解させるような表示をしていないこと。

③ 賃貸住宅の維持保全に要する費用の分担に関する事項

・維持保全の費用を負担する者及び当該費用に関するサブリース業者とオーナーの負担割合

【留意事項】

・オーナーが支払うべき維持保全の費用について、実際のものよりも著しく低額であるかのように誤解させるような表示をしていないこと。

④ マスターリース契約の解除に関する事項

・契約期間、契約の更新時期及び借地借家法第28条に基づく更新拒絶等の要件

【留意事項】

・契約期間中であっても業者から解約することが可能であるにも関わらず、契約期間中に解約されることはないと誤解させるような表示をしていないこと。特に、広告において、「○年間借り上げ保証」など、表示された期間に解約しないことを約束する旨の表示を行う場合は、当該期間中であっても、業者から解約をする可能性があることや、オーナーからの中途解約条項がある場合であっても、オーナーから解約する場合には、借地借家法第28条に基づき、正当な事由があると認められる場合でなければすることができないことを

表示すること。

・また、オーナーが更新を拒絶する場合には、借地借家法第28条が適用され、オーナーからは正当事由がなければ解約できないにもかかわらず、オーナーから自由に更新を拒絶できると誤解させるような表示をしていないこと。

⑷　広告の表示に関する留意事項

明確かつ正確な表示を確保するためには、上記に挙げた個別の事項に関する留意事項の他、マスターリース契約の長所に係る表示のみを強調し、短所に係る表示が目立ちにくい表示を行っていないかについても留意が必要である。

例えば、マスターリース契約のオーナーとなろうとする者に対し、契約内容等のマスターリース契約に関する取引条件に訴求する方法として、断定的表現や目立つ表現などを使ってマスターリース契約の内容等の取引条件を強調する表示（強調表示）が使われる場面がある。強調表示は、無条件、無制約に当てはまるものとオーナー等に受け止められるため、仮に例外などがあるときは、強調表示からは一般のオーナーとなろうとする者が通常は予期できない事項であって、マスターリース契約を選択するに当たって重要な考慮要素となるものに関する表示（打消し表示）を分かりやすく適切に行わなければならない。打消し表示の内容が正しく認識されるためには、すべての媒体に共通して、以下に留意する必要がある。[1]

・表示物の媒体ごとの特徴も踏まえた上で、オーナーとなろうとする者が実際に目にする状況において適切と考えられる文字の大きさで表示されているか。

・打消し表示が強調表示の近くに表示されていたとしても、強調表示が大きな文字で表示されているのに対し、打消し表示が小さな文字で表示されており、強調表示に対する打消し表示に気づくことができないような表示になっていないか。

・打消し表示が強調表示から離れた場所に表示されており、打消し表示に気づかない又は当該打消し表示がどの強調表示に対する打ち消し表示であるか認識できないような表示となっていないか。

・打消し表示の文字と背景との区別がつきにくい表示となっていないか。

さらに、広告媒体に応じて、以下の点に特に留意する必要がある。

（紙面広告）

・打消し表示は、強調表示に隣接した箇所に表示した上で、文字の大きさのバランス、色、背景等から両者を一体として認識できるよう表示されているか。

（Web広告（PC・スマートフォン））

・強調表示に隣接した箇所に打消し表示を表示しているか。

・同一画面にある他の表示と比べて、打消し表示がより注意を引きつける文字の大きさになっているか。

・打消し表示は、強調表示に隣接した箇所に表示した上で、文字の大きさのバランス、色、背景等から両者を一体として認識できるよう表示されているか。

（動画広告）

・打消し表示が表示される時間が短く、読み終えることができないような表示になっていないか。

・強調表示が表示された後、画面が切り替わって打消し表示が表示され、打消し表示に気づかない、又はどの強調表示に対する打消し表示であるか認識できないような表示になっていないか。

・文字と音声の両方で表示された強調表示に注意が向けられ、文字のみで表示された打消し表示に注意が向かないような表示になっていないか。

また、体験談を用いる場合は、賃貸住宅経営は、賃貸住宅の立地等の個別の条件が大きな影響を与えるにも関わらず、体験談を含めた表示全体から、「大多数の人がマスターリース契約を締結することで同じようなメリットを得ることができる」という認識を抱いてしまうことから、体験談とは異なる賃貸住宅経営の実績となっている事例が一定数存在する場合等には、「個人の感想です。経営実績を保証するものではありません」といった打消し表示が明瞭に記載されていたとしても、問題のある表示となるおそれがあるため、体験談を用いることは、法第28条違反となる可能性がある。

1　記載した留意点の他、消費者庁「打消し表示に関する表示方法及び表示内容に関する留意点」も参照されたい。

⑸「著しく事実に相違する表示」について

「事実に相違する」とは、広告に記載されている内容が実際のマスターリース契約の内容と異なることを指す。具体的に何が「著しく」に該当するかの判断は、個々の広告の表示に即してなされるべきであるが、オーナーとなろうとする者が、広告に記載されていることと事実との相違を知っていれば通常、そのマスターリース契約に誘引されないと判断される場合は「著しく」に該当し、単に、事実と当該表示との相違することの度合いが大きいことのみで判断されるものではない。

なお、「著しく事実に相違する表示」であるか否かの判断に当たっては、広告に記載された一つ一つの文言等のみからではなく、表示内容全体からオーナーとなろうとする者が受ける印象・認識により総合的に判断される。

⑹ 「実際のものよりも著しく優良であり、若しくは著しく有利であると人を誤認させるような表示」について

「実際のものよりも著しく優良であり、若しくは有利であると人を誤認させるような表示」と認められるものとは、マスターリース契約の内容等についての専門的知識や情報を有していないオーナーを誤認させる程度のものをいう。

なお、「実際のものよりも著しく優良であり、若しくは有利であると人を誤認させる表示」であるか否かの判断に当たっては、広告に記載された一つ一つの文言等のみからではなく、表示内容全体からオーナーとなろうとする者が受ける印象・認識により総合的に判断される。

⑺ 具体例

以下に、著しく事実に相違する表示又は実際のものよりも著しく優良であり、若しくは有利であると人を誤認させるような表示に該当すると考えられる場合を例示する。誇大広告等にあたるかどうかは、例示されていないものも含め、個別事案ごとに客観的に判断されることに留意する必要がある。

【具体例】

① サブリース業者がオーナーに支払う家賃の額、支払期日及び支払方法等の賃貸の条件並びにその変更に関する事項

・契約期間内に定期的な家賃の見直しや借地借家法に基づきサブリース業者からの減額請求が可能であるにもかかわらず、その旨を表示せず、「○年家賃保証！」「支払い家賃は契約期間内確実に保証！一切収入が下がりません！」といった表示をして、当該期間家賃収入が保証されているかのように誤解されるような表示をしている

・「○年家賃保証」という記載に隣接する箇所に、定期的な見直しがあること等のリスク情報について表示せず、離れた箇所に表示している

・実際は記載された期間より短い期間毎に家賃の見直しがあり、収支シミュレーション通りの収入を得られるわけではないにも関わらず、その旨や収支シミュレーションの前提となる仮定(稼働率、家賃変動等)を表示せず、○年間の賃貸経営の収支シミュレーションを表示している

・実際は記載の期間より短い期間で家賃の改定があるにもかかわらず、オーナーの声として○年間家賃収入が保証されるような経験談を表示している

・広告に記載された利回りが実際の利回りを大きく上回っている
・利回りを表示する際に、表面利回りか実質利回りかが明確にされていなかったり、表面利回りの場合に、その旨及び諸経費を考慮する必要がある旨を表示していない
・根拠を示さず、「ローン返済期間は実質負担０」といった表示をしている
・根拠のない算出基準で算出した家賃をもとに、「周辺相場よりも当社は高く借り上げます」と表示している
・「一般的な賃貸経営は２年毎の更新や空室リスクがあるが、サブリースなら不動産会社が家賃保証するので安定した家賃収入を得られます。」といった、サブリース契約のメリットのみを表示している

② 賃貸住宅の維持保全の実施方法
・実際にはサブリース業者が実施しない維持保全の業務を実施するかのような表示をしている
・実際は休日や深夜は受付業務のみ、又は全く対応されないにもかかわらず、「弊社では入居者専用フリーダイヤルコールセンターを設け、入居者様に万が一のトラブルも24時間対応しスピーディーに解決します」といった表示をしている

③ 賃貸住宅の維持保全の費用の分担に関する事項
・実際には毎月オーナーから一定の費用を徴収して原状回復費用に当てているにも関わらず、「原状回復費負担なし」といった表示をしている
・実際には、大規模修繕など一部の修繕費はオーナーが負担するにも関わらず、「修繕費負担なし」といった表示をしている
・修繕費の大半がオーナー負担にもかかわらず、「オーナーによる維持保全は費用負担を含め一切不要！」といった表示をし、オーナー負担の表示がない
・維持保全の費用について、一定の上限額を超えるとオーナー負担になるにもかかわらず、「維持保全費用ゼロ」といった表示をしている
・維持保全の費用について、実際には、他社でより低い利率の例があるにもかかわらず「月々の家賃総額のわずか○％という業界随一のお得なシステムです」といった表示をしている
・実際には客観的な根拠がないにもかかわらず、「維持保全の費用は他社の半分程度で済みます」といった表示をしている
・月額費用がかかるにもかかわらず、「当社で建築、サブリース契約を結ばれた場合、全ての住戸に家具家電を設置！入居者の負担が減るの

資料編

で空室リスクを減らせます！」と表示し、月額費用の表示がない

④　マスターリース契約の解除に関する事項

・契約期間中であっても業者から解約することが可能であるにも関わらずその旨を記載せずに、「30年一括借り上げ」「契約期間中、借り上げ続けます」「建物がある限り借り続けます」といった表示をしている

・実際には借地借家法が適用され、オーナーからは正当事由がなければ解約できないにもかかわらず、「いつでも自由に解約できます」と表示している

・実際には、契約を解除する場合は、月額家賃の数か月を支払う必要があるにもかかわらずその旨を記載せずに、「いつでも借り上げ契約は解除できます」と表示している

5．不当な勧誘等の禁止（第29条関係）

> 賃貸住宅の管理業務等の適正化に関する法律
>
> （不当な勧誘等の禁止）
>
> 第29条　特定転貸事業者等は、次に掲げる行為をしてはならない。
>
> 一　特定賃貸借契約の締結の勧誘をするに際し、又はその解除を妨げるため、特定賃貸借契約の相手方又は相手方となろうとする者に対し、当該特定賃貸借契約に関する事項であって特定賃貸借契約の相手方又は相手方となろうとする者の判断に影響を及ぼすこととなる重要なものにつき、故意に事実を告げず、又は不実のことを告げる行為
>
> 二　前号に掲げるもののほか、特定賃貸借契約に関する行為であって、特定賃貸借契約の相手方又は相手方となろうとする者の保護に欠けるものとして国土交通省令で定めるもの

⑴　規定の趣旨

サブリース業者又は勧誘者（以下「サブリース業者等」という。）が、誤った情報や不正確な情報による勧誘や強引な勧誘等、相手方の意思決定を歪めるような勧誘や、同様の方法により契約の解除を妨げる行為を行うことにより、オーナーとなろうとする者は、契約について正しい情報が得られず、また、契約について正しい判断ができない環境下に置かれることになり、甚大な損害を被ることになる。

このため、賃貸住宅管理業法においては、

・サブリース業者等が、マスターリース契約の締結の勧誘をするに際し、又

はその解除を妨げるため、マスターリース契約の相手方又は相手方となろうとする者（以下「オーナー等」という。）の判断に影響を及ぼすこととなる重要な事項について、故意に事実を告げず、又は不実のことを告げる行為

・サブリース業者等によるマスターリース契約に関する行為であって、オーナー等の保護に欠ける行為

について禁止している。

(2) 「特定賃貸借契約の締結の勧誘をするに際し」について

・オーナーとなろうとする者がいまだ契約締結の意思決定をしていないときに、サブリース業者等が、当該者とマスターリース契約を締結することを目的として、又は当該者に契約を締結させる意図の下に働きかけることをいう。当該者の判断に影響を及ぼすこととなる重要なものについて事実の不告知・不実告知があれば足り、実際に当該者が契約を締結したか否かは問わない。

(3) 「解除を妨げるため」について

・オーナーのマスターリース契約の解除をする意思を翻させたり、断念させたりするほか、契約の解除の期限を徒過するよう仕向けたり、協力しない等、その実現を阻止する目的又は意図の下に行うことをいう。上記と同様、実際にオーナーが契約解除が妨げられたか否かは問わない。

(4) 「特定賃貸借契約の相手方又は相手方となろうとする者の判断に影響を及ぼすこととなる重要なもの」について

・サブリース業者がオーナーに支払う家賃の額等の賃貸の条件やその変更に関する事項、サブリース業者が行う賃貸住宅の維持保全の内容及び実施方法、契約期間に発生する維持保全、長期修繕等の費用負担に関する事項、契約の更新又は解除に関する事項等、当該事項を告げない、又は事実と違うことを告げることで、相手方等の不利益に直結するものが該当する。

(5) 「故意に事実を告げず、又は不実のことを告げる行為」について

・「故意に事実を告げず」とは、事実を認識しているにもかかわらず、あえてこれを告げない行為をいう。「故意に不実のことを告げる行為」とは、事実でないことを認識していながらあえて事実に反することを告げる行為をいう。違反した場合における本法に基づく指示、命令は故意になされた場合に限る。

・「故意に」については、内面の心理状態を示す主観的要件であるが、客観的事実によって推認されることとなるほか、サブリース業者であれば当然に知っていると思われる事項を告げないような場合については、「故意」の存

在が推認されることになると考えられる。以下(6)に、客観的に判断して、オーナー等の判断に影響を及ぼすこととなる重要なものについて事実の不告知・不実告知に該当すると考えられる場合を例示する。事実の不告知・不実告知にあたるかどうかは、例示されていないものも含め、個別事案ごとに客観的に判断されることに留意する必要がある。

(6) **具体例**

①故意に事実を告げない行為

・将来の家賃減額リスクがあること、契約期間中であってもサブリース業者から契約解除の可能性があることや借地借家法の規定によりオーナーからの解約には正当事由が必要であること、オーナーの維持保全、原状回復、大規模修繕等の費用負担があること等について、あえて伝えず、サブリース事業のメリットのみ伝えるような勧誘行為

・家賃見直しの協議で合意できなければ契約が終了する条項や、一定期間経過ごとの修繕に応じない場合には契約を更新しない条項がありそれを勧誘時に告げない（サブリース業者側に有利な条項があり、これに応じない場合には一方的に契約を解除される）

・サブリース契約における新築当初の数ヶ月間の借り上げ賃料の支払い免責期間があることについてオーナーとなろうとする者に説明しない

②故意に不実のことを告げる行為

・借地借家法により、オーナーに支払われる家賃が減額される場合があるにもかかわらず、断定的に「都心の物件なら需要が下がらないのでサブリース家賃も下がることはない」「当社のサブリース方式なら入居率は確実であり、絶対に家賃保証できる。」「サブリース事業であれば家賃100%保証で、絶対に損はしない」「家賃収入は将来にわたって確実に保証される」といったことを伝える行為

・原状回復費用をオーナーが負担する場合もあるにもかかわらず、「原状回復費用はサブリース会社が全て負担するので、入退去で大家さんが負担することはない」といったことを伝える行為

・大規模な修繕費用はオーナー負担であるにもかかわらず、「維持修繕費用は全て事業者負担である」といったことを伝える行為

・近傍同種の家賃よりも明らかに高い家賃設定で、持続的にサブリース事業を行うことができないにもかかわらず、「周辺相場よりも当社は高く借り上げることができる」といったことを伝える行為

・近傍同種の家賃よりも著しく低い家賃であるにもかかわらず、「周辺相場を考慮すると、当社の借り上げ家賃は高い」といったことを伝え

る行為

(7) 特定賃貸借契約の相手方又は相手方となろうとする者の保護に欠けるもの

①マスターリース契約を締結若しくは更新させ、又はマスターリース契約の申込みの撤回若しくは解除を妨げるため、オーナー等を威迫する行為

・威迫する行為とは、脅迫とは異なり、相手方に恐怖心を生じさせるまでは要しないが、相手方に不安の念を抱かせる行為が該当する。例えば、相手方に対して、「なぜ会わないのか」、「契約しないと帰さない」などと声を荒げ、面会を強要したり、拘束するなどして相手方を動揺させるような行為が該当する。

②マスターリース契約の締結又は更新についてオーナー等に迷惑を覚えさせるような時間に電話又は訪問により勧誘する行為

・「迷惑を覚えさせるような時間」については、オーナー等の職業や生活習慣等に応じ、個別に判断されるものであるが、一般的には、オーナー等に承諾を得ている場合を除き、特段の理由が無く、午後９時から午前８時までの時間帯に電話勧誘又は訪問勧誘を行うことは、「迷惑を覚えさせるような時間」の勧誘に該当する。

・電話勧誘又は訪問勧誘を禁止しているものであることから、例えば、オーナー等が事務所に訪問した場合など、これら以外の勧誘を「迷惑を覚えさせるような時間」に行ったとしても本規定の禁止行為の対象とはならない。

③マスターリース契約の締結又は更新について深夜又は長時間の勧誘その他の私生活又は業務の平穏を害するような方法によりオーナー等を困惑させる行為

・「オーナー等を困惑させる行為」については、個別の事例ごとに判断がなされるものであるが、深夜勧誘や長時間勧誘のほか、例えば、オーナー等が勤務時間中であることを知りながら執ような勧誘を行ってオーナー等を困惑させることや面会を強要してオーナー等を困惑させることなどが該当する。

④マスターリース契約の締結又は更新をしない旨の意思（当該契約の締結又は更新の勧誘を受けることを希望しない旨の意思を含む。）を表示したオーナー等に対して執ように勧誘する行為

・「契約の締結又は更新をしない旨の意思」は、口頭であるか、書面であるかを問わず、契約の締結又は更新の意思がないことを明示的に示すものが該当する。具体的には、オーナー等が「お断りします」、「必要

ありません」、「結構です」、「関心ありません」、「更新しません」など明示的に契約の締結又は更新意思がないことを示した場合が該当するほか、「（当該勧誘行為が）迷惑です」など、勧誘行為そのものを拒否した場合も当然該当することとなる。

・オーナー等がマスターリース契約を締結しない旨の意思表示を行った場合には、引き続き勧誘を行うことのみならず、その後、改めて勧誘を行うことも「勧誘を継続すること」に該当するので禁止される。同一のサブリース業者の他の担当者による勧誘も同様に禁止される。

・電話勧誘又は訪問勧誘などの勧誘方法、自宅又は会社などの勧誘場所の如何にかかわらず、オーナー等が「契約を締結しない旨の意思」を表示した場合には、意思表示後に再度勧誘する行為は禁止され、１度でも再勧誘行為を行えば本規定に違反することとなる。

(8) 建設請負、賃貸住宅やその土地等の売買契約が伴うマスターリース契約の勧誘にあたっての留意点

サブリース業者による借り上げを前提に、賃貸住宅の建設、ワンルームマンションやアパート等の賃貸住宅やその土地等の購入をして賃貸住宅のオーナーとなろうとする場合、建設請負契約や土地等の売買契約を締結した後に、マスターリース契約の判断に影響をおよぼす重要な事項を認識しても、すでにその時点で多額の債務が発生している状況となる。そのため、特に、建設業者や不動産業者が、賃貸住宅の建設や土地等の購入等を勧誘する際にマスターリース契約の勧誘を行う場合には、マスターリース契約のリスクを含めた事実を告知し、勧誘時点でオーナーとなろうとする者がマスターリース契約のリスクを十分に認識できるようにすること。その際、サブリース業者が重要事項説明の際に使用するマスターリース契約を締結する上でのリスク事項を記載した書面（参考：別添重要事項説明書記載例第一面）を交付して説明することが望ましい。

６．重要事項説明（第30条関係）

賃貸住宅の管理業務等の適正化に関する法律
（特定賃貸借契約の締結前の書面の交付）

第30条　特定転貸事業者は、特定賃貸借契約を締結しようとするときは、特定賃貸借契約の相手方となろうとする者（特定転貸事業者である者その他の特定賃貸借契約に係る専門的知識及び経験を有すると認められる者として国土交通省令で定めるものを除く。）に対し、当該特定賃貸借契約を締結するまでに、特定賃貸借契約の内容及びその履行に関する事項であって国土交通省令で定めるものについて、書面を交付して説明しなければならない。

2　特定転貸事業者は、前項の規定による書面の交付に代えて、政令で定めるところにより、当該特定賃貸借契約の相手方となろうとする者の承諾を得て、当該書面に記載すべき事項を電磁的方法により提供することができる。この場合において、当該特定転貸事業者は、当該書面を交付したものとみなす。

⑴　規定の趣旨等

サブリース事業において、オーナーとなろうとする者は、賃貸住宅を賃貸する事業の経験・専門知識に乏しい者が多く、サブリース業者との間では、経験・専門知識等に大きな格差がある。サブリース業者の中には、このような格差を利用し、将来的な家賃の減額等が生じる可能性があるにも関わらず、マスターリース契約の締結に当たり、家賃改定条件、契約解除条件等について、オーナーとなろうとする者に十分な説明を行わず、契約内容を誤認させたまま、契約を締結させる悪質業者が存在し、オーナーとの間で大きなトラブルが多発している。

このため、オーナーとなろうとする者が契約内容を正しく理解した上で、適切なリスク判断のもと、マスターリース契約を締結することができる環境を整えるため、本法では、サブリース業者に対し、契約締結前に、オーナーとなろうとする者に書面を交付し、説明することを義務づけている。

なお、特定転貸事業者については、一般に、特定賃貸借契約又は当該特定賃貸借契約に付随する契約により、本来賃貸人が行うべき賃貸住宅の維持保全を、賃貸人からの依頼により賃貸人に代わって行っており、この場合における特定転貸事業者は当該賃貸人との間で管理受託契約を締結しているものと解されるが、当該特定転貸事業者は、賃貸住宅管理業者が自らを賃借人として締結する特定賃貸借契約について、当該賃貸住宅管理業者は当該管理受託契約の内容を特定賃貸借契約重要事項説明書に記載し、当該特定賃貸借契約重要事項説明書を用いて特定賃貸借契約重要事項説明の場において管理受託契約重要事項説明を行うことができる。この場合、当該特定賃貸借契約重要事項説明書には、省令第31条各号に掲げる事項を記載し、これらの事項について法第13条の重要事項説明と同様の方法により説明を行う必要があり、説明については、業務管理者の管理及び監督の下に行われる必要があり、また、業務管理者又は一定の実務経験を有する者など専門的な知識及び経験を有する者によって行われることが望ましい。

⑵　重要事項の説明者

サブリース業者がどのような者に説明をさせなければならないかについて法律上定めはないが、重要事項について、正確な情報を適切に説明することで、オーナーとなろうとする者が十分に理解をした上で契約締結の意思決定ができるよう、賃貸不動産経営管理士（一般社団法人賃貸不動産経営管理士協議会の賃貸不動産経営管理士資格制度運営規程に基づく登録を受けている者）など専門的な知識及び経験を有する者によって説明が行われることが望ましい。

⑶　重要事項の説明のタイミング

オーナーとなろうとする者が契約内容とリスク事項を十分に理解し、契約意思が安定した状態で契約を締結できるよう、マスターリース契約の内容を十分に理解するための熟慮期間を与えることが必要である。そのため、マスターリース契約を締結するための重要な判断材料となる重要事項の説明から契約締結までに１週間程度の十分な期間をおくことが望ましい。重要事項の説明から契約締結までの期間を短くせざるを得ない場合には、事前に重要事項説明書等を送付し、重要事項説明書等の送付から一定期間後に、説明を実施するなどして、オーナーとなろうとする者が契約締結の判断を行うまでに十分な時間をとることが望ましい。

⑷　説明の相手方の知識、経験、財産の状況等に応じた説明

サブリース業者は、相手方が法第30条の重要事項説明の対象となる場合は、その者がマスターリース契約について一定の知識や経験があったとしても、下記⑸に掲げる事項を書面に記載し、十分な説明をすることが必要である。その上で、説明の相手方の知識、経験、財産の状況、賃貸住宅経営の目的やリスク管理判断能力等に応じた説明を行うことが望ましいことから、説明の相手方の属性やこれまでの賃貸住宅経営の実態を踏まえて、以下の点に留意して、説明を行うこと。

①説明の相手方の賃貸住宅経営の目的・意向を十分確認すること。

②説明の相手方の属性や賃貸住宅経営の目的等に照らして、マスターリース契約のリスクを十分に説明すること。

③説明の相手方が高齢の場合は、過去に賃貸住宅経営の経験が十分にあったとしても、身体的な衰えに加え、短期的に判断能力が変化する場合もあることから、説明の相手方の状況を踏まえて、慎重な説明を行うこと。

⑸　重要事項の説明事項

サブリース業者は、契約締結前に以下の【記載事項】①～⑭を書面に記載し、説明をしなければならない。重要事項説明書の作成にあたっては、以下の点に

留意すること。

・書面の内容を十分に読むべき旨を太枠の中に太字波下線で、日本産業規格Z8305に規定する12ポイント以上の大きさで記載すること。

・書面の内容を十分に読むべき旨の次に、借地借家法第32条、借地借家法第28条の適用を含めたマスターリース契約を締結する上でのリスク事項を記載すること。

・書面には日本産業規格Z8305に規定する8ポイント以上の大きさの文字及び数字を用いること。

・サブリース業者がオーナーに支払う家賃の額の記載の次に、当該額が減額される場合があること及び借地借家法第32条の概要（契約の条件にかかわらず借地借家法第32条第1項に基づきサブリース業者が減額請求を行うことができること、どのような場合に減額請求ができるのか、オーナーは必ずその請求を受け入れなくてはならないわけではないこと等）を記載すること。

・契約期間の記載の次に、借地借家法第28条の概要（借地借家法第28条に基づき、オーナーからの更新拒絶には正当事由が必要であること等）を記載すること。

なお、重要事項の書面による説明を行う際には、別添の「重要事項説明書記載例」に準拠した書面を用いることが望ましい。

【記載事項】

①マスターリース契約を締結するサブリース業者の商号、名称又は氏名及び住所

②マスターリース契約の対象となる賃貸住宅

・マスターリース契約の対象となる賃貸住宅の所在地、物件の名称、構造、面積、住戸部分（部屋番号、住戸内の設備等）、その他の部分（廊下、階段、エントランス等）、建物設備（ガス、上水道、下水道、エレベーター等）、附属設備等（駐車場、自転車置き場等）等について記載し、説明すること。

③契約期間に関する事項

・契約の始期、終期、期間及び契約の類型（普通借家契約、定期借家契約）を記載し、説明する必要がある。

・特に、契約期間は、家賃が固定される期間ではないことを記載し、説明すること。

④マスターリース契約の相手方に支払う家賃の額、支払期日、支払方法等の

条件並びにその変更に関する事項

・サブリース業者がオーナーに支払う家賃の額、支払期限、支払い方法、家賃改定日等について記載し、説明すること（家賃の他、敷金がある場合も同様とする。）。

・サブリース業者がオーナーに支払う家賃の設定根拠について、近傍同種の家賃相場を示すなどして記載し、説明すること。

・特に、契約期間が長期である場合などにおいて、オーナーが当初の家賃が契約期間中変更されることがないと誤認しないよう、家賃改定のタイミングについて説明し、当初の家賃が減額される場合があることを記載し、説明すること。

・さらに、契約において、家賃改定日が定められていたとしても、その日以外でも、借地借家法に基づく減額請求ができることについても記載し、説明すること。（詳細は⑭）

・また、入居者の新規募集や入居者退去後の募集に、一定の時間がかかるといった理由から、サブリース業者がオーナーに支払う家賃の支払いの免責期間を設定する場合は、その旨を記載し、説明すること。

⑤サブリース業者が行う賃貸住宅の維持保全[2]の実施方法

・サブリース業者が行う維持保全の内容について、回数や頻度を明示して可能な限り具体的に記載し、説明すること。

・維持保全の内容としては、住戸や玄関、通路、階段等の共用部分の点検・清掃等、電気設備、水道設備、エレベーター、消防設備等の設備の点検・清掃等、点検等の結果を踏まえた必要な修繕等が考えられる。

・賃貸住宅の維持保全と併せて、入居者からの苦情や問い合わせへの対応を行う場合は、その内容についても可能な限り具体的に記載し、説明すること。

・なお、維持又は修繕のいずれか一方のみを行う場合や入居者からの苦情対応のみを行い維持及び修繕（維持・修繕業者への発注等を含む。）を行っていない場合であっても、その内容を記載し、説明することが望ましい。

2　「賃貸住宅の維持保全」とは、居室及び居室の使用と密接な関係にある住宅のその他の部分である、玄関・通路・階段等の共用部分、居室内外の電気設備・水道設備、エレベーター等の設備等について、点検・清掃等の維持を行い、これら点検等の結果を踏まえた必要な修繕を一貫して行うことをいう。例えば、定期清掃業者、警備業者、リフォーム工事業者等が、維持又は修繕の「いずれか一方のみ」を行う場合や、エレベーターの保守点検・修繕を行う事業者等が、賃貸住宅の「部分のみ」について維持から修繕までを一貫して行う場合、入居者からの苦情対応のみを行い維持及び修繕（維持・修繕業者への発注等を含む。）を行っていない場合は、賃貸住宅の維持保全には該当しない。

⑥サブリース業者が行う賃貸住宅の維持保全に要する費用の分担に関する事項

・サブリース業者が行う維持保全の具体的な内容や設備毎に、オーナーとサブリース業者のどちらが、それぞれの維持や修繕に要する費用を負担するかについて記載し、説明すること。

・特に、オーナーが費用を負担する事項について誤認しないよう、例えば、設備毎に費用負担者が変わる場合や、オーナー負担となる経年劣化や通常損耗の修繕費用など、どのような費用がオーナー負担になるかについて具体的に記載し、説明すること。

・また、修繕等の際に、サブリース業者が指定する業者が施工するといった条件を定める場合は、必ずその旨を記載し、説明すること。

⑦マスターリース契約の相手方に対する維持保全の実施状況の報告に関する事項

・サブリース業者が行う維持保全の実施状況について、賃貸人に報告する内容やその頻度について記載し、説明すること。

⑧損害賠償額の予定又は違約金に関する事項

・引渡日に物件を引き渡さない場合や家賃が支払われない場合等の債務不履行や契約の解約の場合等の損害賠償額の予定又は違約金を定める場合はその内容を記載し、説明すること。

⑨責任及び免責に関する事項

・天災等による損害等、サブリース業者が責任を負わないこととする場合は、その旨を記載し、説明すること。

・オーナーが賠償責任保険等への加入をすることや、その保険に対応する損害についてはサブリース業者が責任を負わないこととする場合は、その旨を記載し、説明すること。

⑩転借人の資格その他の転貸の条件に関する事項

・反社会的勢力への転貸の禁止や、学生限定等の転貸の条件を定める場合は、その内容について記載し、説明すること。

⑪転借人に対する⑤の内容の周知に関する事項

・サブリース業者が転借人に対して周知を行う以下に掲げる維持保全の内容についてどのような方法（対面での説明、書類の郵送、メール送付等）で周知するかについて記載し、説明すること。

資料編

・サブリース業者が行う維持保全の具体的な内容（住戸や玄関、通路、階段等の共用部分の点検・清掃等、電気設備、水道設備、エレベーター、消防設備等の設備の点検・清掃等、点検等の結果を踏まえた必要な修繕等）、その実施回数や頻度

・サブリース業者が行う入居者からの苦情や問い合わせへの対応の具体的な内容（設備故障・水漏れ等のトラブル、騒音等の居住者トラブル等）、対応する時間、連絡先

⑫マスターリース契約の更新及び解除に関する事項

・オーナーとサブリース業者間における契約の更新の方法(両者の協議の上、更新することができる等）について記載し、説明すること。

・オーナー又はサブリース業者が、契約に定める義務に関してその本旨に従った履行をしない場合には、その相手方は、相当の期間を定めて履行を催告し、その期間内に履行がないときは、契約を解除することができる旨を記載し、説明すること。

・契約の解約の場合の定めを設ける場合は、その内容及び⑧について説明すること。

・契約の更新拒絶等に関する借地借家法の規定の概要については、⑭の内容を記載し、説明すること。

⑬マスターリース契約が終了した場合におけるサブリース業者の権利義務の承継に関する事項

・入居者の居住の安定を図るため、マスターリース契約が終了した場合、オーナーがサブリース業者の転貸人の地位を承継することとする定めを設け、その旨を記載し、説明すること。

・特に、転貸人の地位を承継した場合に、正当な事由なく入居者の契約更新を拒むことはできないこと、サブリース業者の敷金返還債務を承継すること等についてオーナーが認識できるようにすること。

⑭借地借家法その他マスターリース契約に係る法令に関する事項の概要

a. 借地借家法第32条第１項（借賃増減請求権）について

・マスターリース契約を締結する場合、借地借家法第32条第１項（借賃増減請求権）が適用されるため、サブリース業者がオーナーに支払う家賃が、変更前の家賃額決定の要素とした事情等を総合的に考慮した上で、

①土地又は建物に対する租税その他の負担の増減により不相当となったとき

②土地又は建物の価格の上昇又は低下その他の経済事情の変動により不相当となったとき

③近傍同種の建物の借賃に比較して不相当となったとき

は、契約の条件にかかわらず、サブリース業者は家賃を相当な家賃に減額することを請求することができること及び空室の増加やサブリース業者の経営状況の悪化等が生じたとしても、上記①～③のいずれかの要件を充足しない限りは、同条に基づく減額請求はできないことを記載し、説明すること。

・特に、契約において、家賃改定日が定められている場合や、一定期間サブリース業者から家賃の減額はできないものとする、○年間は家賃の減額をできないものとする、オーナーとサブリース業者が合意の上家賃を改定する等の内容が契約に盛り込まれていた場合であっても、借地借家法第32条第１項に基づき、サブリース業者からの家賃の減額請求はできることを記載して説明し、オーナーが、これらの規定により、サブリース業者からの家賃減額はなされないと誤認しないようにすること。

・さらに、借地借家法に基づき、サブリース業者は減額請求をすることができるが、オーナーは必ずその請求を受け入れなければならないわけでなく、オーナーとサブリース業者との間で、変更前の家賃決定の要素とした事情を総合的に考慮した上で、協議により相当家賃額が決定されることを記載し、説明すること。なお、家賃改定額について合意に至らない場合は、最終的には訴訟によることとなる。[3]

3　借地借家法に基づく家賃減額請求権の行使が認められた平成15年10月23日の最高裁判決においては、「家賃減額請求の当否や相当家賃額を判断するに当たっては、賃貸借契約の当事者が家賃額決定の要素とした事情を総合考慮すべきであり、特に本件契約においては、上記の家賃保証特約の存在や保証家賃額が決定された事情をも考慮すべきである。」とされ、その後の差戻審において、「被控訴人が本件の事業を行うに当たって考慮した予想収支、それに基づく建築資金の返済計画をできるだけ損なわないよう配慮して相当家賃額を決定しなければならないというべきである。」と判断された。

b. 借地借家法第28条（更新拒絶等の要件）について

・普通借家契約としてマスターリース契約を締結する場合、借地借家法第28条（更新拒絶等の要件）が適用されるため、オーナーから更新を拒絶する場合には、

①オーナー及びサブリース業者（転借人（入居者）を含む）が建物の使用を必要とする事情

②建物の賃貸借に関する従前の経過

③建物の利用状況及び建物の現況並びにオーナーが建物の明渡しの条件として又は建物の明渡しと引換えにサブリース業者（転借人（入居者）を含む）に対して財産上の給付をする旨の申出をした場合におけるその申出

を考慮して、正当の事由があると認められる場合でなければすることができない旨を記載し、説明すること。

・特に、契約において、オーナーとサブリース業者の協議の上、更新することができる等の更新の方法について定められている場合に、オーナーが、自分が更新に同意しなければ、サブリース業者が更新の意思を示していても、契約を更新しないことができると誤認しないようにすること。

c. 借地借家法第38条（定期建物賃貸借）について

・定期借家契約としてマスターリース契約を締結する場合、家賃は減額できないとの特約を定めることにより、借地借家法第32条の適用はなく、サブリース業者から家賃の減額請求はできないことを記載し、説明すること。

・定期借家契約としてマスターリース契約を締結する場合、契約期間の満了により、契約を終了することとできることを記載し、説明すること。

・定期借家契約としてマスターリース契約を締結する場合、オーナーからの途中解約は、原則としてできないことを記載し、説明すること。

なお、契約期間中に上記（１）～(14）に掲げる事項に変更があった場合には、少なくとも変更のあった事項について、当初契約の締結前の特定賃貸借契約重要事項説明と同様の方法により、賃貸人に対して書面の交付等を行った上で説明することとする。

⑹　特定賃貸借契約の更新等に際しての重要事項説明

特定転貸事業者が特定賃貸借契約を当初契約と異なる内容で更新する場合、改めて特定賃貸借契約重要事項説明書の交付及び特定賃貸借契約重要事項説明をするものとする。

ここで「当初契約と異なる内容」とは、契約内容のうち、少なくとも、特定賃貸借契約重要事項説明の内容が当初契約と異なる場合は、当初契約と異なる内容による契約であると考えられる。なお、契約の同一性を保ったままで契約期間のみを延長することや、組織運営に変更のない商号又は名称等の変更等、形式的な変更と認められる場合はこれに該当せず、その場合、本条に基づく特定賃貸借契約重要事項説明等は行わないこととして差し支えない。

このため、法施行前に締結された特定賃貸借契約を法施行後に更新する場合であって、それが当初契約と異なる内容による契約に該当する場合、本条に基づく特定賃貸借契約重要事項説明書の交付及び特定賃貸借契約重要事項説明が必要である。

また、特定賃貸借契約が締結されている家屋等が、契約期間中現賃貸人から売却され、賃貸人たる地位が新たな賃貸人に移転し、従前と同一内容によって当該特定賃貸借契約が承継される場合であっても、特定転貸事業者は、賃貸人たる地位が移転することを認識した後、遅滞なく、新たな賃貸人に特定賃貸借契約重要事項説明書の交付及び特定賃貸借契約重要事項説明をするものとする。

(7) 重要事項の説明にITを活用する場合

サブリース業者は、マスターリース契約の相手方となろうとする者の承諾を得て、重要事項説明書に記載すべき事項を電磁的方法により提供することができる。その場合は、以下の①及び②に留意すること。

また、重要事項の説明にテレビ会議等のITを活用するに当たっては、③に掲げるすべての事項を満たしている場合に限り、対面による重要事項の説明と同様に取り扱うこととする。[4]

なお、説明の相手方に事前に重要事項説明書等を読んでおくことを推奨するとともに、重要事項説明書等の送付から一定期間後に、IT重説を実施することが望ましい。

①電磁的方法により提供する際の相手方の承諾

電磁的方法により重要事項説明書を提供しようとする場合は、相手方がこれを確実に受け取れるように、用いる方法(電子メール、WEBからのダウンロード、CD-ROM等)やファイルへの記録方法(使用ソフトウェアの形式やバージョン等)を示した上で、電子メール、WEBによる方法、CD－ROM等相手方が承諾したことが記録に残る方法で承諾を得ること。

②重要事項説明書を電磁的方法で提供する場合の留意事項

重要事項説明書を電磁的方法で提供する場合、出力して書面を作成でき、改変が行われていないか確認できることが必要である。例えば、電子署名等の活用も考えられる。

③重要事項の説明にITを活用する場合の取扱いについて

重要事項の説明にテレビ会議等のITを活用するに当たっては、次に掲げるすべての事項を満たしている場合に限り、対面による重要事項の説明と同様に取り扱うこととする。

a. 説明者及び重要事項の説明を受けようとする者が、図面等の書類及び説明の内容について十分に理解できる程度に映像を視認でき、かつ、双方が発する音声を十分に聞き取ることができるとともに、双方向でやりとりできる環境において実施していること。

b. 重要事項の説明を受けようとする者が承諾した場合を除き、重要事項説明書及び添付書類をあらかじめ送付していること。

c. 重要事項の説明を受けようとする者が、重要事項説明書及び添付書類を確認しながら説明を受けることができる状態にあること並びに映像及び音声の状況について、説明者が説明を開始する前に確認していること。

4　IT重説については、「賃貸取引に係るITを活用した重要事項説明実施マニュアル」（平成29年9月国土交通省土地・建設産業局不動産業課）において、必要とされるIT環境や円滑な実施のための工夫等についてまとめているので参照されたい。

⑻　入居者への対応

入居者への対応としては、上記⑸⑪のとおり、重要事項説明において、サブリース業者が行う維持保全の内容についてどのような方法（対面での説明、書類の郵送、メール送付等）で入居者に周知するかについて説明させることとしている。その説明のとおりにサブリース業者が入居者への周知を行うことで、入居者は、どのような維持保全が行われるのか、トラブル等の場合の連絡先はどこか把握することができ、これにより、入居者の居住の安定を図ることとしている。

また、上記⑸⑬のとおり、マスターリース契約が終了した場合は、オーナーがサブリース業者の転貸人の地位を承継することとなることを含めて、サブリース業者と入居者の間の転貸借契約を締結するに当たり、入居者が契約の内容を正しく理解した上で、契約を締結することができるよう、事前に転貸借契約の内容を説明することが望ましい。

7．契約締結時の書面交付（第31条関係）

賃貸住宅の管理業務等の適正化に関する法律
（特定賃貸借契約の締結時の書面の交付）
第31条　特定転貸事業者は、特定賃貸借契約を締結したときは、当該特定賃貸借契約の相手方に対し、遅滞なく、次に掲げる事項を記載した書面を交付しなければならない。
一　特定賃貸借契約の対象となる賃貸住宅
二　特定賃貸借契約の相手方に支払う家賃その他賃貸の条件に関する事

項
三　特定転貸事業者が行う賃貸住宅の維持保全の実施方法
四　契約期間に関する事項
五　転借人の資格その他の転貸の条件に関する事項
六　契約の更新又は解除に関する定めがあるときは、その内容
七　その他国土交通省令で定める事項
2　前条第二項の規定は、前項の規定による書面の交付について準用する。

⑴　規定の趣旨

マスターリース契約は、家賃その他賃貸の条件、維持保全の実施方法や費用分担、契約期間、契約解除の条件等多岐にわたる複雑なものとなるため、契約締結後に契約内容や条件を確認できるよう、サブリース業者に対し、契約締結時に相手方に必要な事項を記載した書面を交付することを義務づけ、当事者間の認識の相違による紛争の発生防止を図ることとしている。

⑵　書面の記載事項

サブリース業者は、契約締結時に以下の事項を書面に記載し、交付しなければならない。これらの事項が記載された契約書であれば、当該契約書をもってこの書面とすることができる。

なお、国土交通省が別途定める特定賃貸借標準契約書には、これらの事項が記載されるので参考とされたい。

【記載事項】

①マスターリース契約を締結するサブリース業者の商号、名称又は氏名及び住所
②マスターリース契約の対象となる賃貸住宅
③契約期間に関する事項
④マスターリース契約の相手方に支払う家賃その他賃貸の条件に関する事項
⑤サブリース業者が行う賃貸住宅の維持保全の実施方法
⑥サブリース業者が行う賃貸住宅の維持保全に要する費用の分担に関する事項
⑦マスターリース契約の相手方に対する維持保全の実施状況の報告に関する事項
⑧損害賠償額の予定又は違約金に関する定めがあるときは、その内容
⑨責任及び免責に関する定めがあるときは、その内容
⑩転借人の資格その他の転貸の条件に関する事項

⑪転借人に対するサブリース業者が行う賃貸住宅の維持保全の実施方法の周知に関する事項
⑫契約の更新又は解除に関する定めがあるときは、その内容
⑬マスターリース契約が終了した場合におけるサブリース業者の権利義務の承継に関する事項
※各事項の内容については、6.重要事項説明を参照されたい。

⑶ 契約締結時の書面交付にITを活用する場合

サブリース業者は、マスターリース契約の相手方となろうとする者の承諾を得て、契約締結時書面の交付に代えて、当該書面に記載すべき事項を電磁的方法により提供することができる。その際、契約締結後に契約内容や条件を確認することで、当事者間の認識の相違による紛争の発生防止を図るという契約締結時の書面交付義務をサブリース業者に課した趣旨を踏まえ、以下の①及び②に留意すること。

①電磁的方法により提供する際の相手方の承諾

電磁的方法により提供しようとする場合は、相手方がこれを確実に受け取れるように、用いる方法（電子メール、WEBからのダウンロード、CD-ROM等）やファイルへの記録方法（使用ソフトウェアの形式やバージョン等）を示した上で、電子メール、WEBによる方法、CD－ROM等相手方が承諾したことが記録に残る方法で承諾を得ること。

②電磁的方法で提供する場合の留意事項

電磁的方法で提供する場合、出力して書面を作成でき、改変が行われていないか確認できることが必要である。例えば、電子署名等の活用も考えられる。

＜参考＞

サブリース業者（特定転貸事業者）又は勧誘者に対する罰則一覧表

６月以下の懲役若しくは50万円以下の罰金、又はこれを併科（法第42条）

○法第29条第１号（不当な勧誘等の禁止：事実不告知・不実告知）に違反したとき
○法第34条第１項（特定転貸事業者に対する業務停止命令等）又は第２項（勧誘者に対する勧誘停止命令）に違反したとき

50万円以下の罰金（法第43条）

○法第30条（契約締結前の書面の交付）、法第31条（契約締結時の書面の交付）に違反したとき

30万円以下の罰金（法第44条）

○法第28条（誇大広告等の禁止）に違反したとき
○法第32条（書類の閲覧）に違反したとき
○国土交通大臣の指示（法第33条）に違反したとき
○国土交通大臣による報告徴収、立入検査（法第36条第１項）に対応しないとき等

サブリース業者（特定転貸事業者）又は勧誘者に対する行政処分一覧表

指示処分（特定転貸事業者）

○特定転貸事業者又は勧誘者が法第28条（誇大広告等の禁止）に違反したとき
○特定転貸事業者又は勧誘者が法第29条（不当な勧誘等の禁止）に違反したとき
○特定転貸事業者が法第30条（契約締結前の書面の交付）に違反したとき
○特定転貸事業者が法第31条（契約締結時の書面の交付）に違反したとき
○特定転貸事業者が法第32条（書類の閲覧）に違反したとき

指示処分（勧誘者）

○勧誘者が法第28条（誇大広告等の禁止）に違反したとき
○勧誘者が法第29条（不当な勧誘等の禁止）に違反したとき

業務停止命令等（特定転貸事業者）

○特定転貸事業者又は勧誘者が法第28条（誇大広告等の禁止）に違反したとき
○特定転貸事業者又は勧誘者が法第29条（不当な勧誘等の禁止）に違反したとき
○特定転貸事業者が法第30条（契約締結前の書面の交付）に違反したとき
○特定転貸事業者が法第31条（契約締結時の書面の交付）に違反したとき
○特定転貸事業者が法第32条（書類の閲覧）に違反したとき
○特定転貸事業者が指示処分に従わないとき

勧誘停止命令（勧誘者）
○勧誘者が法第28条（誇大広告等の禁止）に違反したとき ○勧誘者が法第29条（不当な勧誘等の禁止）に違反したとき ○勧誘者が指示処分に従わないと

（以下、別添資料は省略）

賃貸住宅標準管理受託契約書

<table>
<tr><td rowspan="3">委託者
（甲）</td><td>氏名</td><td></td></tr>
<tr><td>住所</td><td></td></tr>
<tr><td>連絡先</td><td></td></tr>
<tr><td rowspan="6">賃貸住宅管理業者
（乙）</td><td>商号（名称）</td><td></td></tr>
<tr><td>代表者</td><td></td></tr>
<tr><td>住所</td><td></td></tr>
<tr><td>連絡先</td><td></td></tr>
<tr><td>登録年月日</td><td></td></tr>
<tr><td>登録番号</td><td></td></tr>
<tr><td rowspan="4">業務管理者</td><td>氏名</td><td></td></tr>
<tr><td>事務所住所</td><td></td></tr>
<tr><td>連絡先</td><td></td></tr>
<tr><td>証明番号又は
登録番号</td><td></td></tr>
</table>

頭書

（1）管理業務の対象となる賃貸住宅

<table>
<tr><td rowspan="6">建物の
名称・
所在地等</td><td>名　称</td><td colspan="2"></td></tr>
<tr><td>所在地</td><td colspan="2"></td></tr>
<tr><td>構造等</td><td colspan="2">造　　階建　　戸</td></tr>
<tr><td rowspan="3">面　積</td><td>敷 地 面 積</td><td>㎡</td></tr>
<tr><td>建 築 面 積</td><td>㎡</td></tr>
<tr><td>延 べ 面 積</td><td>㎡</td></tr>
<tr><td colspan="2">住戸部分</td><td colspan="2">別紙「住戸明細表」に記載の通り</td></tr>
<tr><td colspan="2">その他の部分</td><td colspan="2">廊下、階段、エントランス</td></tr>
<tr><td colspan="2" rowspan="4">建物設備</td><td>ガ　　ス</td><td>都市ガス</td></tr>
<tr><td>上　水　道</td><td>水道本管より直結</td></tr>
<tr><td>下　水　道</td><td>公共下水</td></tr>
<tr><td>共聴アンテナ</td><td>BS</td></tr>
<tr><td colspan="2" rowspan="2">附属施設等</td><td>駐　車　場</td><td>有（本契約の対象に含む）</td></tr>
<tr><td>自転車置場</td><td>有（本契約の対象に含む）</td></tr>
</table>

(２)契約期間

契約期間	（始期）令和　年　月　日から （終期）令和　年　月　日まで	年　月間

(３)管理業務の内容及び実施方法・第三者への再委託項目

実施箇所等		内容・頻度等	乙	委託	委託先
点検・清掃等			□	□	
			□	□	
			□	□	
			□	□	
			□	□	
			□	□	
			□	□	
			□	□	
修繕等			□	□	
家賃等の徴収等			□	□	
			□	□	
			□	□	
			□	□	
			□	□	
			□	□	
			□	□	
その他			□	□	

(４)管理報酬

金　額		支　払　期　限	支　払　方　法	
管理報酬	家賃及び共益費(管理費)の○％ （別途、消費税） 円	当月分・翌月分を 毎月　　日まで	振込又は持参	振込先金融機関名： 預金：普通・当座 口座番号： 口座名義人：
				持参先：

(5)管理業務に要する費用

(6)家賃及び敷金等の引渡し

金額		支払期限	支払方法	
家賃	円	当月分・翌月分を 毎月　　日まで	振込又は持参	振込先金融機関名： 預金：普通・当座 口座番号： 口座名義人：
				持参先：
敷金	家賃　　か月相当分 円		振込又は持参	振込先金融機関名： 預金：普通・当座 口座番号： 口座名義人：
				持参先：

(7)家賃、敷金、共益費その他の金銭における分別管理の方法

(8)甲への定期報告の内容及び頻度

(9)入居者への対応に関する事項

入居者へ周知する内容	入居者への周知方法

(10)管轄裁判所

地方（簡易）裁判所

(11)特約

住戸明細表

（1）賃貸借の目的物

建物名称	
建物所在地	

（2）住戸内の設備

設　備	有無	備　　考
エアコン一基	有・無	
バルコニー(1階は除く)	有・無	
オートロック	有・無	
システムキッチン	有・無	
フローリング床	有・無	
床暖房	有・無	
追焚き機能付風呂	有・無	
浴室乾燥機	有・無	
独立洗面所	有・無	
クローゼット又は1間収納	有・無	
大型下足入れ	有・無	
電話2回線以上	有・無	
宅配ボックス	有・無	
	有・無	
	有・無	
	有・無	

（3）住戸内訳

部屋番号	面積	間取り	家賃	備　　考
	壁芯・内法　　㎡		円	
	壁芯・内法　　㎡		円	
	壁芯・内法　　㎡		円	
	壁芯・内法　　㎡		円	
	壁芯・内法　　㎡		円	
	壁芯・内法　　㎡		円	
	壁芯・内法　　㎡		円	
	壁芯・内法　　㎡		円	
	壁芯・内法　　㎡		円	

（契約の締結）

第１条 委託者(以下「甲」という。)及び賃貸住宅管理業者(以下「乙」という。)は、頭書（１）に記載する甲の委託の対象となる賃貸住宅(以下「本物件」という。)について、以下の条項により、甲が管理業務を委託することを目的とする管理受託契約（以下、「本契約」）、を締結した。

（契約期間）

第２条　本契約の契約期間は、頭書（２）に定めるとおりとする。

（更新）

第３条　本契約の期間は、甲及び乙の合意に基づき、更新することができる。

２　前項の更新をしようとするときは、甲又は乙は、契約期間が満了する日までに、相手方に対し、文書でその旨を申し出るものとする。

３　前二項による契約期間の更新に当たり、甲乙間で契約の内容について別段の合意がなされなかったときは、従前の契約と同一内容の契約が成立したものとみなす。

（管理報酬の支払い）

第４条　甲は、乙に対して、管理業務に関して、頭書（４）の記載に従い、管理報酬を支払わなければならない。

２　甲は、甲の責めに帰することができない事由によって乙が管理業務を行うことができなくなったとき、又は、乙の管理業務が中途で終了したときには、既にした履行の割合に応じて、前項の報酬を支払わなければならない。

（管理業務に要する費用）

第５条　甲は、前条の報酬のほか、頭書（５）の記載に従い、乙が管理業務を実施するのに伴い必要となる費用を負担するものとする。

2　前項の費用は、乙からその明細を示した請求書を甲に提示し、その請求書を受領した日の翌月末日限り乙の指定する銀行口座に振り込む方法により支払う。但し、振込手数料は甲の負担とする。

（乙が立て替えた費用の償還）

第６条　乙が管理業務を遂行する上でやむを得ず立て替えた費用については、甲は、乙に、速やかに、償還しなければならない。

２　前項において、１件当たりの金額が甲及び乙の協議の上で別途、頭書（１１）で定めた記載の金額を超えないものについては、甲の承諾を要しないものとし、超えるものについては、予め甲と協議しなければならない。

（家賃及び敷金等の引渡し）

第７条　乙は、本契約の成立により徴収した家賃等を、頭書（６）に記載する振込先に振り込むことにより、速やかに、甲に引き渡さなければならない。

２　乙は、入居者から徴収した当月分の家賃等を、毎月、頭書（６）に記載する振込先に、頭書

（6）に記載する期日までに振り込むことにより、甲に引き渡さなければならない。
3　前項の場合において、乙は、当月分の管理報酬で家賃等から差し引くことについてあらかじめ甲の承諾を得ているものを差し引くことができる。

（反社会的勢力の排除）
第8条　甲及び乙は、それぞれ相手方に対し、次の各号の事項を確約する。
一　自らが、暴力団、暴力団関係企業、総会屋若しくはこれらに準ずる者又はその構成員（以下総称して「反社会的勢力」という。）ではないこと。
二　自らの役員（業務を執行する社員、取締役、執行役又はこれらに準ずる者をいう）が反社会的勢力ではないこと。
三　反社会的勢力に自己の名義を利用させ、この契約を締結するものでないこと。
四　自ら又は第三者を利用して、次の行為をしないこと。
　ア　相手方に対する脅迫的な言動又は暴力を用いる行為
　イ　偽計又は威力を用いて相手方の業務を妨害し、又は信用を毀損する行為

（管理業務の内容）
第9条　乙は、頭書（3）に記載する内容及び方法により管理業務を行わなければならない。

（財産の分別管理）
第10条　乙は、入居者から受領した家賃、敷金、共益費その他の金銭について、頭書（7）の記載に従い甲に引き渡すまで、自己の固有財産及び他の甲の財産と分別して管理しなければならない。

（緊急時の業務）
第11条　乙は、第9条のほか、災害又は事故等の事由により、緊急に行う必要がある業務で、甲の承認を受ける時間的な余裕がないものについては、甲の承認を受けないで実施することができる。この場合において、乙は、速やかに書面をもって、その業務の内容及びその実施に要した費用の額を甲に通知しなければならない。
2　前項により通知を受けた費用については、甲は、第5条に準じて支払うものとする。ただし、乙の責めによる事故等の場合はこの限りではない。

（鍵の管理・保管）
第12条　鍵の管理（保管・設置、交換及び費用負担含む）に関する事項は甲が行う。
2　乙は、入居者への鍵の引渡し時のほか、本契約に基づく入居者との解約、明け渡し業務に付随して鍵を一時的に預かることができる。

（第三者への再委託）
第13条　乙は、頭書（3）に記載する業務の一部を、頭書（3）に従って、他の者に再委託することができる。
2　乙は、頭書（3）に記載する業務を、一括して他の者に委託してはならない。
3　乙は、第一項によって再委託した業務の処理について、甲に対して、自らなしたと同等の責任

を負うものとする。

（代理権の授与）
第１４条　乙は、管理業務のうち次の各号に掲げる業務について、甲を代理するものとする。ただし、乙は、第四号から第六号までに掲げる業務を実施する場合には、その内容について事前に甲と協議し、承諾を求めなければならない。
一　敷金、その他一時金、家賃、共益費（管理費）及び附属施設使用料の徴収
二　未収金の督促
三　賃貸借契約に基づいて行われる入居者から甲への通知の受領
四　賃貸借契約の更新
五　修繕の費用負担についての入居者との協議
六　賃貸借契約の終了に伴う原状回復についての入居者との協議

（管理業務に関する報告等）
第１５条　乙は、頭書（８）の記載に従い、甲と合意に基づき定めた期日に、甲と合意した頻度に基づき定期に、甲に対し、管理業務に関する報告をするものとする。
２　前項の規定による報告のほか、甲は、必要があると認めるときは、乙に対し、管理業務の実施状況に関して報告を求めることができる。
３　前二項の場合において、甲は、乙に対し、管理業務の実施状況に係る関係書類の提示を求めることができる。
４　甲又は乙は、必要があると認めるときは、管理業務の実施状況に関して相互に意見を述べ、又は協議を求めることができる。

（管理業務の情報提供等）
第１６条　甲は、乙が管理業務を行うために必要な情報を提供しなければならない。
２　甲は、乙から要請があった場合には、乙に対して、委任状の交付その他管理業務を委託したことを証明するために必要な措置を採らなければならない。
３　甲が、第１項に定める必要な情報を提供せず、又は、前項に定める必要な措置をとらず、そのために生じた乙の損害は、甲が負担するものとする。
４　甲は、本物件の住宅総合保険、施設所有者賠償責任保険等の損害保険の加入状況を乙に通知しなければならない。

（住戸への立入調査）
第１７条　乙は、管理業務を行うため必要があるときは、住戸に立ち入ることができる。
２　前項の場合において、乙は、あらかじめその旨を本物件の入居者に通知し、その承諾を得なければならない。ただし、防災等の緊急を要するときは、この限りではない。

（善管注意義務）
第１８条　乙は、善良なる管理者の注意をもって、管理業務を行わなければならない。
２　乙は、乙又はその従業員が、管理業務の実施に関し、甲又は第三者に損害を及ぼしたときは、甲又は第三者に対し、賠償の責任を負う。

3　前項にかかわらず、乙は、乙の責めに帰することができない事由によって生じた損害については、その責を負わないものとする。

（個人情報保護法等の遵守）

第１９条　甲及び乙は、本物件の管理業務を行うに際しては、個人情報の保護に関する法律（平成 15 年法律第 57 号）及び行政手続における特定の個人を識別するための番号の利用等に関する法律（平成 25 年法律第 27 号）を遵守し、個人情報及び個人番号について適切な対処をすることができるように、互いに協力するものとする。

（契約の解除）

第２０条　甲又は乙がこの契約に定める義務の履行に関してその本旨に従った履行をしない場合には、その相手方は、相当の期間を定めて履行を催告し、その期間内に履行がないときは、この契約を解除することができる。

２　甲又は乙の一方について、次のいずれかに該当した場合には、その相手方は、何らの催告も要せずして、本契約を解除することができる。

一　第８条第１項各号の確約に反する事実が判明した場合

二　契約締結後に自ら又は役員が反社会的勢力に該当した場合

三　相手方に信頼関係を破壊する特段の事情があった場合

（解約の申し入れ）

第２１条　甲又は乙は、その相手方に対して、少なくとも○か月前に文書により解約の申入れを行うことにより、この契約を終了させることができる。

２　前項の規定にかかわらず、甲は、○か月分の管理報酬相当額の金員を乙に支払うことにより、随時にこの契約を終了させることができる。

（契約終了時の処理）

第２２条　本契約が終了したときは、乙は、甲に対し、本物件に関する書類及びこの契約に関して乙が保管する金員を引き渡すとともに、家賃等の滞納状況を報告しなければならない。

（入居者への対応）

第２３条　乙は、本物件について本契約を締結したときは、入居者に対し、遅滞なく、頭書（９）の記載に従い、頭書（３）に記載する管理業務の内容・実施方法及び乙の連絡先を記載した書面又は電磁的方法により通知するものとする。

２　本契約が終了したときは、甲及び乙は、入居者に対し、遅滞なく、乙による本物件の管理業務が終了したことを通知しなければならない。

（協議）

第２４条　甲及び乙は、本契約書に定めがない事項及び本契約書の条項の解釈について疑義が生じた場合は、民法その他の法令及び慣行に従い、誠意をもって協議し、解決するものとする。

（合意管轄裁判所）

第２５条　本契約に起因する紛争が生じたときは、頭書（１０）に記載する地方（簡易）裁判所を管轄裁判所とする。

（特約）
第２６条　本契約の特約については、頭書（１１）のとおりとする。

（以下、「作成にあたっての注意点」は省略）

特定賃貸借標準契約書

貸主 （甲）	氏名	
	住所	
	連絡先	
借主 （乙）	商号（名称）	
	代表者	
	住所	
	連絡先	
	登録年月日	
	登録番号	
業務管理者	氏名	
	事務所住所	
	連絡先	
	証明番号又は 登録番号	

頭書

（1）賃貸借の目的物

建物の名称・所在地等	名称		
	所在地		
	種類		
	構造等	造　　階建　　戸	
	面積	敷地面積	㎡
		建築面積	㎡
		延べ面積	㎡
住戸部分		別紙「住戸明細表」に記載の通り	
その他の部分		廊下、階段、エントランス	
建物設備		ガス	有（都市ガス・プロパンガス）・無
		上水道	水道本管より直結・受水槽・井戸水
		下水道	公共下水・浄化槽
		エレベーター	有・無
		共聴アンテナ	有（BS・CS・CATV）・　無
		管理人室	有・無
			有・無
			有・無
附属施設等		駐車場	有（本契約の対象に含む・含まない）・無
		自転車置場	有（本契約の対象に含む・含まない）・無
		物置	有（本契約の対象に含む・含まない）・無
			有（本契約の対象に含む・含まない）・無
			有（本契約の対象に含む・含まない）・無

（2）契約期間

始期	年　　月　　日から	年　　月間
終期	年　　月　　日まで	

（3）引渡日

年　　月　　日

（4）家賃等

<table>
<tr><th colspan="2">金　額</th><th>支　払　期　限</th><th colspan="2">支　払　方　法</th></tr>
<tr><td rowspan="3">家賃</td><td>円</td><td>当月分・翌月分を
毎月　　　日まで</td><td>振込又は持参</td><td>振込先金融機関名：

預金：普通・当座
口座番号：
口座名義人：
持参先：</td></tr>
<tr><td>初回の家賃改定日</td><td colspan="3">本契約の始期から　　年を経過した日の属する日の翌月１日</td></tr>
<tr><td>２回目以降の
家賃改定日</td><td colspan="3">初回の家賃改定日経過後　　　年毎</td></tr>
</table>

・上記の家賃改定日における見直しにより、本契約第５条第３項に基づき家賃が減額又は増額の改定となる場合がある。

・本契約には、借地借家法第 32 条第１項（借賃増減請求権）が適用されるため、上記の家賃改定日以外の日であっても、乙から甲に支払う家賃が、上記記載の家賃額決定の要素とした事情等を総合的に考慮した上で、

①土地又は建物に対する租税その他の負担の増減により不相当となったとき

②土地又は建物の価格の上昇又は低下その他の経済事情の変動により不相当となったとき

③近傍同種の建物の借賃に比較して不相当となったとき

は、本契約の条件にかかわらず、乙は家賃を相当な家賃に減額することを請求することができる。

・ただし、空室の増加や乙の経営状況の悪化等が生じたとしても、上記①～③のいずれかの要件を充足しない限りは、同条に基づく減額請求はできない。

・また、借地借家法に基づく、乙からの減額請求について、甲は必ずその請求を受け入れなければならないわけでなく、乙との間で、変更前の家賃決定の要素とした事情を総合的に考慮した上で、協議（協議が整わないときは調停・裁判手続）により相当家賃額が決定される。

<table>
<tr><th colspan="2">金　額</th><th>支　払　期　限</th><th colspan="2">支　払　方　法</th></tr>
<tr><td>敷 金</td><td>家賃　　　か月相当分

円</td><td>当月分・翌月分を
毎月　　　日まで</td><td>振込又は持参</td><td>振込先金融機関名：

預金：普通・当座
口座番号：
口座名義人：
持参先：</td></tr>
</table>

（5）家賃支払義務発生日

支払い免責期間	引渡日から　　　　　　か月
家賃支払義務発生日	年　　　月　　　日

（6）乙が行う維持保全の実施方法

実施箇所等		内容・頻度等	乙	委託	委託先
点検・清掃等			□	□	
			□	□	
			□	□	
			□	□	
			□	□	
修繕等			□	□	
			□	□	
			□	□	
その他			□	□	
			□	□	
			□	□	

（7）賃貸住宅の維持保全の費用分担

実施箇所等		費用負担者		内　容
		甲	乙	
点検・清掃等		□	□	
		□	□	
		□	□	
		□	□	
		□	□	
		□	□	
修繕等		□	□	
		□	□	
		□	□	
		□	□	
		□	□	
		□	□	
その他		□	□	
		□	□	
		□	□	

・本契約第 11 条第 2 項に基づき、乙の責めに帰すべき事由（転借人の責めに帰すべき事由を含む。）によって必要となった修繕については、上記の費用負担者の記載にかかわらず、甲はその費用を負担しない。

（8）転貸の条件

条件項目	条件の有無	条件の内容
転貸借契約において定めるべき事項	有	乙は、転借人（入居者）との間で転貸借契約を締結するに際し、当該契約が転貸借契約であることを転借人に開示するとともに、本契約第９条第２項、第12条及び第21条に規定する内容を契約条項とすること。
契約態様	有・無	普通賃貸借契約に限る・定期賃貸借契約に限る
契約期間	有・無	
家　　賃	有・無	
共 益 費	有・無	
敷　　金	有・無	
転 借 人	有・無	
民泊（住宅に人を宿泊させるサービス）の可否	可・否	□　住宅宿泊事業法に基づく住宅宿泊事業 □　国家戦略特区法に基づく外国人滞在施設経営事業
そ の 他	有	

（9）転貸に関する敷金の分別管理の方法

（10）合意管轄裁判所

地方（簡易）裁判所

（11）特約

住戸明細表

（1）賃貸借の目的物

建物名称	
建物所在地	

（2）住戸内の設備

設　備	有無	備　　　考
エアコン一基	有・無	
バルコニー（1階は除く）	有・無	
オートロック	有・無	
システムキッチン	有・無	
フローリング床	有・無	
床暖房	有・無	
追焚き機能付風呂	有・無	
浴室乾燥機	有・無	
独立洗面所	有・無	
クローゼット又は1間収納	有・無	
大型下足入れ	有・無	
電話2回線以上	有・無	
宅配ボックス	有・無	
	有・無	
	有・無	
	有・無	

（3）住戸内訳

部屋番号	面積	間取り	家賃	備　　　考
	壁芯・内法　　　㎡		円	
	壁芯・内法　　　㎡		円	
	壁芯・内法　　　㎡		円	
	壁芯・内法　　　㎡		円	
	壁芯・内法　　　㎡		円	
	壁芯・内法　　　㎡		円	
	壁芯・内法　　　㎡		円	
	壁芯・内法　　　㎡		円	
	壁芯・内法　　　㎡		円	

資料編

（契約の締結）
第１条　貸主（以下「甲」という。）及び借主（以下「乙」という。）は、頭書（１）に記載する賃貸借の目的物（以下「本物件」という。）について、以下の条項により、乙が転貸することを目的とする賃貸借契約（以下「本契約」という。）を締結した。

（契約期間）
第２条　契約期間は、頭書（２）に記載するとおりとする。
２　甲及び乙は、協議の上、本契約を更新することができる。
３　甲又は乙は、本契約の更新を希望しない場合には、契約期間の満了の１年前から６か月前までの間に相手方に対して更新をしない旨の通知（以下「更新拒絶通知」という。）をするものとする。ただし、甲による更新拒絶通知は、借地借家法（平成３年法律第 90 号）第 28 条に規定する正当の事由がなければすることができない。

（引渡し）
第３条　甲は、頭書（３）に記載する引渡日（以下「引渡日」という。）までに、乙に対し、本物件を引き渡さなければならない。
２　甲は、乙が本物件の適切な維持保全を行うために必要な情報を提供しなければならない。
３　甲が、引渡日に本物件を引き渡さず、又は、前項に定める情報を提供せず、そのために生じた乙の損害は、甲が負担するものとする。

（使用目的）
第４条　乙は、専ら住宅として使用することを目的として本物件を転貸するものとする。甲は、乙が本物件を借り受け、これを専ら住宅として使用することを目的として第三者に転貸することを承諾する。
２　乙が住宅宿泊事業法に基づく住宅宿泊事業又は国家戦略特区法に基づく外国人滞在施設経営事業を目的として転貸することができるか否かについては、頭書（８）記載のとおりとする。

（家賃）
第５条　乙は、頭書（４）の記載に従い、家賃を甲に支払わなければならない。
２　１か月に満たない期間の家賃は、１か月を 30 日として日割計算した額とする。
３　甲及び乙は、頭書（４）に記載する家賃改定日において、頭書（４）記載の家賃額決定の要素とした事情等を総合的に考慮した上で、次の各号の一に該当する場合には、協議の上、家賃を改定することができる。
一　土地又は建物に対する租税その他の負担の増減により家賃が不相当となった場合
二　土地又は建物の価格の上昇又は低下その他の経済事情の変動により家賃が不相当となった場合
三　近傍同種の建物の家賃に比較して家賃が不相当となった場合

（家賃支払義務発生日）
第６条　乙は、頭書（５）に記載する支払い免責期間においては家賃支払い義務を負わないものとする。
２　乙は、頭書（５）に記載する家賃支払義務発生日から家賃を甲に支払わなければならない。

（敷金）

第７条　乙は、本契約から生じる債務の担保として頭書（４）に記載する敷金を甲に交付するものとする。

2　甲は、乙が本契約から生じる債務を履行しないときは、敷金をその債務の弁済に充てることができる。この場合において、乙は、本物件を返還するまでの間、敷金をもって当該債務の弁済に充てることを請求することができない。

3　甲は、本契約が終了し、本物件の返還があったときは、遅滞なく、敷金の全額を乙に返還しなければならない。ただし、本物件の返還時に、家賃の滞納その他の本契約から生じる乙の債務の不履行が存在する場合には、甲は、当該債務の額を敷金から差し引いた額を返還するものとする。

4　前項ただし書の場合には、甲は、敷金から差し引く債務の内訳を乙に明示しなければならない。

（反社会的勢力の排除）

第８条　甲及び乙は、それぞれ相手方に対し、次の各号の事項を確約する。

一　自らが暴力団、暴力団関係企業、総会屋若しくはこれらに準ずる者又はその構成員（以下総称して「反社会的勢力」という。）ではないこと。

二　自らの役員（業務を執行する社員、取締役、執行役又はこれらに準ずる者をいう。以下同じ。）が反社会的勢力ではないこと。

三　反社会的勢力に自己の名義を利用させ、この契約を締結するものでないこと。

四　自ら又は第三者を利用して、次の行為をしないこと。

イ　相手方に対する脅迫的な言動又は暴力を用いる行為

ロ　偽計又は威力を用いて相手方の業務を妨害し、又は信用を毀損する行為

2　乙は、甲の承諾の有無にかかわらず、本物件の全部又は一部につき、反社会的勢力に賃借権を譲渡してはならない。

（転貸の条件等）

第９条　甲は、頭書（８）に記載する転貸の条件に従い乙が本物件を転貸することを承諾する。ただし、乙は、反社会的勢力に本物件を転貸してはならない。

2　乙は、前項に定める条件のほか、次の各号に定める内容を転貸条件としなければならない。

一　乙及び転借人は、それぞれ相手方に対し、次のイからニまでに定める事項を確約すること。

イ　自らが反社会的勢力でないこと。

ロ　自らの役員が反社会的勢力ではないこと。

ハ　反社会的勢力に自己の名義を利用させ、この契約を締結するものでないこと。

ニ　自ら又は第三者を利用して、次の行為をしないこと。

(1) 相手方に対する脅迫的な言動又は暴力を用いる行為

(2) 偽計又は威力を用いて相手方の業務を妨害し、又は信用を毀損する行為

二　転借人は、乙の承諾の有無にかかわらず、本物件の全部又は一部につき、反社会的勢力に転借権を譲渡し、又は再転貸してはならないとすること。

三　転借人は、本物件の使用にあたり、次のイからハまでに掲げる行為を行ってはならないとすること。

イ　本物件を反社会的勢力の事務所その他の活動の拠点に供すること。

ロ　本物件又は本物件の周辺において、著しく粗野若しくは乱暴な言動を行い、又は威勢を示すことにより、付近の住民又は通行人に不安を覚えさせること。

ハ　本物件に反社会的勢力を居住させ、又は反復継続して反社会的勢力を出入りさせること。

四　乙又は転借人の一方について、次のいずれかに該当した場合には、その相手方は、何らの催告も要せずして、転貸借契約を解除することができるとすること。

イ　第一号の確約に反する事実が判明した場合

ロ　契約締結後に自ら又は役員が反社会的勢力に該当した場合

五　乙は、転借人が第二号に規定する義務に違反した場合又は第三号イからハまでに掲げる行為を行った場合には、何らの催告も要せずして、転貸借契約を解除することができるとすること。

3　乙は、転貸借契約から生じる転借人の債務の担保として転借人から交付された敷金について、頭書（9）に記載するとおり、整然と管理する方法により、自己の固有財産及び他の賃貸人の財産と分別して管理しなければならない。

（乙が行う維持保全の実施方法）

第10条　乙は、頭書（6）に記載する維持保全を行わなければならない。

2　乙は、頭書（6）に記載する業務の一部を、頭書（6）に従って、他の者に再委託することができる。

3　乙は、頭書（6）に記載する業務を、一括して他の者に委託してはならない。

4　乙は、第一項によって再委託した業務の処理について、甲に対して、自らなしたと同等の責任を負うものとする。

5　甲は、乙が管理業務を行うために必要な情報を提供しなければならない。

6　甲が、第5項に定める必要な情報を提供せず、又は、前項に定める必要な措置をとらず、そのために生じた乙の損害は、甲が負担するものとする。

（維持保全に要する費用の分担）

第11条　本物件の点検・清掃等に係る費用は、頭書（7）に記載するとおり、甲又は乙が負担するものとする。

2　甲は、乙が本物件を使用するために必要な修繕を行わなければならない。ただし、頭書（6）で乙が実施するとされている修繕と、乙の責めに帰すべき事由（転借人の責めに帰すべき事由を含む。）によって必要となった修繕はその限りではない。

3　甲が、本物件につき乙が使用するために必要な修繕を行った場合、その修繕に要する費用は、次に掲げる費用を除き、甲が負担する。

一　頭書（7）に掲げる修繕等で乙が費用を負担するとしているもの

二　乙の責めに帰すべき事由（転借人の責めに帰すべき事由を含む。）によって必要となった修繕

4　前項の規定に基づき甲が修繕を行う場合は、甲は、あらかじめ乙を通じて、その旨を転借人に通知しなければならない。この場合において、甲は、転借人が拒否する正当な理由がある場合をのぞき、当該修繕を行うことができるものとする。

5　乙は、修繕が必要な箇所を発見した場合には、その旨を速やかに甲に通知し、修繕の必要性を協議するものとする。その通知が遅れて甲に損害が生じたときは、乙はこれを賠償する。

6　前項の規定による通知が行われた場合において、修繕の必要が認められ、甲が修繕しなければならないにもかかわらず、甲が正当な理由無く修繕を実施しないときは、乙は自ら修繕することができる。この場合の修繕に要する費用の負担は、第3項に準ずるものとする。

7　乙は、第10条のほか、災害又は事故等の事由により、緊急に行う必要がある業務で、甲の承認を受ける時間的な余裕がないものについては、甲の承認を受けないで実施することができる。この場合にお

いて、乙は、速やかに書面をもって、その業務の内容及びその実施に要した費用の額を甲に通知しなければならない。
8 前項により通知を受けた費用については、甲は、第3項に準じて支払うものとする。ただし、乙の責めによる事故等の場合はこの限りではない。

9 乙が頭書（6）に定められている修繕を行うに際しては、その内容及び方法についてあらかじめ甲と協議して行うものとし、その費用は、頭書（7）に記載するとおり、甲又は乙が負担するものとする。

（維持保全の内容等の転借人に対する周知）
第12条　乙は、頭書（1）の賃貸住宅について自らを転貸人とする転貸借契約を締結したときは、転借人に対し、遅滞なく、頭書（6）に記載する維持保全の内容及び乙の連絡先を記載した書面又は電磁的方法により通知するものとする。

（維持保全の実施状況の報告）
第13条　乙は、甲と合意に基づき定めた期日に、甲と合意した頻度に基づき定期に、甲に対し、維持保全の実施状況の報告をするものとする。この場合の報告の対象には、頭書（8）に記載する転貸の条件の遵守状況を含むものとする。
2　前項の規定による報告のほか、甲は、必要があると認めるときは、乙に対し、維持保全の実施状況に関して報告を求めることができる。
3　前二項の場合において、甲は、乙に対し、維持保全の実施状況に係る関係書類の提示を求めることができる。
4　甲又は乙は、必要があると認めるときは、維持保全の実施状況に関して相互に意見を述べ、又は協議を求めることができる。

（善管注意義務）
第14条　乙は、善良な管理者の注意をもって本物件を使用し、維持保全する。
2　乙は、乙又はその従業員が、維持保全の実施に関し、甲又は第三者に損害を及ぼしたときは、甲又は第三者に対し、賠償の責任を負う。
3　前項にかかわらず、乙は、乙の責めに帰することができない事由によって生じた損害については、その責を負わないものとする。

（個人情報保護法等の遵守）
第15条　甲及び乙は、本物件の維持保全を行うに際しては、個人情報の保護に関する法律（平成15年法律第57号）及び行政手続における特定の個人を識別するための番号の利用等に関する法律（平成25年法律第27号）を遵守し、個人情報及び個人番号について適切な対処をすることができるように、互いに協力するものとする。

（禁止又は制限される行為）
第16条　乙は、事前の甲の書面又は電磁的方法による承諾を得ることなく、本物件の全部又は一部につき賃借権を譲渡してはならない。
2　乙は、事前の甲の書面又は電磁的方法による承諾を得ることなく、本物件の増築、改築、移転、改造又は本物件の敷地内における工作物の設置をしてはならない。

（通知義務等）
第 17 条　甲は、当該物件の登記内容の変更等、本契約の履行に影響を及ぼすものとして別表第 1 に掲げる事由が生じた場合には、乙に対して、遅滞なく通知しなければならない。
2　甲は、本物件の住宅総合保険、施設所有者賠償責任保険等の損害保険の加入状況を乙に通知しなければならない。
3　乙は、本契約の履行に影響を及ぼすものとして別表第 2 に掲げる事由が生じた場合には、甲に対して、遅滞なく通知しなければならない。

（契約の解除）
第 18 条　甲は、乙が次に掲げる場合において、甲が相当の期間を定めて当該義務の履行を催告したにもかかわらず、その期間内に当該義務が履行されないときは、本契約を解除することができる。
一　第 5 条第 1 項に規定する家賃支払義務を 3 か月分以上怠った場合
二　第 9 条第 2 項に規定する義務に違反した場合
三　第 11 条に規定する乙の費用負担義務に違反した場合
2　甲は、乙が次に掲げる義務に違反した場合において、甲が相当の期間を定めて当該義務の履行を催告したにもかかわらず、その期間内に当該義務が履行されずに当該義務違反により本契約を継続することが困難であると認められるに至ったときは、本契約を解除することができる。
一　第 4 条に規定する本物件の使用目的遵守義務
二　第 16 条各項に規定する義務
三　その他本契約書に規定する乙の義務
3　甲又は乙の一方について、次のいずれかに該当した場合には、その相手方は、何らの催告も要せずして、本契約を解除することができる。
一　第 8 条第 1 項各号の確約に反する事実が判明した場合
二　契約締結後に自ら又は役員が反社会的勢力に該当した場合
三　相手方に信頼関係を破壊する特段の事情があった場合
4　甲は、乙が第 8 条第 2 項に規定する義務又は第 9 条第 1 項ただし書に規定する義務に違反した場合には、何らの催告も要せずして、本契約を解除することができる。

（契約の終了）
第 19 条　本契約は、本物件の全部が滅失その他の事由により使用できなくなった場合には、これによって終了する。

（本物件の返還）
第 20 条　乙は、本契約が終了する日までに（第 18 条の規定に基づき本契約が解除された場合にあっては、直ちに）、頭書（1）に記載する住戸部分のうちの空室及びその他の部分について、転貸借に関する通常の使用に伴い生じた当該部分の損耗及び当該部分の経年変化を除き、乙の責めに帰すべき事由（転借人の責めに帰すべき事由を含む。）によって必要となった修繕を行い、返還日を事前に甲に通知した上で、甲に本物件を返還しなければならない。

2　乙は、前項の返還をするときには、甲又は甲の指定する者に対して、本物件の適切な維持保全を行うために必要な情報を提供しなければならない。

（権利義務の承継）
第 21 条　本契約が終了した場合（第 19 条の規定に基づき本契約が終了した場合を除く。）には、甲は、転貸借契約における乙の転貸人の地位を当然に承継する。
2　前項の規定は、転借人について第 9 条第 2 項第一号の確約に反する事実が判明した場合又は転借人が同項第二号に規定する義務に違反した場合若しくは同項第三号イからハまでに掲げる行為を行った場合の当該転借人に係る転貸借契約については、適用しない。
3　第 1 項の規定に基づき甲が転貸借契約における乙の転貸人の地位を承継する場合、乙は、転借人から交付されている敷金、賃貸借契約書、その他地位の承継に際し必要な書類を甲に引き渡さなければならない。

（協議）
第 22 条　甲及び乙は、本契約書に定めがない事項及び本契約書の条項の解釈について疑義が生じた場合は、民法その他の法令及び慣行に従い、誠意をもって協議し、解決するものとする。

（合意管轄裁判所）
第 23 条　本契約に起因する紛争が生じたときは、頭書（10）に記載する地方（簡易）裁判所を管轄裁判所とする。

（特約条項）
第 24 条　本契約の特約については、頭書（１１）のとおりとする。

別表第 1（第 17 条関係：甲が乙に、遅滞なく通知しなければならない事由）

別表第 2（第 17 条関係：乙が甲に、遅滞なく通知しなければならない事由）

（以下、「作成にあたっての注意点」は省略）

● 著者略歴

渡辺　晋（わたなべ・すすむ）

1956年、東京都生まれ
80年、一橋大学法学部を卒業
同年、三菱地所株式会社に入社
85年、三菱地所住宅販売株式会社に出向
89年、司法試験に合格
90年、三菱地所株式会社を退社
92年、弁護士登録（第一東京弁護士会所属）
現在、山下・渡辺法律事務所に所属
元最高裁判所司法研修所民事弁護教官
元司法試験考査委員
現マンション管理士試験委員

〔著　書〕
『借地借家法の解説（4訂版）』（令和３年４月、住宅新報出版刊）
『民法の解説』（令和３年３月、住宅新報出版刊）
『土地賃貸借』（共著、令和２年９月、大成出版社刊）
『改訂版・建物賃貸借』（令和元年８月、大成出版社刊）
『最新区分所有法の解説（６訂補遺版）』（平成31年４月、住宅新報出版刊）
『新訂版･不動産取引における契約不適合責任と説明義務』（平成30年１月、大成出版社刊）
『最新マンション標準管理規約の解説（３訂版）』（平成28年５月、住宅新報社刊）
『わかりやすい住宅瑕疵担保履行法の解説』（平成20年９月、大成出版社刊）
『これ以上やさしく書けない不動産の証券化（２訂版）』（平成19年７月、PHP研究所刊）
『最新ビルマネジメントの法律実務』（平成18年３月、ぎょうせい刊）

【本書へのお問合せ】

本書の記述に関するお問合せは、**文書**にて下記連絡先までお問い合わせください。また、お問合せの受付け後、回答をお送りするまでにはお時間をいただく場合がありますので、あらかじめご了承ください。

なお、**記述内容をこえるお問合せや実務に関するご相談等は、一切受け付けておりません。**

[郵送先]　〒171-0014　東京都豊島区池袋2-10-7　ビルディングK 6階
株式会社住宅新報出版

[ＦＡＸ]　03-6674-6918

電話によるお問合せは、受け付けておりません。

● 本文デザイン・DTP／株式会社ビーコム
● 装　丁／株式会社ローヤル企画

最新不動産の法律シリーズ

賃貸住宅管理業法の解説

令和3年6月28日　初版発行

著　者　渡辺　晋
発行者　馬場 栄一
発行所　株式会社住宅新報出版
〒171-0014　東京都豊島区池袋2-10-7（ビルディングK 6階）
電話　03-6388-0052
印刷所　シナノ印刷株式会社

ISBN978-4-910499-07-9　C2030